一級建築士試験
構造設計のツボ

植村典人 著
FUMITO UEMURA

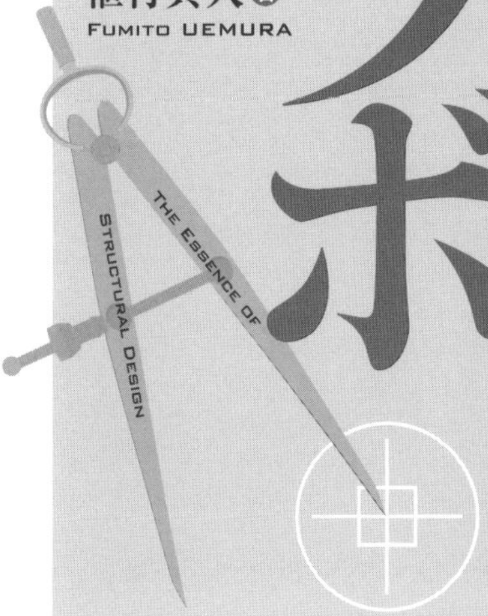

学芸出版社

まえがき

2008年11月より新しい建築士制度がスタートした．

学科試験については，従来の学科Ⅰ～学科Ⅳまでの4学科に対して，今回の新制度では，学科Ⅱに環境・設備が新設され，学科Ⅰ～学科Ⅴの5学科に区分された．また，出題形式も五肢択一から四肢択一に変更された．

構造については，学科Ⅳとされ，その内容は，構造力学，建築一般構造，建築材料等とし，設問数は，5問増えて30問となった．その出題構成は，構造力学が7～8問，建築材料が3～4問とすれば，一般構造が18～20問となり構造全般のウェイトが相当大きくなると予想される．その中でも，傾向として構造設計・耐震設計や構造計画の問題が増加しそうである．

そこで，『構造力学のツボ』に続いて『構造設計のツボ』を発行することになった．

前書の『構造力学のツボ』は，静定構造物～不静定構造物～全塑性モーメント～崩壊メカニズム～座屈・振動までを扱ったが，本書『構造設計のツボ』では，固有周期～荷重計算～許容応力度計算・許容応力度等計算・保有水平耐力計算～限界耐力計算～構造計画・耐震計画～木構造の設計～RC造・S造の構造設計・耐震設計まで幅広い内容を盛り込んだ．したがって，この2冊の書籍を活用して学習し，理解すれば，学科Ⅳの出題内容の半数程度をマスターしたことになり，目標とする1級建築士の合格が見えてくるであろう．

本書の特徴としては，「☞必ず覚える！**公式○**」や「☞必ず覚える！**選択肢例**」などを随所に挿入したことである．これらを必ず覚えることが重要である．特に，「☞必ず覚える！**選択肢例**」は，内容を解説したすぐ後に挿入して，その解説文がどのように出題されたかを知るのに大いに参考になるように工夫した．また，その選択肢の解答例として詳しい解説を記述した．ただ単に，選択肢の正誤を覚えるのではなく，なぜ間違いなのか，どこが誤っているのかを十分に理解できるように記述した．したがって，この解説を繰り返し，繰り返して読み返し，その内容を理解し，自分のものにすることによって，構造設計の分野を得意分野に変え，学科Ⅳを克服できるものと確信している．

本書では，これらの内容をまとめて，“構造設計のツボ”とした．“ツボ”を押さえた学習をすることによって効率よく構造設計をマスターすることができるであろう．

最後に，本書を十分に活用されることによって，一級建築士試験合格の栄光を勝ち取られることを願ってやまない．

2009年2月

著者　植村　典人

第1章　振　動

本章で取り上げる振動の出題頻度は，10年間で4～5問と2年で1問程度の確率で出題されている．

振動は，耐震設計に関する重要事項なので，十分な理解が必要である．

限界耐力計算の地震に対する流れを考えるとき，限界時の変位を想定し，建築物の質量を有効質量とする1質点系モデルに置き換えたときの限界時の固有周期を求める式に用いられるなど，耐震設計に関する事項として今後ますます多くの問題が出題され，重要度も増してくると思われるので，理解を深めることが大切である．

本章では，まず，固有周期とは何かを理解し，固有周期を求める**公式の活用方法**を覚える．次に，共振，応答スペクトル，減衰の解説をした．特に，減衰では，“部材の塑性変形能力が高いほど，建築物全体の減衰性は大きくなる”ことに注目するとよい．

出題例では，過去問の中から，固有周期の大小関係の問題や応答せん断力の問題などを解説した．

1 固有周期 T

建築物の振動は，一般的には，建築物の層の質量を床の位置に集中させ，柱や耐震壁の剛性をバネとした**質点系モデル**に置き換えて扱っている．すなわち，棒の先端に質量 m を集中させた構造物としての振動を図1･1のように考える．

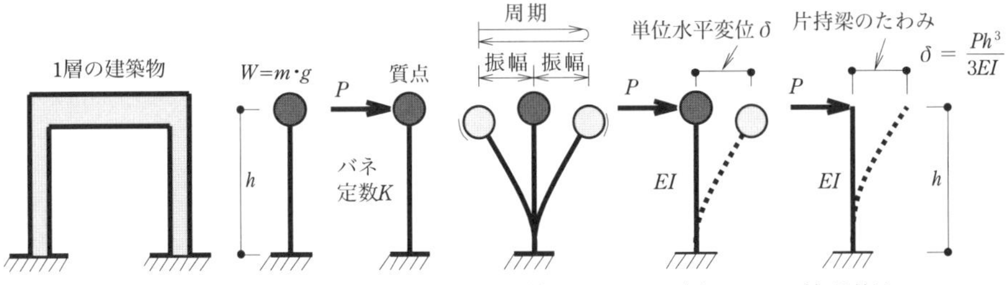

図1･1　1質点系モデル

図1･1(a)に示す平家建の建築物は，層が1つなので，図(b)のように，1質点系モデルとして扱い，この質点（振り子の頭）に図(c)のような水平力を加えて強制的に振動を与えてやると，図(d)のように，振り子は往復運動（**自由振動**）を繰り返す．この自由振動における**周期**は，振り子の質量 m やバネの強さ K によって決まる振り子固有のもので，これを振り子の**固有周期** T という．

固有周期 T は，**質量** m を**バネ定数** K で除した値の**平方根**に比例し，次式から計算する．

☞必ず覚える！公式 1

$$\text{固有周期}T = 2\pi\sqrt{\frac{m}{K}}\,(\text{秒}) \tag{1・1}$$

式（1・1）より，建築物の固有周期 T は，剛性 K の平方根に反比例し，質量 m の平方根に比例する．すなわち，水平剛性 K（バネ定数）が同じであれば，質量 m が大きいほど固有周期 T は長くなる．また，質量 m が同じであれば，水平剛性 K が大きいほど固有周期 T は短くなる（図 1・2，図 1・3 参照）．

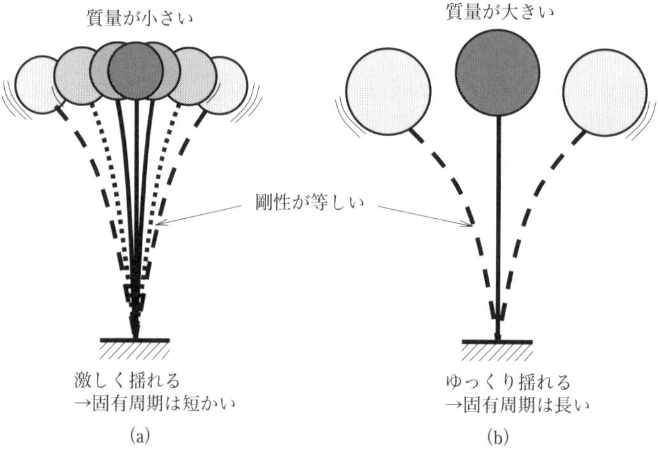

剛性が等しい場合は，質量が大きいほど，ゆっくり揺れる（固有周期は長くなる）．

図 1・2　質量と固有周期の関係

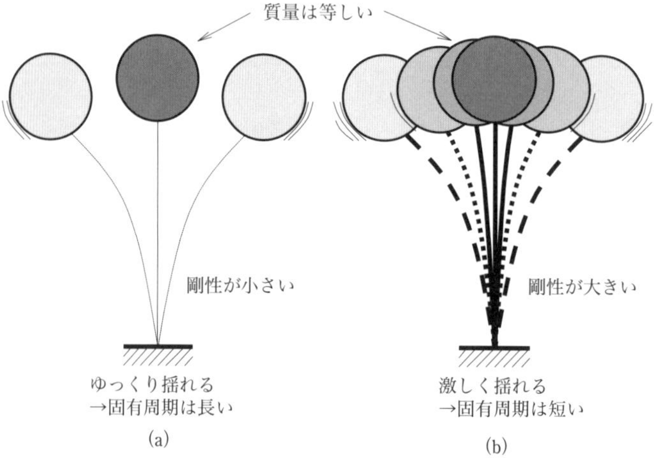

質量が等しい場合は，剛性が小さいほど，ゆっくり揺れる（固有周期は長くなる）．

図 1・3　剛性と固有周期の関係

このとき，バネ定数 K は，図 1・4 のように求める．

❷ バネ定数 K

バネ定数 K は，**単位水平変位**（例えば 1mm）を生じさせるに必要な**水平力**として考える（図 1･1(e)）．このとき，水平変位は，図(f)のような，片持梁の変位（たわみ）δ から求め，水平力としてのバネ定数 K は，次式から計算する（図 1･4 参照）．

☞**必ず覚える！公式 2**

$$K=\frac{3EI}{h^3}\left[\begin{matrix}\text{一端固定}\\\text{他端ピン}\end{matrix}\right] \quad (1\cdot2)$$

$$K=\frac{12EI}{h^3}〔\text{両端固定}〕 \quad (1\cdot3)$$

・一端固定他端ピンの柱の場合

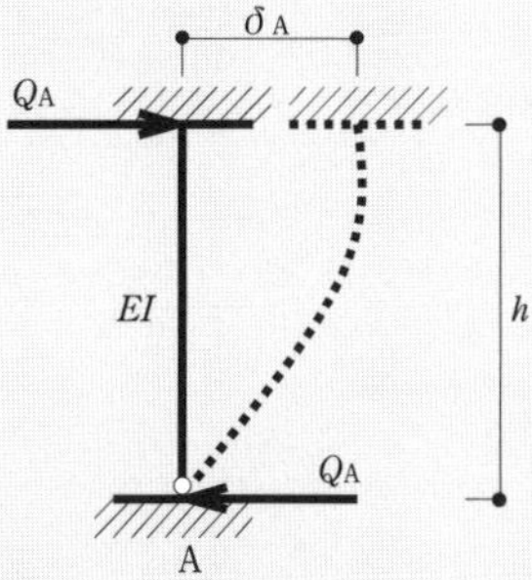

$\delta_A=\dfrac{Q_A\cdot h^3}{3EI}=\dfrac{Q_A}{K_A}$ より，

$K_A=\dfrac{3EI}{h^3}$ となる（式(1･2)参照）．

・両端固定の柱の場合

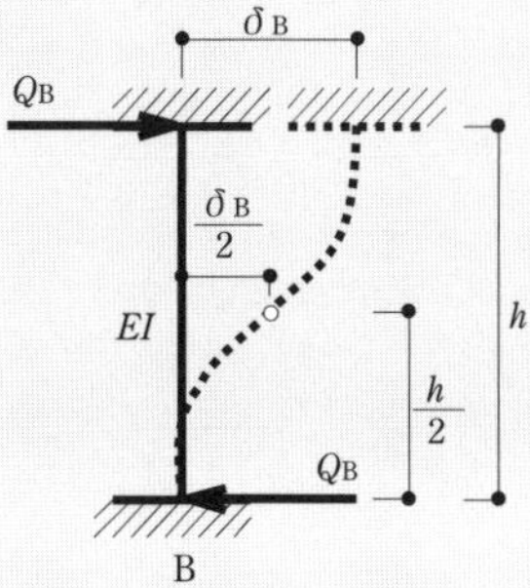

$$\frac{\delta_B}{2}=\frac{Q_B\times\left(\dfrac{h}{2}\right)^3}{3EI}=\frac{Q_B\cdot h^3}{24EI}$$

$\delta_B=\dfrac{Q_B\cdot h^3}{12EI}=\dfrac{Q_B}{K_B}$ より，

$K_B=\dfrac{12EI}{h^3}$ となる（式(1･3)参照）．

図 1･4　バネ定数 K

式（1･2），（1･3）の公式は，柱が 1 本の場合のものである．

図 1･5 のラーメンの場合は，柱が 2 本あるから，**バネ定数 K を 2 倍**し，次式のように計算する．

☞必ず覚える！公式３

・一端固定，他端ピンのラーメンの場合

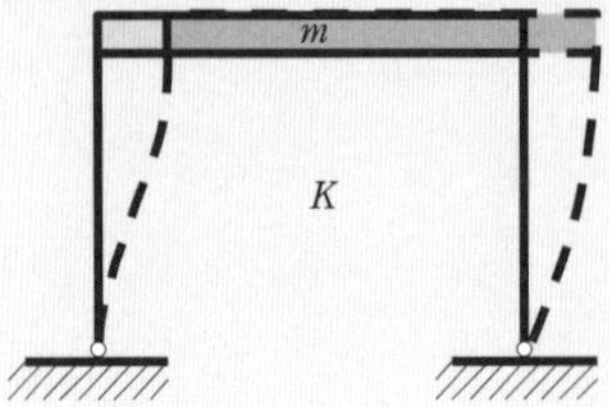

水平剛性$K=\frac{3EI}{h^3}$より，

固有周期$T=2\pi\sqrt{\frac{m}{K}}=2\pi\sqrt{\frac{mh^3}{3EI}}$ (1･4)

ラーメンでは，$T=2\pi\sqrt{\frac{mh^3}{6EI}}$ (1･5)

となる．

・両端固定のラーメンの場合

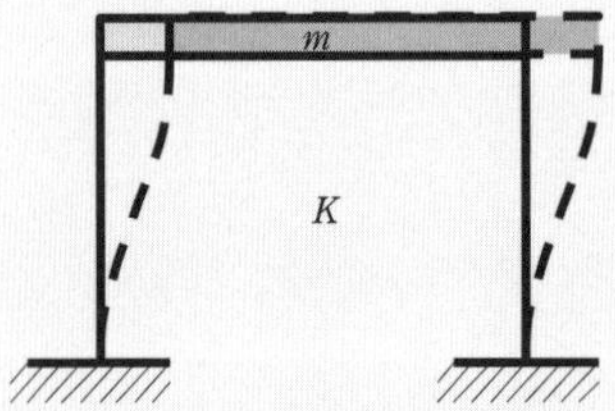

水平剛性$K=\frac{12EI}{h^3}$より，

固有周期$T=2\pi\sqrt{\frac{m}{K}}=2\pi\sqrt{\frac{mh^3}{12EI}}$ (1･6)

ラーメンでは，$T=2\pi\sqrt{\frac{mh^3}{24EI}}$ (1･7)

となる．

図 1･5　ラーメンの場合の固有周期 T

ラーメンの場合は，バネ定数の式を固有周期の公式に代入して整理すると，図 1･5 に示した式（1･5），（1･7）のようになる．

図 1･6 に示したような，一方の柱は両端固定であり，他方の柱は一端がピンであるラーメンの場合のバネ定数 K は，両柱のバネ定数の和として，式（1･8）のように計算し，このときの固有周期 T は，式（1･9）のようになる．

☞必ず覚える！公式４

・梁が剛体で，柱の柱脚の一方が固定で他方がピンであるラーメンの場合

図 1･6 のようなラーメンのバネ定数 K は，左右の柱のバネ定数 K を加え合せて求める．

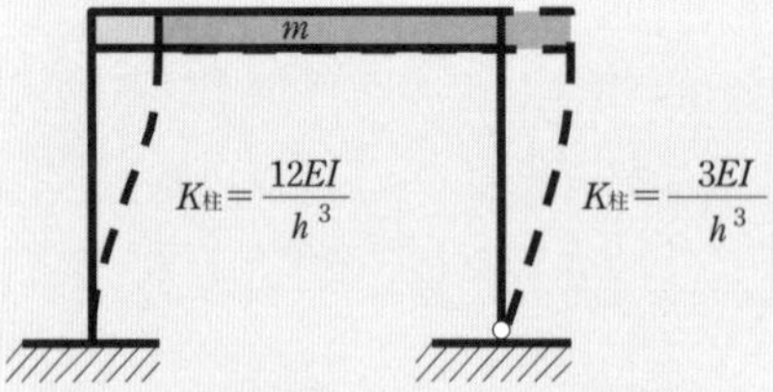

バネ定数$K=\frac{12EI}{h^3}+\frac{3EI}{h^3}=\frac{15EI}{h^3}$ (1･8)

固有周期$T=2\pi\sqrt{\frac{m}{K}}=2\pi\sqrt{\frac{mh^3}{15EI}}$ (1･9)

図 1･6　支持が異なるラーメンの固有周期

問題例 図のようなラーメン A，B のバネ定数 K_A，K_B は，どちらが大きいか．

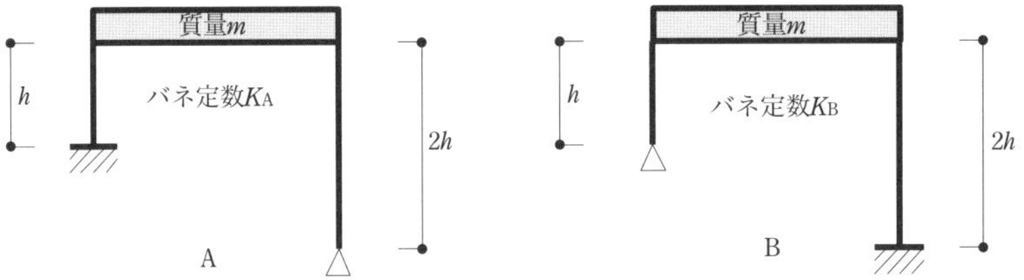

解答例

ラーメン A：左柱のバネ定数$K_{A1}=\dfrac{12EI}{h^3}$，右柱のバネ定数$K_{A2}=\dfrac{3EI}{(2h)^3}=\dfrac{3EI}{8h^3}$

したがって，ラーメン A のバネ定数 K_A は，左右の柱のバネ定数 K_{A1} と K_{A2} を加え合わせて，

$$K_A=K_{A1}+K_{A2}=\frac{12EI}{h^3}+\frac{3EI}{8h^3}=\frac{96EI}{8h^3}+\frac{3EI}{8h^3}=\frac{99EI}{8h^3}$$

ラーメン B：左柱のバネ定数$K_{B1}=\dfrac{3EI}{h^3}$，右柱のバネ定数$K_{B2}=\dfrac{12EI}{(2h)^3}=\dfrac{12EI}{8h^3}$

したがって，ラーメン B のバネ定数 K_B は，左右の柱のバネ定数 K_{B1} と K_{B2} を加え合わせて，

$$K_B=K_{B1}+K_{B2}=\frac{3EI}{h^3}+\frac{12EI}{8h^3}=\frac{24EI}{8h^3}+\frac{12EI}{8h^3}=\frac{36EI}{8h^3}$$

よって，バネ定数 K は，ラーメン A の方が大きくなる．

では，実際の出題例で固有周期の解き方を学んでみよう．

出題例 1 図のような頂部に集中質量をもつ棒 A，B，C の固有周期 T_A，T_B，T_C の大小関係として，正しいものは，次のうちどれか．ただし，3 本の棒はすべて等質等断面とし，曲げ変形だけが生じるものとする．また，棒の質量は無視する．

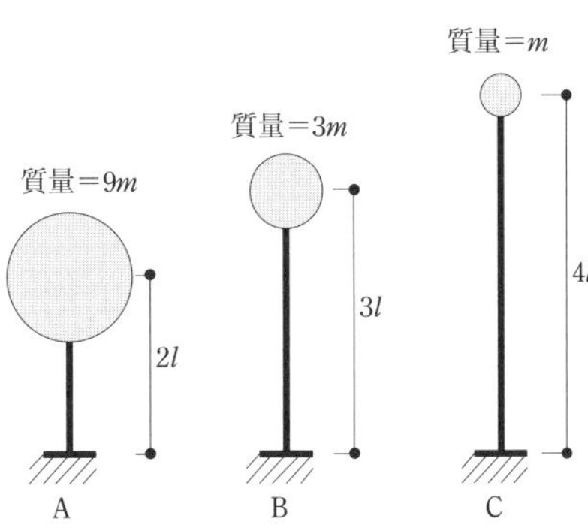

1. $T_A > T_B > T_C$
2. $T_A > T_C > T_B$
3. $T_B > T_A > T_C$
4. $T_B > T_C > T_A$

解答例

1質点系モデルの固有周期 T は，次式で求める．$T=2\pi\sqrt{\dfrac{m}{K}}$

一端固定，他端ピンのバネ定数 K は，$K=\dfrac{3EI}{h^3}$ であるから，これを上の式に代入して計算する．このとき，棒Aでは，質量 $9m$，棒の長さ $h=2l$ であるから，

$$\text{棒Aの固有周期}T_A=2\pi\sqrt{\frac{m}{K}}=2\pi\sqrt{\frac{9m\times(2l)^3}{3EI}}=2\pi\sqrt{\frac{72ml^3}{3EI}}$$

同様に，棒Bでは，質量 $3m$，棒の長さ $h=3l$ であるから，

$$\text{棒Bの固有周期}T_B=2\pi\sqrt{\frac{m}{K}}=2\pi\sqrt{\frac{3m\times(3l)^3}{3EI}}=2\pi\sqrt{\frac{81ml^3}{3EI}}$$

また，棒Cでは，質量 m，棒の長さ $h=4l$ であるから，

$$\text{棒Cの固有周期}T_C=2\pi\sqrt{\frac{m}{K}}=2\pi\sqrt{\frac{m\times(4l)^3}{3EI}}=2\pi\sqrt{\frac{64ml^3}{3EI}}$$

したがって，棒それぞれの固有周期 T の大小関係は，$T_B>T_A>T_C$ となる．よって，3.が正解である．

出題例2 図のようなラーメンA, B, Cの固有周期をそれぞれ T_A, T_B, T_C としたとき，それらの大小関係として,正しいものは,次のうちどれか．ただし，すべての梁は剛体とし，また，すべての柱は等質等断面とする．

1. $T_A>T_B>T_C$
2. $T_B=T_C>T_A$
3. $T_A=T_C>T_B$
4. $T_B>T_A>T_C$

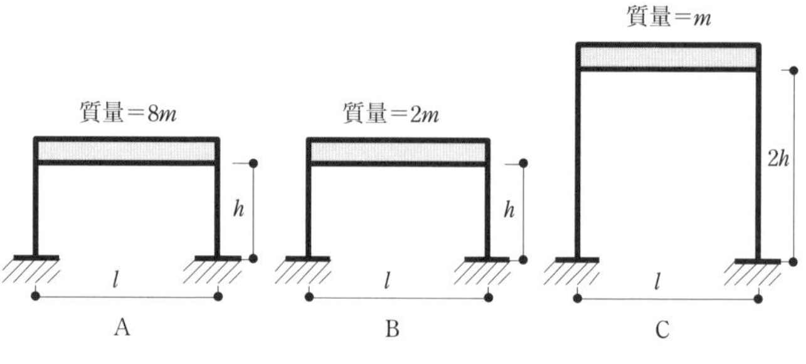

解答例

1質点系モデルの固有周期 T は，次式で求める．$T=2\pi\sqrt{\dfrac{m}{K}}$

両端固定のバネ定数 K は，$K=\dfrac{12EI}{h^3}$ であり，ラーメンの問題で柱が2本あるから K を2倍して，これを上の式に代入して計算する．

$$T_A=2\pi\sqrt{\frac{m}{K}}=2\pi\sqrt{\frac{8m}{\frac{12EI}{h^3}\times2}}=2\pi\sqrt{\frac{8m\cdot h^3}{24EI}}$$

$$T_B = 2\pi\sqrt{\frac{m}{K}} = 2\pi\sqrt{\frac{2m \cdot h^3}{24EI}}$$

$$T_C = 2\pi\sqrt{\frac{m}{K}} = 2\pi\sqrt{\frac{m\times(2h)^3}{24EI}} = 2\pi\sqrt{\frac{8m \cdot h^3}{24EI}}$$

したがって，ラーメンそれぞれの固有周期 T の大小関係は，$T_A = T_C > T_B$ となる．

よって，3. が正解である．

出題例3 図のような頂部に集中質量をもつ棒A及びラーメンB, Cに図のような方向の力を加えて振動させたときの固有周期をそれぞれ T_A，T_B，T_C としたとき，固有周期の比 $T_A : T_B : T_C$ として，正しいものは，次のうちどれか．ただし，棒及び各柱はすべて等質とし，梁は剛体とする．

$T_A : T_B : T_C$

1. 1：2：4
2. 2：1：4
3. 4：1：8
4. 4：1：16

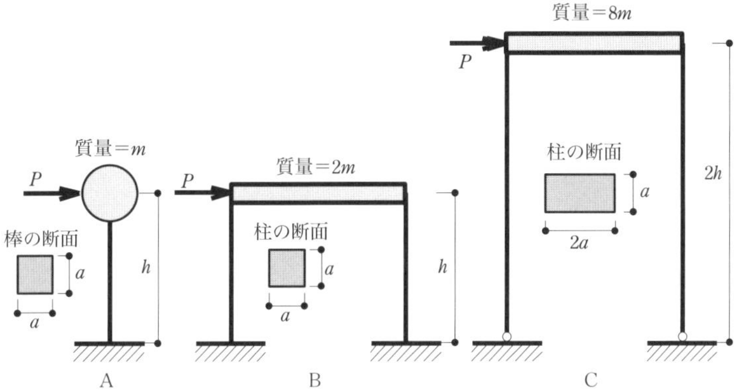

解答例

この出題例では，柱の断面形が関係するから，断面二次モーメント I を計算する．

棒A：断面二次モーメント $I = \dfrac{a^4}{12}$，水平剛性 $K = \dfrac{3EI}{h^3} = \dfrac{3Ea^4}{12h^3} = \dfrac{Ea^4}{4h^3}$

よって，固有周期 $T_A = 2\pi\sqrt{\dfrac{m}{\dfrac{Ea^4}{4h^3}}} = 2\pi\sqrt{\dfrac{4mh^3}{Ea^4}} = 2\times2\pi\sqrt{\dfrac{mh^3}{Ea^4}}$

ラーメンB：断面二次モーメント $I = \dfrac{a^4}{12}$，水平剛性 $K = \dfrac{12EI}{h^3}\times2 = \dfrac{24Ea^4}{12h^3} = \dfrac{2Ea^4}{h^3}$

よって，固有周期 $T_B = 2\pi\sqrt{\dfrac{2m}{\dfrac{2Ea^4}{h^3}}} = 2\pi\sqrt{\dfrac{2mh^3}{2Ea^4}} = 2\pi\sqrt{\dfrac{mh^3}{Ea^4}}$

ラーメンC：断面二次モーメント $I = \dfrac{a\times(2a)^3}{12} = \dfrac{8a^4}{12} = \dfrac{2a^4}{3}$

$$水平剛性K=\frac{3EI}{(2h)^3}\times 2=\frac{6E}{8h^3}\times\frac{2a^4}{3}=\frac{12Ea^4}{24h^3}=\frac{Ea^4}{2h^3}$$

よって，$固有周期T_C=2\pi\sqrt{\dfrac{8m}{\dfrac{Ea^4}{2h^3}}}=2\pi\sqrt{\dfrac{8m\times 2h^3}{Ea^4}}=4\times 2\pi\sqrt{\dfrac{mh^3}{Ea^4}}$

以上より，固有周期の比は，$T_A:T_B:T_C=2:1:4$ となる．よって，2. が正解である．

出題例 4 図のような，頂部に集中質量をもつ丸棒 A，B，C における固有周期 T_A，T_B，T_Cの大小関係として，正しいものは，次のうちどれか．ただし，3 本の棒はすべての柱は等質とし，棒の質量は無視する．なお，棒のバネ定数は $\dfrac{3EI}{L^3}$（L：棒の長さ，E：ヤング係数，I：断面二次モーメント）である．

1. $T_A=T_C>T_B$
2. $T_A>T_C>T_B$
3. $T_B>T_A=T_C$
4. $T_B>T_A>T_C$

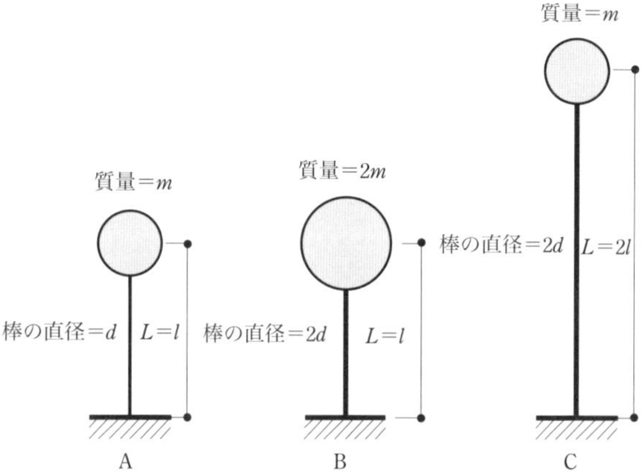

解答例

1 質点系モデルの固有周期 T は，次式で求める．$T=2\pi\sqrt{\dfrac{m}{K}}$

一端固定，他端ピンの場合のバネ定数 K は，$K=\dfrac{3EI}{L^3}$である．このとき，棒は丸棒であるから，直径 d の断面二次モーメント I は，$I=\dfrac{\pi d^4}{64}$である．また，直径が $2d$ の断面二次モーメントは，$I=\dfrac{\pi(2d)^4}{64}=\dfrac{16\pi d^4}{64}$となり，直径 d の 16 倍の大きさになる．

これを上式に代入して計算する．

このとき，棒 A では，質量 m，棒の長さ l，直径 d であるから，

$$棒Aの固有周期T_A=2\pi\sqrt{\frac{m}{K}}=2\pi\sqrt{\frac{m\times l^3}{3EI}}=2\pi\sqrt{\frac{ml^3}{3EI}}$$

同様に，棒 B では，質量 $2m$，棒の長さ l，直径 $2d$ であるから，

$$棒Bの固有周期 T_B = 2\pi\sqrt{\frac{m}{K}} = 2\pi\sqrt{\frac{2m \times l^3}{3E \times 16I}} = 2\pi\sqrt{\frac{ml^3}{24EI}}$$

また，棒Cでは，質量m，棒の長さ$2l$，直径$2d$であるから，

$$棒Cの固有周期 T_C = 2\pi\sqrt{\frac{m}{K}} = 2\pi\sqrt{\frac{m \times (2l)^3}{3E \times 16I}} = 2\pi\sqrt{\frac{ml^3}{6EI}}$$

したがって，棒それぞれの固有周期の大小関係は，$T_A > T_C > T_B$となる．よって，2.が正解である．

3 振動モード

図1·7(a)に示すような多層骨組を，図1·1のような一質点系モデルと同様に図1·7(b)のような，多質点系モデルに置き換えて，その振動性状を見ると，質点数だけの振動モードと固有周期が存在する．

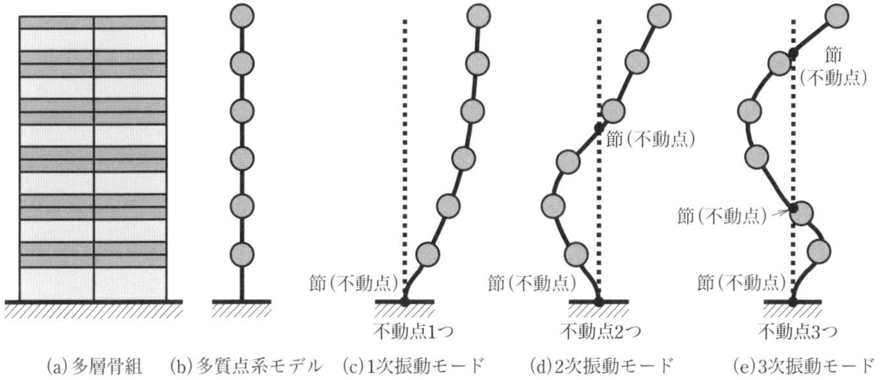

図1·7　多質点系モデルと振動モード

図1·7(c)に示したのが1次振動モードで，固有周期が最も長く，2次振動モード（図(d)），3次振動モード（図(e)）になるにしたがって固有周期が短くなる．また，振動モードには，1次，2次などその次数と同じ数の節（不動点）が存在する．

建築物では，固有周期が最も長い1次振動モードが支配的であるので，この1次振動モードの固有周期を推定する計算式が多く考えられている．

そのうち，建築物の固有周期を求める略算式として，次式が多く用いられている．

☞必ず覚える！公式5

固有周期 $T = h(0.02 + 0.01\alpha)$　(1·10)

h：建築物の高さ(m)

α：柱および梁の大部分が鉄骨造または木造である階の合計高さの建築物の高さhに対する比．

$$\alpha = \frac{鉄骨造または木造である階の合計高さ(m)}{建築物の高さ(m)} \quad (1·11)$$

鉄骨造の場合：$\alpha = 1.0$，鉄筋コンクリート造の場合：$\alpha = 0$

式（1･10）より，固有周期Tは，建築物の高さhが同じならば，鉄骨造のほうが鉄筋コンクリート造より固有周期は長くなり，同じ構造形式の場合，建築物の高さhが高いものほど固有周期は長くなる．また，鉄筋コンクリート造など剛性の高い建築物ほど固有周期は短くなる．

なお，鉄骨鉄筋コンクリート造の場合は，鉄骨造の部分がないので，$\alpha = 0$となる．また，建築物の重量は，この式（1･10）には関係しない．

建築物に加わる振動モードに関する文章題がよく出題されている．出題選択肢には次のようなものがある．これを確実に覚えるようにしよう．

☞必ず覚える！選択肢例

①建築物の一次振動モードに対応する固有周期が最も長く，2次・3次の振動モードに対応する固有周期は順に短くなる．
②一般に，低次振動の固有周期は，高次振動の固有周期より長くなる．
③振動数は，周期の逆数である．
④振動の固有モードの節（不動点）は，1次の固有モードの場合には，固定端のみの1個であり，2次，3次と次数が増すごとに，1個ずつ増える．
⑤建築物は，一般に，その固有周期に近い周期で加振されると，共振現象のために大きな振幅の振動が発生する．
⑥建築物の屋上の鉄塔は，それ自体の固有周期が建築物本体の固有周期に近いと，地震時に共振して大きく振動する．
⑦免震建築物においては，建築物と地盤を振動的に絶縁するため，一般に，上部構造を水平剛性の小さい積層ゴム支承や摩擦係数の小さい滑り支承で支持している．
⑧固有周期が短い建築物ほど，積層ゴム支承などを用いた免震構造を採用する場合，一般に，地震時に作用する水平力を低減する効果が大きい．
⑨鉄筋コンクリート造の建築物の内部粘性減衰定数は，一般に，鉄骨造の建築物に比べて大きい．
⑩建築物の固有周期は，剛性が同じであれば，質量が大きいほど長くなり，質量が同じであれば，水平剛性が小さいほど長くなる．

❹ 共振

共振とは，地震力によって建築物に振動が加わるとき，その振動の周期と建築物の周期（固有周期）とが一致すると，建築物が極めて大きく振動する現象をいう．

卓越周期とは，地震時に地盤に生じる周期として種々の周期の振動が混じり合っているが，その中で，最も主要な周期をいう．

したがって，建築物の固有周期と地盤の卓越周期とが一致すると，地震時に共振現象を起こし，建築物には極めて大きな振動が発生することになる．よって，**建築物の固有周期は，地盤の卓越周期と一致しないようにする**のが望ましい．

また，建築物の屋上から突出する高架水槽，ペントハウスなどの固有周期が，建築物本体の固有周期と一致すると，地震時に共振して大きく振動するので気を付けなければならない．

5 応答スペクトル

1質点系の建築物に地震動を入力したとき，その振動体の反応を**応答**といい，建築物の固有周期別に表したものを**応答スペクトル**という．

応答スペクトルには，**変位応答スペクトル**，**速度応答スペクトル**，**加速度応答スペクトル**がある．図1･8にその傾向を示すモデル図を示した．

図1･8(c)からわかるように，固有周期が長くなると応答加速度は減少する．すなわち，固有周期が短いものは，地震動（地面の動き）の加速度より大きな応答加速度を示し，固有周期が長いものは地震動より小さい応答加速度を示す．このことは，固有周期が長くなると，地震力が小さくなるという傾向を示している．固有周期が長い超高層建築物や免震構造では，有利な性質となる．

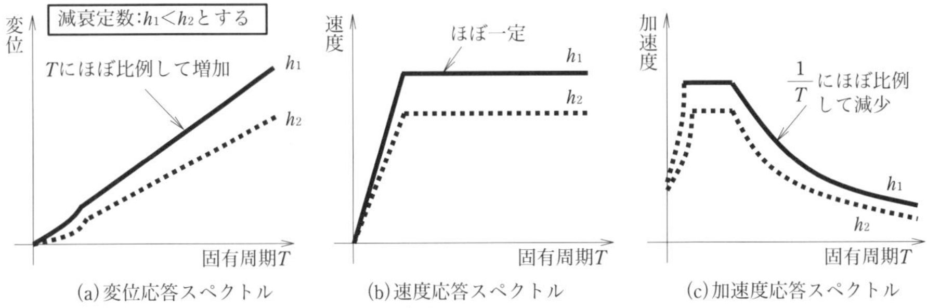

図1･8　応答スペクトルのモデル

☞必ず覚える！重要事項

地震動が入力された場合，固有周期が長くなると，応答スペクトルは次のように変化する（図1･8参照）．

・固有周期が長くなると，変位応答スペクトルは，大きくなる（図(a)）．
・固有周期が長くなると，速度応答スペクトルは，あまり変化しない（図(b)）．
・固有周期が長くなると，加速度応答スペクトルは，小さくなる（図(c)）．
（減衰係数が大きくなると($h_1 \to h_2$)，応答スペクトルは，小さくなる．）

①一般に，鉄筋コンクリート造の建築物の内部粘性減衰係数は，鉄骨造の建築物の減衰係数に比べて大きくなる．すなわち，鉄筋コンクリート造のほうが早く減衰し，揺れが収まり，鉄骨造はゆっくり減衰し，ゆらゆらと揺れが続く．

②建築物は，一般に，その固有周期に近い周期で加振されると，鉄骨造など減衰定数が小さいものほど，大きい振幅の振動が発生する．

③図1･8からわかるように，減衰定数hが大きくなる（$h_1 < h_2$）ほど応答スペクトルは，いずれの値も小さくなる．

④減衰定数は，値が大きいほど減衰性が大きいことを表している．
⑤鋼材ダンパーなどを用いることにより，建築物の減衰性を高め，大地震時の建築物の揺れを低減することができる．
⑥地震動の変位応答スペクトルは，固有周期が長くなるほど，大きくなる．

☞必ず覚える！選択肢例

建築物の構造計算を行う場合，部材の塑性変形能力が高いほど，建築物全体の減衰性は小さい．
⇨解答例：減衰とは，建築物に働く振動を減少させる抵抗力をいう．したがって，建築物の構造計算を行う場合，部材の塑性変形能力が高いほど，振動エネルギーを多く消費するので，建築物全体の振動の減衰性は大きくなる．よって，誤った記述である．

次に，応答せん断力について考えてみよう．

図1･1に示したような1質点系モデルに生じる応答せん断力 Q（地震力）は，図1･8(c)の固有周期 T に応じて加速度応答スペクトルのグラフから読み取る応答加速度 α に，質点の質量 m を乗じて，次式から計算する（図1･9参照）．

☞必ず覚える！公式6

地震力（応答せん断力 Q）＝応答加速度 α ×質量 m　(1･12)

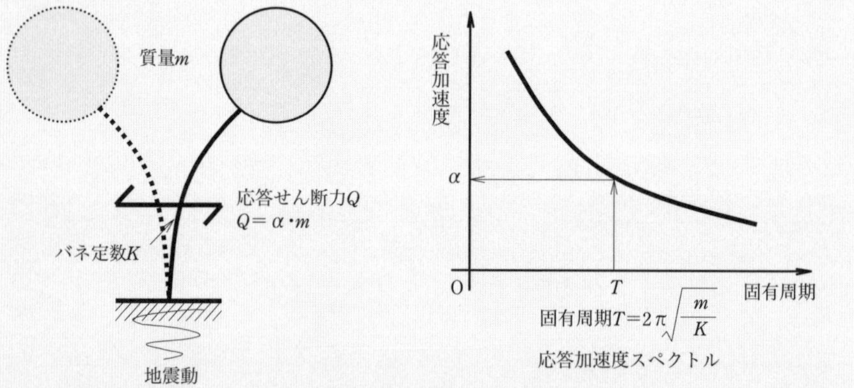

図1･9　応答せん断力

限界耐力計算では，安全限界の検討において，大地震時の各階の応答せん断力が各階の保有水平耐力以下であることの検証を行っている．応答せん断力は，応答加速度スペクトルのグラフから求めた加速度 α に各階の質量 m，加速度の低減率 Fh と各階の分布係数 B_s を乗じて求めるが，ここでは，応答せん断力を，グラフから求めた加速度 α に質量 m を乗じて計算することのみを学ぶ．

それでは，応答スペクトルに関する出題例で解き方を学んでみよう．

出題例 5 図－1のような頂部に集中質量をもつ棒A，B，Cにおける固有周期をそれぞれT_A，T_B，T_Cとする場合において，それぞれの棒の脚部に図－2のような加速度応答スペクトルをもつ地震動が入力されたとき，棒に生じる応答せん断力がQ_A，Q_B，Q_Cとなった．T_A，T_B，T_Cの大小関係と，Q_A，Q_B，Q_Cの大小関係との組合せとして，正しいものは，次のうちどれか．ただし，T_A，T_B，T_Cは図－2のT_1とT_2との間の値をとり，応答は水平方向であり弾性範囲内とする．

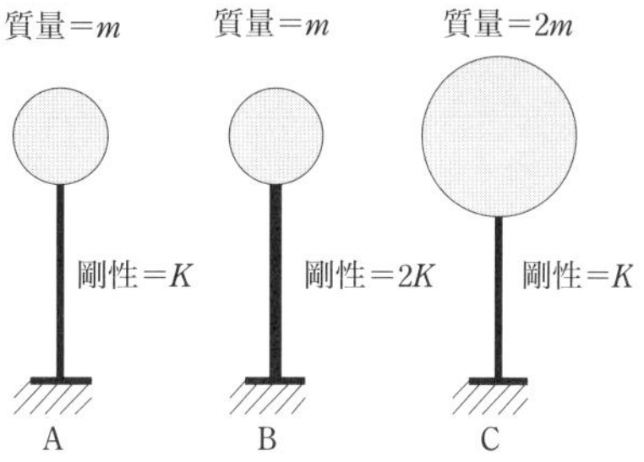

図－1

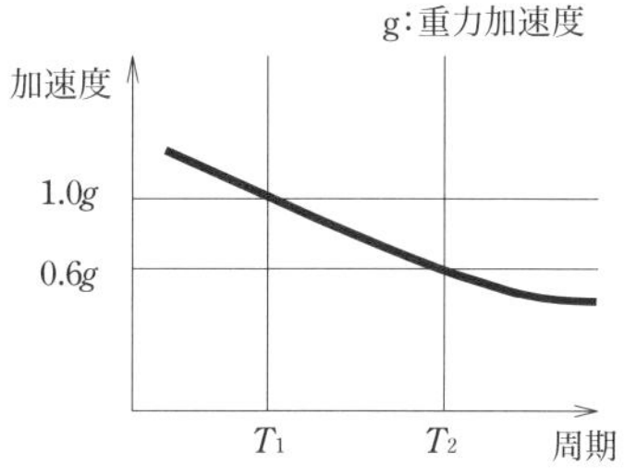

図－2

	固有周期	応答せん断力
1.	$T_A < T_B < T_C$	$Q_C < Q_B < Q_A$
2.	$T_B < T_A < T_C$	$Q_C < Q_A < Q_B$
3.	$T_B < T_A < T_C$	$Q_A < Q_B < Q_C$
4.	$T_C < T_B < T_A$	$Q_A < Q_C < Q_B$

解答例

1質点系モデルの固有周期Tは，次式で求める．$T = 2\pi\sqrt{\dfrac{m}{K}}$

これを問題の棒の固有周期に当てはめると，次のようになる．

$$T_A = 2\pi\sqrt{\frac{m}{K}},\quad T_B = 2\pi\sqrt{\frac{m}{2K}},\quad T_C = 2\pi\sqrt{\frac{2m}{K}}$$

したがって，固有周期Tの大小関係は，$T_B < T_A < T_C$となる．

次に，$T_B < T_A < T_C$の関係を，図－2に当てはめると，

$T_B \to T_1$，$T_A \to T_1$とT_2の中間，$T_C \to T_2$

という関係となり，図1･10のように表される．

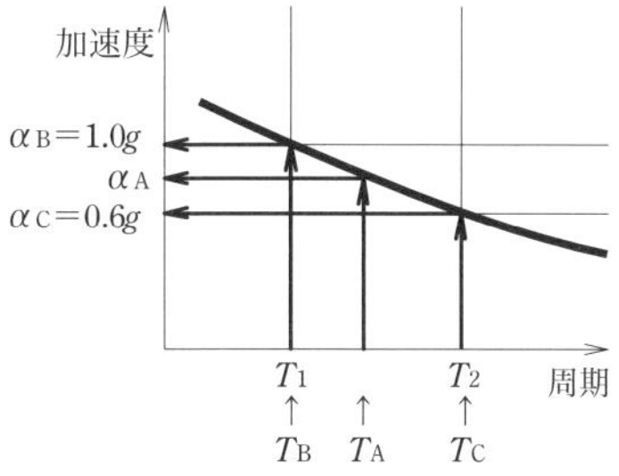

図 1･10

地震動が入力されたとき，棒に生じる応答せん断力Qは，**必ず覚える！公式6**より，

応答せん断力Q＝応答加速度α×質量m

で計算すると次のようになる．

α_Bが最大になるから，$Q_B = 1.0g \times m = 1.0mg$

α_Cが最小になるから，$Q_C = 0.6g \times 2m = 1.2mg$

α_Aはその中間であるから，$Q_A \fallingdotseq (0.6g \sim 1.0g) \times m$

$0.6mg \sim Q_A \sim 1.0mg$となり，$Q_B$よりは大きくならない．

したがって，その大小関係は，$Q_A < Q_B < Q_C$ となる．よって，3. が正解である．

出題例 6 図−1のような頂部に集中質量をもつ棒 A，B，C における固有周期をそれぞれ T_A，T_B，T_C とする場合において，それぞれの棒の脚部に図−2のような加速度応答スペクトルをもつ地震動が入力されたとき棒に生じる応答せん断力が Q_A，Q_B，Q_C となった．Q_A，Q_B，Q_C の大小関係との組合せとして，正しいものは，次のうちどれか．ただし，T_A，T_B，T_C は図−2の T_1，T_2，T_3 のいずれかに対応し，応答は水平方向であり，弾性範囲内とする．

1. $Q_A > Q_B > Q_C$
2. $Q_A > Q_C > Q_B$
3. $Q_C > Q_A > Q_B$
4. $Q_C > Q_B > Q_A$

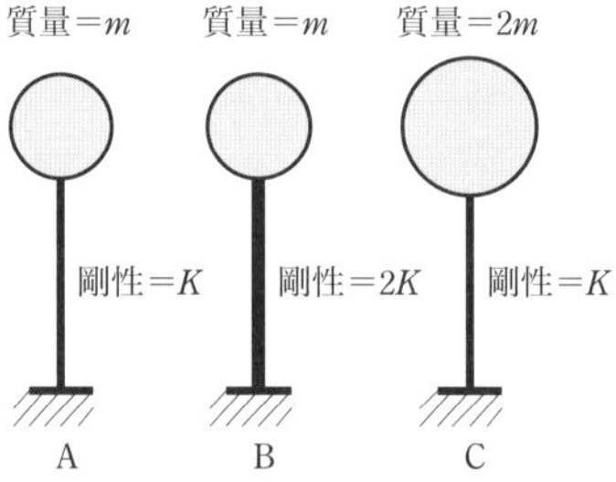

図−1

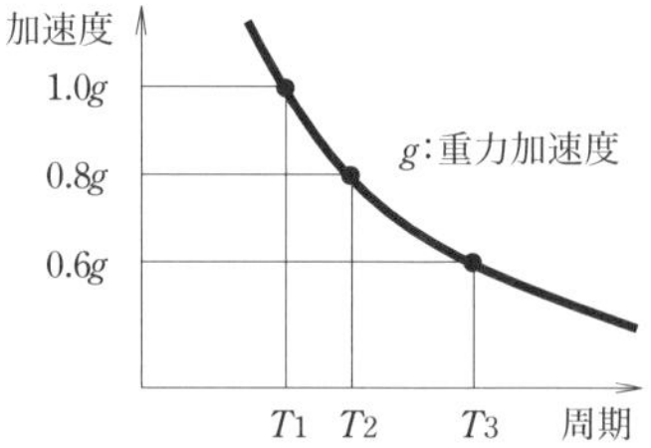

図−2

解答例

1質点系モデルの固有周期 T は，次式で求める．$T = 2\pi\sqrt{\dfrac{m}{K}}$

これを問題の棒の固有周期に当てはめると，次のようになる．

$$T_A = 2\pi\sqrt{\frac{m}{K}},\quad T_B = 2\pi\sqrt{\frac{m}{2K}},\quad T_C = 2\pi\sqrt{\frac{2m}{K}}$$

したがって，固有周期 T の大小関係は，$T_B < T_A < T_C$ となる．

次に，$T_B < T_A < T_C$ の関係を，図−2に当てはめると，

$T_B \rightarrow T_1$，$T_A \rightarrow T_2$，$T_C \rightarrow T_3$

という関係になり，図 1·11 のように表される．

地震動が入力されたとき，棒に生じる応答せん断力 Q は，**必ず覚える！公式 6** より，

応答せん断力 Q ＝応答加速度 α ×質量 m

で計算すると次のようになる．

α_B が最大になるから，$Q_B = 1.0g \times m = 1.0mg$

α_A は中間になるから，$Q_A = 0.8g \times m = 0.8mg$

α_C が最小になるから，$Q_C = 0.6g \times 2m = 1.2mg$

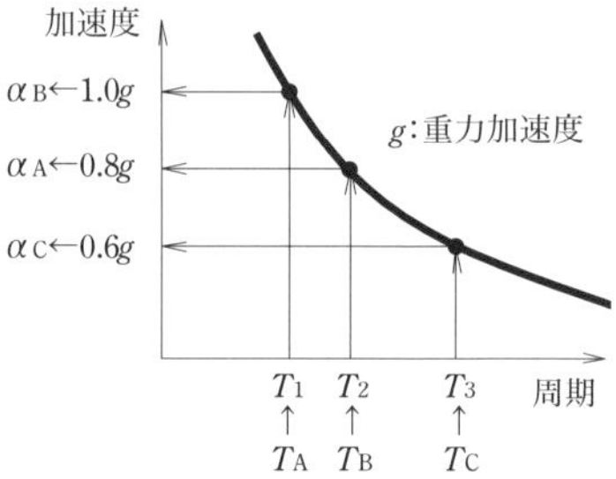

図 1·11

したがって，その大小関係は，$Q_C > Q_B > Q_A$ となる．よって，4. が正解である．

第2章 全塑性モーメント

本章で取り上げる全塑性モーメントの出題頻度は，10年間では2～3問と頻度はあまり高くないが，塑性断面係数などを含めて，もう少し幅を広げて見てみると，4～5問程度の出題があり，40%以上の確率で出題されていると考えたほうがよい．

全塑性モーメントは，第3章の崩壊荷重にも関係する重要な項目である．また，鉄筋コンクリート造や鉄骨造においても，終局曲げモーメントとしても出題例や選択肢例があり，十分に理解しておかなければならない事項でもある．

本章では，まず，過去問の中から，降伏応力度から全塑性モーメントを求める問題と軸方向力の応力ブロックをも考える問題を解説した．応力ブロックによる全塑性モーメントを考える場合，圧縮側応力と引張側応力とが等しく，偶力として作用していることに注目する．この偶力によるモーメントが全塑性モーメントとなるのである．

1 全塑性モーメントのみが作用する場合

図2·1に示す$B \times D$の長方形断面をもつ単純梁に集中荷重が作用して曲げモーメントが生じているモデルを考える．

荷重が作用し始めた当初は，図2·2(a)のように，**弾性状態**を示し，曲げ応力度分布は，中立軸からの距離に比例して，直線的に変化する．

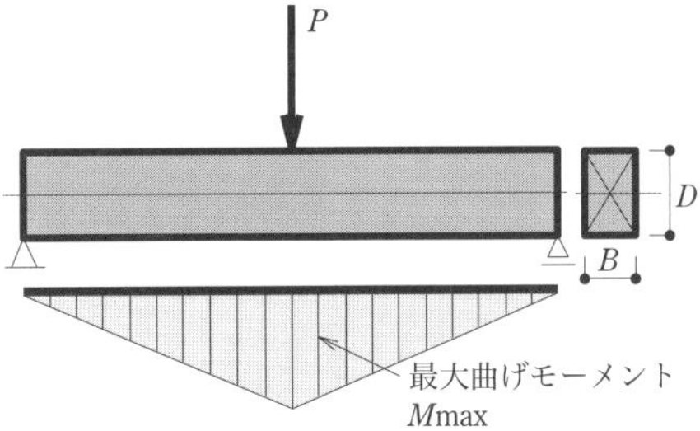

図2·1　梁の荷重状態

その後，徐々に荷重を大きくして曲げモーメントを増大させると，図(b)のように最大曲げ応力度が**降伏応力度σ_y**に達する．このときの曲げモーメントを**降伏モーメントM_y**という．

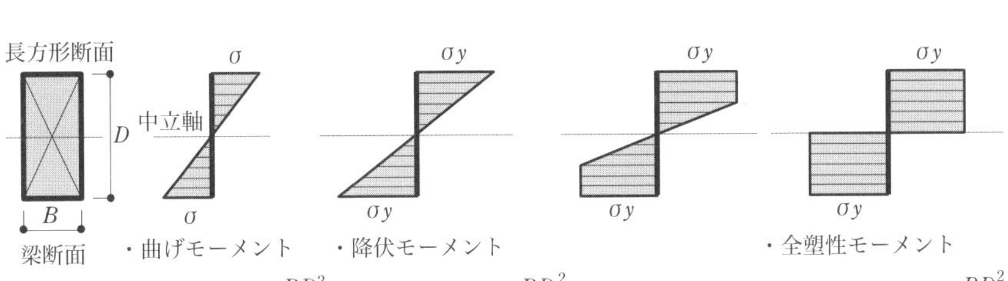

$M = \sigma \cdot Z = \sigma \cdot \dfrac{BD^2}{6}$　$My = \sigma y \cdot Z = \sigma y \cdot \dfrac{BD^2}{6}$　$Mp = \sigma y \cdot Zp = \sigma y \cdot \dfrac{BD^2}{4}$

(a)弾性状態　(b)降伏状態　(c)弾塑性状態　(d)全塑性状態

図2·2　梁の応力度状態

降伏モーメントを超えて，さらに荷重を加えて曲げモーメントを増大させると，降伏が進んで断面は図(c)のように，一部が降伏して塑性状態になり，中心部分はまだ弾性状態のままである**弾塑性状態**になる．

さらに降伏状態が進行すると，ついに全断面が降伏応力度 σ_y に達し，応力度分布は図(d)のようになり，これ以上応力を負担することができなくなる．

その結果，曲げモーメントを維持して回転だけを続ける**塑性ヒンジ**が発生する．このときの曲げモーメントを**全塑性モーメント** M_p という．

全塑性モーメント M_p は，引張側の応力度の合力 T と圧縮側の応力度の合力 C との偶力のモーメントとして，次式から計算する（図 2·3 参照）．

☞**必ず覚える！公式 7**（図 2·3 参照）

全塑性モーメント $M_p = T \cdot j = C \cdot j$ (2·1)

塑性断面係数 $Z_p = \dfrac{BD^2}{4}$ (2·2)

垂直応力度の合力 $T = C = \sigma_y \cdot \dfrac{BD}{2}$ (2·3)

合力の応力中心間距離 $j = \dfrac{D}{2}$ (2·4)

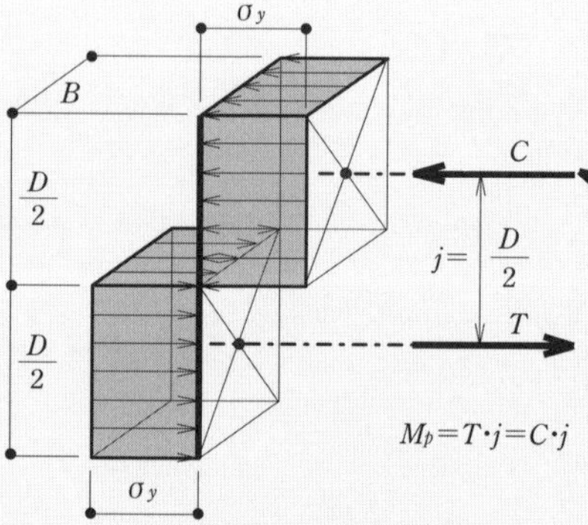

図 2·3　全塑性モーメント

この公式は，次のような手順で求めることができる（図 2·3 参照）．

引張側の垂直応力度の合力 T と圧縮側の垂直応力度の合力 C は，図 2·3 の**応力度分布の図形（直方体）の体積**を計算することによって求めることができる．

$$T = C = \sigma_y \times B \times \frac{D}{2} = \sigma_y \cdot \frac{BD}{2}$$

合力の応力中心間距離は，$j = \dfrac{D}{2} \times \dfrac{1}{2} + \dfrac{D}{2} \times \dfrac{1}{2} = \dfrac{D}{2}$ であるから，

$$全塑性モーメント M_p = T \cdot j = C \cdot j = \sigma_y \times \frac{BD}{2} \times \frac{D}{2} = \sigma_y \times \frac{BD^2}{4}$$

$$= \sigma_y \cdot Z_p$$ となる．

このとき，Z_p を**塑性断面係数**といい，$Z_p = \dfrac{BD^2}{4}$ (mm³)で表す．

では，具体的に解法の手順を学んでみよう．

❖解法の手順

T形断面部材に曲げモーメントのみが作用して，全断面が塑性化しているモデルを考える．

全断面が塑性化しているときは，次のようなことがいえる．

☞**必ず覚える！重要事項**

①断面の引張部分の垂直応力度の合力 T と圧縮部分の垂直応力度の合力 C が等しい．常に $T = C$ となる．

②全塑性状態では，中立軸は全断面積を **2 等分**する位置にある．

③垂直応力度の合力 T と C は，それぞれの断面の引張部分の図心と圧縮部分の図心に作用している．

以上のことを考えて，解法の手順を述べる（図 2･4 参照）．

①図(a)の垂直応力度分布は，図(b)のように奥行きのある立体図として描く．このとき，**奥行き**は，T 形断面部材の横幅を考える．

②引張側と圧縮側の垂直応力度の合力 T，C を求める．図(b)の**応力度分布の図形（直方体）の体積**を求めることによって，集中荷重に換算したときの大きさが計算できる．

$T = \sigma_y \times a \times 4a$

$\quad = 4a^2 \cdot \sigma_y$

$C = \sigma_y \times 4a \times a = 4a^2 \cdot \sigma_y$

その作用位置は，直方体の重心の位置である．

直方体の重心の位置＝中心の位置である．

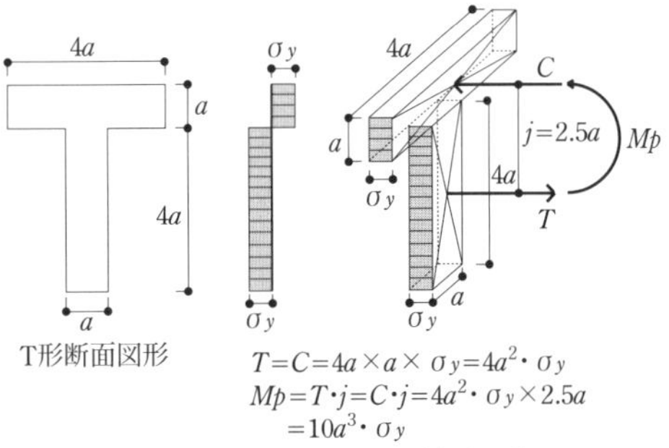

(a)垂直応力度分布　(b)全塑性モーメント

図 2･4　全塑性モーメントの計算

③合力 T，C の応力中心間距離を求める．

中立軸から引張側合力 T の位置までの距離と圧縮側合力 C の位置までの距離との和として計算する．$j = \dfrac{a}{2} + 2a = 2.5a$

④全塑性モーメント M_p を求める．

全塑性モーメント M_p は，垂直応力度の合力 T と C の偶力のモーメントとして求める．

$M_p = T \cdot j = C \cdot j = (4a^2 \cdot \sigma_y) \times 2.5a = 10a^3 \cdot \sigma_y$

なお，垂直応力度が降伏応力度状態にある場合は，その分布は三角形状となる．このときの降伏モーメント M_y は，やはり引張側合力 T と圧縮側合力 C の偶力のモーメントとして求める．引張側合力 T と圧縮側合力 C の大きさは，図 2･5 のように，断面の幅を奥行きとした**応力度分布の図形（三角柱）の体積**として，次のように計算する．

$$T = C = B \times \frac{D}{2} \times \frac{1}{2} \times \sigma_y = \frac{BD \cdot \sigma_y}{4}$$

このときの応力中心間距離は,

$$j = \frac{D}{2} \times \frac{2}{3} \times 2 = \frac{2D}{3}$$

となるから，降伏モーメントは,

$$M_y = T \cdot j = C \cdot j$$

$$= \frac{BD \cdot \sigma_y}{4} \times \frac{2D}{3} = \frac{BD^2 \cdot \sigma_y}{6}$$

となる.

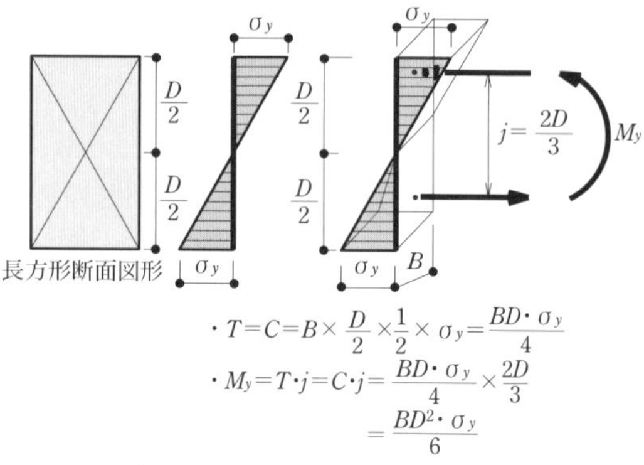

図 2・5　降伏モーメントの計算

では，実際の出題例で全塑性モーメントの解き方を学んでみよう.

出題例 7　図のような H 形断面の全塑性モーメントの値として正しいものは，次のうちどれか．ただし，降伏応力度を σ_y とする.

1. $21a^3\sigma_y$　　2. $25a^3\sigma_y$
3. $29a^3\sigma_y$　　4. $35a^3\sigma_y$

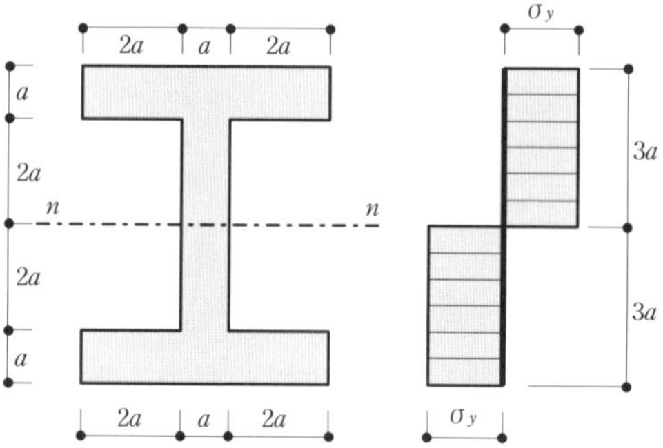

解答例

H 形断面を $5a \times a$ の断面と $a \times 2a$ の断面に区分して考える（図 2・6 参照).

・$5a \times a$ の断面について,

それぞれの断面の合力 C_1 と T_1 は，それぞれの断面の引張部分の重心と圧縮部分の重心に作用しているものとして，応力中心間距離を j_1 とすれば,

$$C_1 = T_1 = 5a \times a \times \sigma_y = 5a^2 \times \sigma_y$$

$$j_1 = 5a$$

∴偶力のモーメントは,

$$M_{p1} = C_1 \times j_1 = T_1 \times j_1 = 5a^2 \cdot \sigma_y \times 5a = 25a^3 \cdot \sigma_y$$

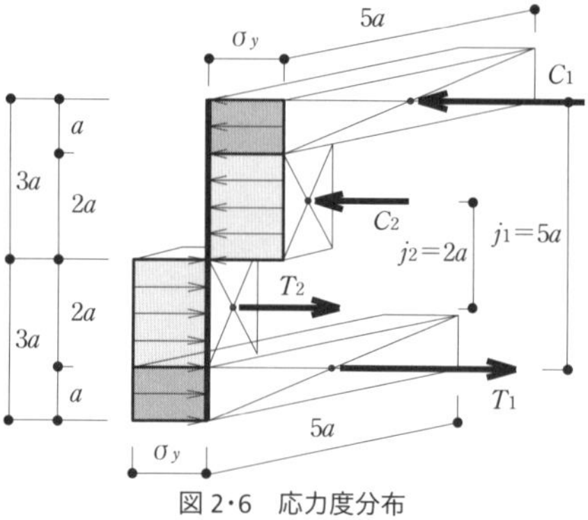

図 2・6　応力度分布

・$a \times 2a$ の断面について,

それぞれの断面の合力 C_2 と T_2 は，それぞれの断面の引張部分の重心と圧縮部分の重

心に作用しているものとして，応力中心間距離をj_2とすれば，

$$C_2 = T_2 = a \times 2a \times \sigma_y = 2a^2 \times \sigma_y$$

$$j_2 = 2a$$

∴偶力のモーメントは，

$$M_{p2} = C_2 \times j_2 = T_2 \times j_2 = 2a^2 \cdot \sigma_y \times 2a = 4a^3 \cdot \sigma_y$$

したがって，

全塑性モーメント $M_p = M_{p1} + M_{p2} = 25a^3 \cdot \sigma_y + 4a^3 \cdot \sigma_y = 29a^3 \cdot \sigma_y$

となる．よって，3. が正解である．

出題例 8　図－1のような矩形断面材に作用する荷重Pを増大させ，材の脚部$a-a$断面の最外端における応力度が降伏応力度に達するときの荷重をP_y，さらに荷重を増大させ，$a-a$断面に作用する曲げモーメントが全塑性モーメントに達するときの荷重をP_uとするとき，P_yとP_uの組合せとして，正しいものは，次のうちどれか．ただし，$a-a$断面における応力度分布は，図－2のとおりとする．

	P_y	P_u
1.	$\dfrac{BD^3 \cdot \sigma_y}{12l}$	$\dfrac{BD^3 \cdot \sigma_y}{6l}$
2.	$\dfrac{BD^2 \cdot \sigma_y}{12l}$	$\dfrac{BD^2 \cdot \sigma_y}{6l}$
3.	$\dfrac{BD^3 \cdot \sigma_y}{6l}$	$\dfrac{BD^3 \cdot \sigma_y}{4l}$
4.	$\dfrac{BD^2 \cdot \sigma_y}{6l}$	$\dfrac{BD^2 \cdot \sigma_y}{4l}$

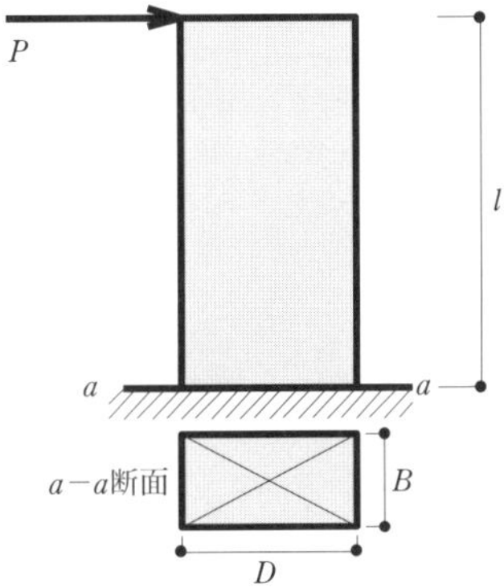

図－1

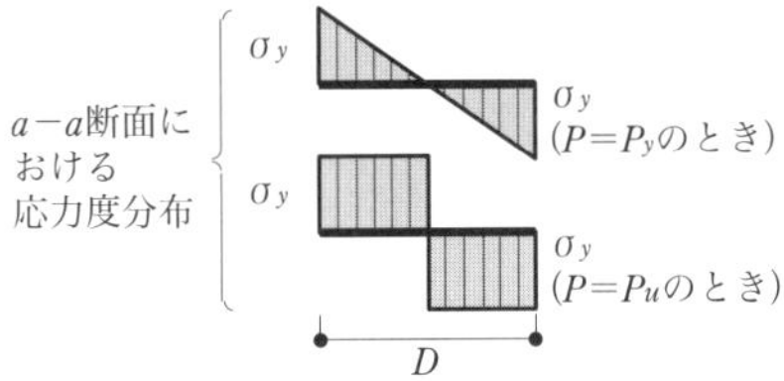

図－2

解答例

・縁応力度が降伏応力度に達するとき（図 2･7(a)参照）．

垂直応力度の合力$T=C=B\times\dfrac{D}{2}\times\sigma_y\times\dfrac{1}{2}=\dfrac{BD\cdot\sigma_y}{4}$，応力中心間距離$j=\dfrac{2D}{3}$

このときの降伏モーメント $M_y = P_y \times l$ と合力 T と C による偶力のモーメントが等しいから，

$M_y=P_y\times l=T\times j=\dfrac{BD\cdot\sigma_y}{4}\times\dfrac{2D}{3}$となる．したがって，$P_y=\dfrac{BD^2\cdot\sigma_y}{6l}$.

・全断面が降伏応力度に達するとき（図 2･7(b)参照）．

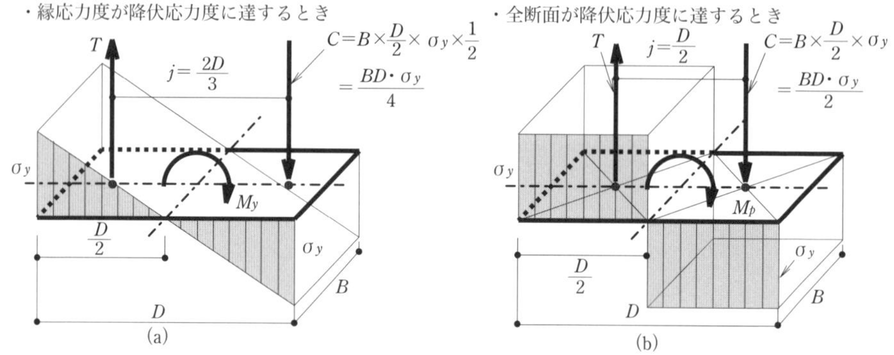

図 2·7　応力度分布

垂直応力度の合力$T=C=B\times\frac{D}{2}\times\sigma_y=\frac{BD\cdot\sigma_y}{2}$，応力中心間距離$j=\frac{D}{2}$

このときの全塑性モーメント $M_p=P_u\times l$ と合力 T と C による偶力によるモーメントが等しいから，

$$M_p=P_u\times l=T\times j=\frac{BD\cdot\sigma_y}{2}\times\frac{D}{2}$$となる．

したがって，$P_u=\frac{BD^2\cdot\sigma_y}{4l}$．よって，4. が正解である．

❷ 全塑性モーメントと軸方向力が作用する場合

全塑性モーメント M_p と軸方向力 N が作用する場合は，垂直応力度分布を**曲げモーメントによる応力ブロック**と**軸方向力による応力ブロック**に分けて計算する（図 2·8 参照）．

曲げモーメントによる断面の応力ブロックには，**引張の応力ブロック**と**圧縮の応力ブロック**とがあり，その大きさは等しい．したがって，引張の応力ブロックが問題から読み取れれば，その大きさと等しいブロックを圧縮の応力ブロックとして考える．

このとき，引張の垂直応力度の合力 T と圧縮の垂直応力度の合力 C は，偶力となり，

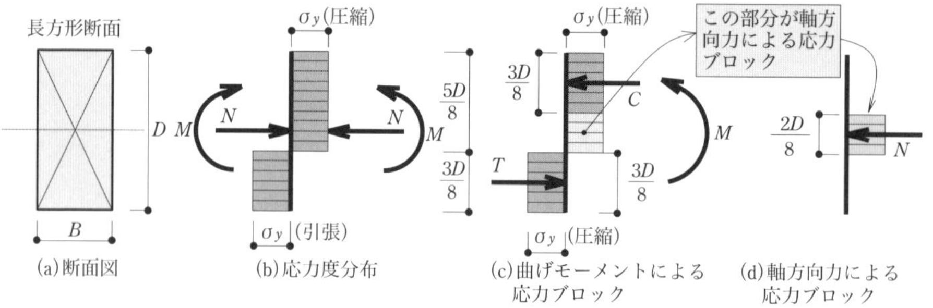

図 2·8　応力ブロック①

この偶力のモーメントが全塑性モーメント M_p となる．

また，圧縮の応力ブロックにおいて，残った部分が軸圧縮力の応力ブロックとなる．

では，実際の出題例で全塑性モーメントの解き方を学んでみよう．

出題例 9 図−1のような等質で一辺の長さ D の正方形断面において，垂直応力度ブロックが図−2に示す全塑性状態にある場合，断面の図心に作用する軸圧縮力 N と曲げモーメント M との組合せとして，正しいものは，次のうちどれか．ただし，降伏応力度を σ_y とする．

	N	M
1.	$\dfrac{1}{2}D^2 \cdot \sigma_y$	$\dfrac{1}{4}D^3 \cdot \sigma_y$
2.	$\dfrac{1}{2}D^2 \cdot \sigma_y$	$\dfrac{3}{16}D^3 \cdot \sigma_y$
3.	$\dfrac{3}{4}D^2 \cdot \sigma_y$	$\dfrac{1}{4}D^3 \cdot \sigma_y$
4.	$\dfrac{3}{4}D^2 \cdot \sigma_y$	$\dfrac{3}{32}D^3 \cdot \sigma_y$

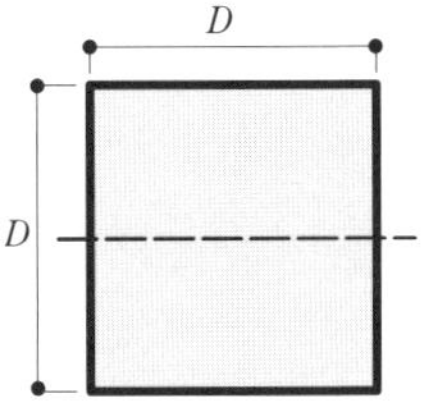

図−1　　　　図−2

〔解答例〕

まず，図 2・9(a) の垂直応力度分布を応力ブロックに分ける．

$$C = \dfrac{D}{4} \times D \times \sigma_y = \dfrac{1}{4}D^2 \cdot \sigma_y$$

$$N = \dfrac{D}{2} \times D \times \sigma_y = \dfrac{1}{2}D^2 \cdot \sigma_y$$

$$T = \dfrac{D}{4} \times D \times \sigma_y = \dfrac{1}{4}D^2 \cdot \sigma_y$$

$$M = T \cdot j = C \cdot j = \dfrac{1}{4}D^2 \cdot \sigma_y \times \dfrac{3}{4}D = \dfrac{3}{16}D^3 \cdot \sigma_y$$

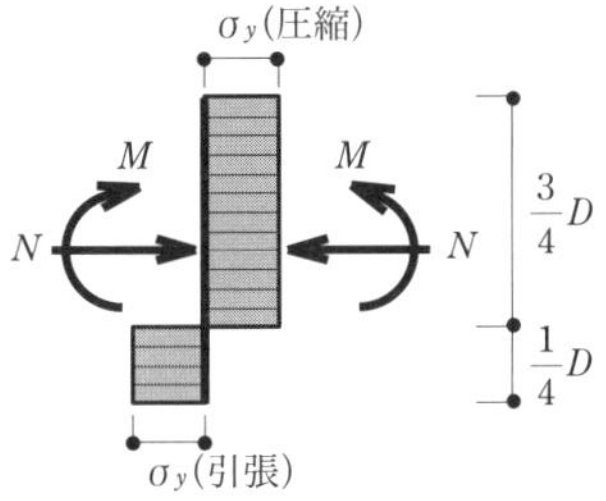

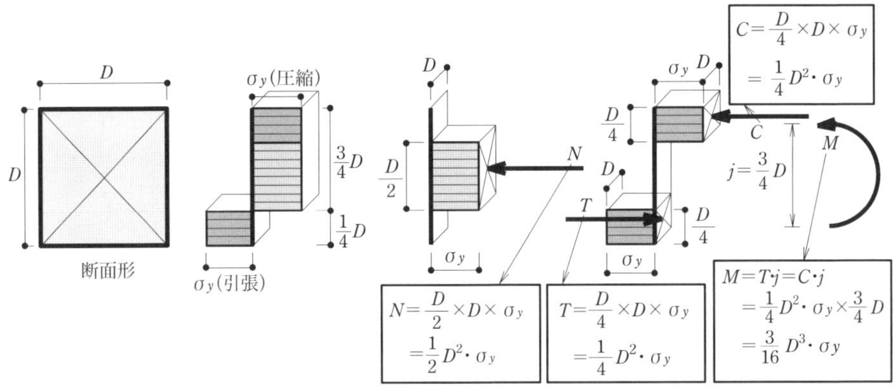

(a) 垂直応力度分布　　(b) 軸方向力による応力ブロック　　(c) 曲げモーメントによる応力ブロック

図 2・9　応力ブロック②

図(c)のように，引張側の応力ブロックが断面の $D/4$ の長さであるから，圧縮側の応力

ブロックも断面の $D/4$ の長さとなる．

図(b)のように，残りの断面の長さ $D/2$ が軸圧縮力の応力ブロックになる．

$$軸圧縮力N=\frac{D}{2}\times D\times \sigma_y=\frac{D^2\cdot\sigma_y}{2}$$

$$垂直応力度の合力T=C=\frac{D}{4}\times D\times \sigma_y=\frac{D^2\cdot\sigma_y}{4}，応力中心間距離j=\frac{3}{4}D$$

$$曲げモーメントM=T\cdot j=C\cdot j=\frac{D^2\cdot\sigma_y}{4}\times\frac{3}{4}D=\frac{3D^3\cdot\sigma_y}{16}$$

よって，2. が正解である．

出題例 10 図のような底部で固定された矩形断面材の頂部の図心 O 点に鉛直荷重 $P=2B^2\cdot\sigma_y$（σ_y：降伏応力度）および水平荷重 Q が作用している．Q が増大し，底部 $a-a$ 断面における垂直応力度分布が図－2のような全塑性状態に達する場合の Q の値として，正しいものは，次のうちどれか．ただし，矩形断面材は等質等断面で，自重はないものとする．

1. $\dfrac{2B^3\cdot\sigma_y}{l}$　2. $\dfrac{3B^3\cdot\sigma_y}{l}$　3. $\dfrac{4B^3\cdot\sigma_y}{l}$　4. $\dfrac{5B^3\cdot\sigma_y}{l}$

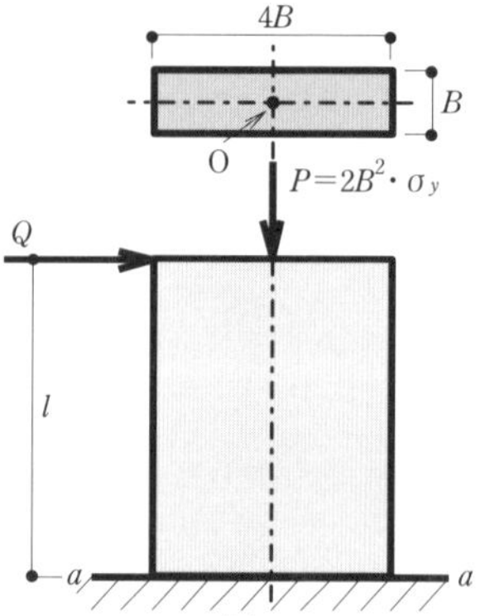

図－1

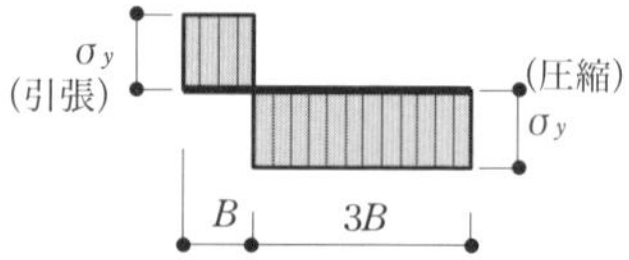

図－2

解答例

まず，鉛直荷重による応力ブロックを図 2・10(b)のように，独立させて考える．

$$軸方向力 N=2B\times B\times\sigma_y=2B^2\cdot\sigma_y$$

次に，曲げモーメントによる応力ブロックを図(a)のような応力ブロックに分ける．

図(a)において，

$$垂直応力度の合力 T=C=B\times B\times\sigma_y=B^2\cdot\sigma_y$$

$$応力中心間距離 j=3B$$

$$\therefore 偶力のモーメント M=T\cdot j=C\cdot j=B^2\cdot\sigma_y\times 3B$$
$$=3B^3\cdot\sigma_y$$

また，水平力によるモーメント $M=Q\cdot l=3B^3\cdot\sigma_y$

$$\therefore Q=\frac{3B^3\cdot\sigma_y}{l}$$

よって，2. が正解．

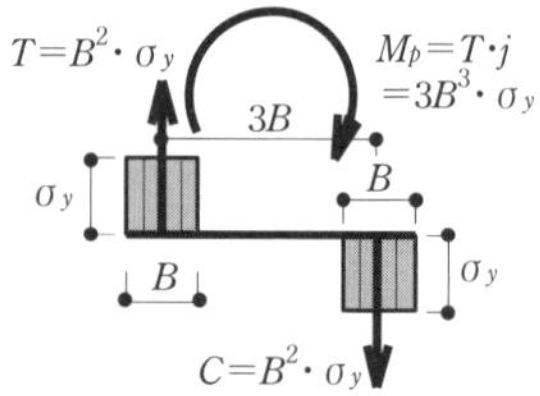

(a)曲げモーメントによる応力ブロック

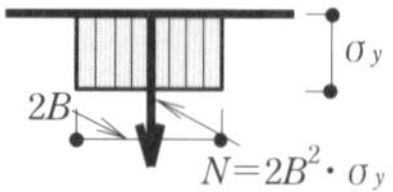

(b)鉛直荷重による応力ブロック

図 2・10　応力ブロック③

第3章 崩壊機構・崩壊荷重

本章で取り上げる崩壊機構・崩壊荷重の出題頻度は，10年間では4～5問と2年に1問程度の出題であるが，20年間で見てみると12～13問と相当高い確率で出題されている．

出題傾向としては，崩壊荷重を求める問題が8割以上を占め，崩壊機構（崩壊メカニズム）に関する問題は2割程度と少ない傾向にある．

崩壊荷重は，第2章の全塑性モーメントにも関連し，ラーメンにおいては，柱と梁の全塑性モーメントの大小が重要になる．ラーメンでは，柱に先に塑性ヒンジが発生すると建築物が崩壊することになり非常に危険である．したがって，梁のほうに先に塑性ヒンジが発生するような設計とすることが重要である．

本章では，まず，過去問の中から，崩壊機構の問題と崩壊荷重の問題及び仮想仕事式から全塑性モーメントを求める問題の典型的なパターンを解説した．

❶ 崩壊機構（崩壊メカニズム）

建築物の構造計算を行う場合，建築物に作用する固定荷重や積載荷重などの鉛直荷重（長期荷重）による応力（**鉛直荷重時応力**）と地震力や風圧力などの水平荷重（臨時荷重）による応力（**水平荷重時応力**）が生じ，それらの応力を加え合わせることによって**短期応力**を計算している（図3･1参照）．

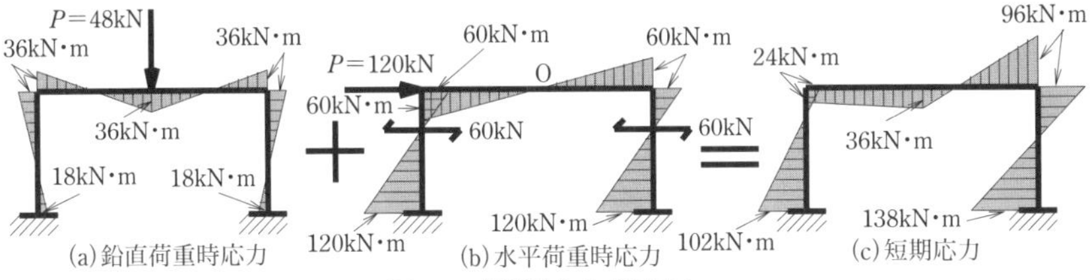

図3･1　建築物に生じる応力

長期応力はほぼ一定であるが，短期応力は水平荷重による応力（臨時応力）が大きくなるにつれて大きくなる．したがって，建築物の崩壊は，地震力や風圧力などの水平荷重が増大することによって生じることが多い．

いま，鉛直荷重を一定にして，水平荷重を増大させた場合を例に，塑性ヒンジの発生順序を考えてみる．図3･1と図3･2からわかるように，塑性ヒンジが発生する順序は，曲げモーメントが**大きい順**である．したがって，次のような順序になる．

☞**必ず覚える！公式 8**

・塑性ヒンジが発生する順序

①右柱の柱脚　②左柱の柱脚　③梁の右端　④梁の中央　(3･1)

次に，水平荷重のみが作用している1層1スパンの骨組をモデルに，数値を用いて崩壊機構を考えてみよう．まず，モデルを図3･3(a)の1層1スパンのように考える．このときの梁の全塑性モーメント（降伏モーメント）を図(b)，柱の全塑性モーメントを図(c)で与えられているものとする．

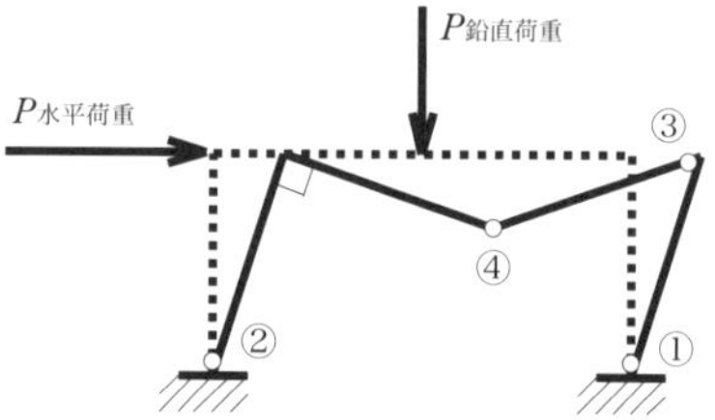

図 3･2　塑性ヒンジが発生する順序

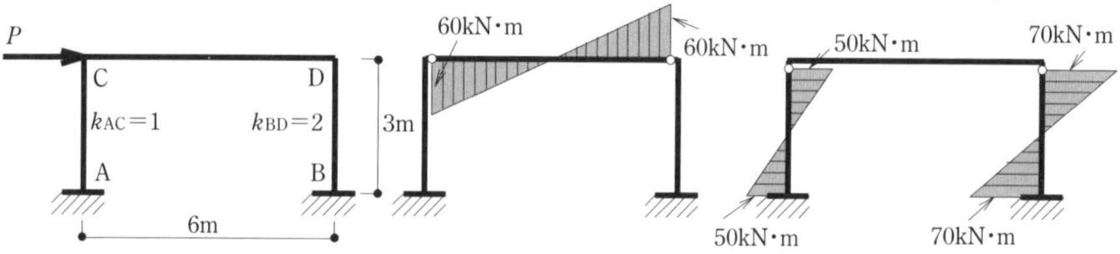

(a)1層1スパンのモデル　(b)梁の全塑性モーメント　(c)柱の全塑性モーメント

図 3･3　モデル図と梁･柱の全塑性モーメント

図3･4(a)のように，水平荷重（地震力）P_1＝30kN が作用して曲げモーメント図が描けた．このときは，まだ弾性範囲内で，どの点にも降伏ヒンジが発生していない．

水平荷重 P を徐々に増大させ，その値が P_2＝52.5kN に達したとき，図(b)のような曲げモーメント図が描け，B点に**最初の塑性ヒンジ**①が発生する．塑性ヒンジが発生したB点では，これ以後，水平荷重が増大しても，曲げモーメントとしては**全塑性モーメン**

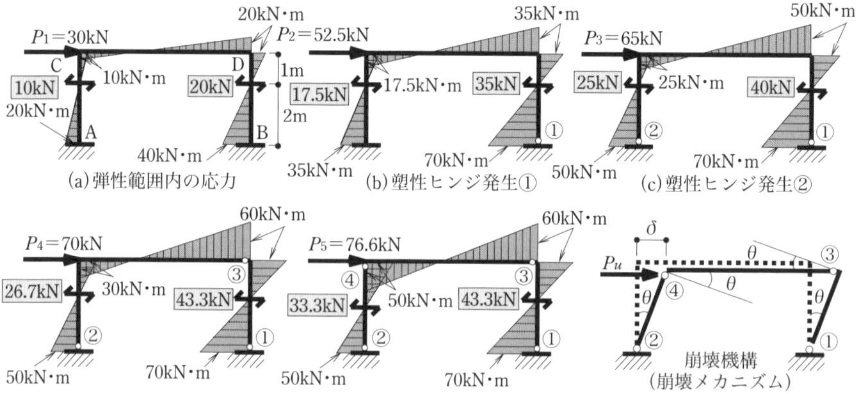

(a)弾性範囲内の応力　(b)塑性ヒンジ発生①　(c)塑性ヒンジ発生②

(d)塑性ヒンジ発生③　(e)崩壊機構の構築　(f)塑性ヒンジの発生順序

図 3･4　崩壊機構(崩壊メカニズム)

ト 70kN･m を維持して回転のみが進行する．

さらに水平荷重を増大させ，P_3 = 65kN に達したとき，図(c)のような曲げモーメント図が描け，A 点に 2 番目の塑性ヒンジ②が発生する．

さらに水平荷重を増大させ，P_4 = 70kN に達したとき，図(d)のような曲げモーメント図が描け，梁の D 点側に 3 番目の塑性ヒンジ③が発生する．そして，P_5 = 76.6kN に達したとき，図(e)のような曲げモーメント図が描け，C 点側の柱に 4 番目の塑性ヒンジ④が発生し，このモデルの単ラーメンは不安定な状態になる．このような状態になった構造を**崩壊機構**（**崩壊メカニズム**）という．

崩壊メカニズムが構築されたときの水平せん断力の総和（通常は，柱・壁・筋かいを含む）P = 76.6kN（ここでは 33.3kN + 43.3kN）を**保有水平耐力**という．

なお，図(d)において，梁の D 点に塑性ヒンジ③が発生するのは，柱 BD の全塑性モーメント M_p = 70kN･m より，梁 CD の全塑性モーメント M_p = 60kN･m のほうが小さいからであり，図(e)において，柱の C 点に塑性ヒンジが発生するのは，梁 CD の全塑性モーメント M_p = 60kN･m より，柱 AC の全塑性モーメント M_p = 50kN･m のほうが小さいからである．すなわち，**塑性ヒンジは，全塑性モーメントが小さい部材側に発生する．**通常は，**梁側に塑性ヒンジが形成されるのがよい**．実際の設計においては，柱の崩壊を防ぐため，**柱の全塑性モーメントを梁より大きくしている．**

塑性ヒンジの発生位置は，図 3･5 のように描き，**梁側の塑性ヒンジ**なのか**柱側の塑性ヒンジ**なのかを区別している．

また，図 3･4 においては柱の反曲点の位置は，当初，柱の 2/3 の位置に仮定したが，水平荷重が増大するに従って，徐々に柱の中央側に移動してくる．

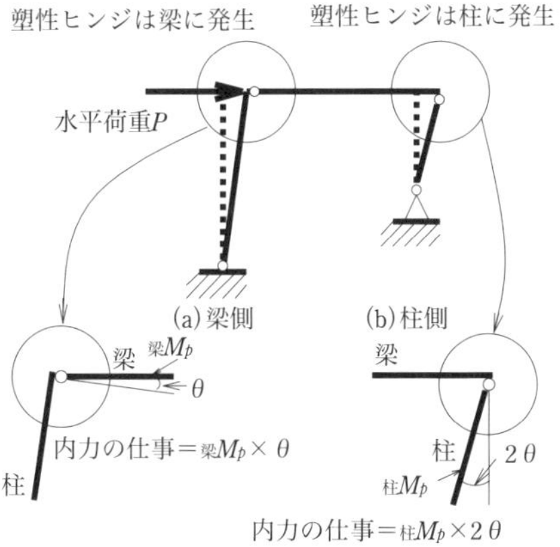

図 3･5　塑性ヒンジの発生場所

図(e)の反曲点は，柱 AC の中央になっている．

図(e)のような状態になると，ラーメンは荷重に耐えられなくなって崩壊する．骨組が崩壊した時の荷重を**崩壊荷重 P_u** という．

図(f)のような崩壊機構は，塑性ヒンジとなった各節点を剛な棒状材で結んだものである．このときの変形は，荷重点・ヒンジ点において δ および θ で表される．

また，図(e)のときの崩壊荷重 P_u は，柱のせん断力の和として，次式のように計算する．

☞必ず覚える！公式 9

$$Pu = \frac{\text{A点の曲げモーメント}+\text{C点の曲げモーメント}}{\text{階高}h} + \frac{\text{B点の曲げモーメント}+\text{D点の曲げモーメント}}{\text{階高}h} \quad (3\cdot2)$$

では，実際の出題例で解き方を学んでみよう．

出題例 11 図のような荷重を受けるラーメン A, B において，水平力 H を増大させた場合の塑性ヒンジ（図中の・印）の発生状況を示す崩壊機構の組合せとして，正しいものは，次のうちどれか．ただし，柱，梁の全塑性モーメントの値はそれぞれ 200kN･m, 100kN･m とし，部材の作用する軸力やせん断力による部材の曲げ耐力の低下は無視するものとする．

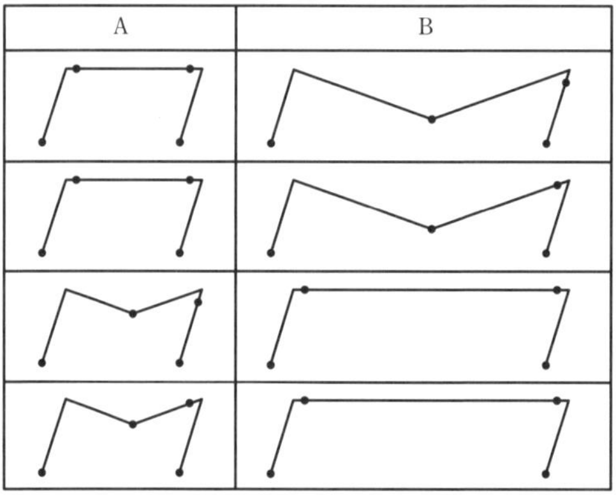

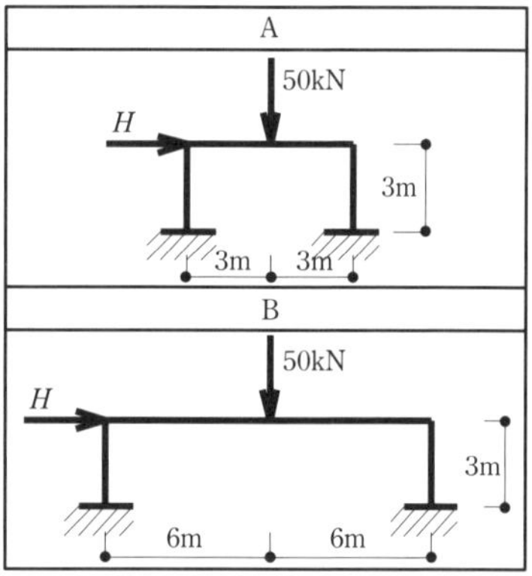

解答例

塑性ヒンジは全塑性モーメントが小さい部材側に先に生じる．

梁の全塑性モーメントは 100kN･m，柱の全塑性モーメントは 200kN･m であるから，梁の方に先に塑性ヒンジが発生する．

したがって，柱頭に塑性ヒンジが生じている選択肢の 1. と 3. は誤り．

選択肢 2. と 4. を比較すると，選択肢 4. ではスパンの短い梁 A の中央に塑性ヒンジが発生し，選択肢 2. ではスパンの長い梁 B の中央に塑性ヒンジが発生している．

通常の条件では，梁中央の曲げモーメントはスパンが長い方が大きな値となるので，塑性ヒンジはスパンの長い方に生じる．

よって，2. が正解である．

出題例 12 図のような 2 層剛接骨組が水平力を受けた場合の塑性ヒンジ（図中の○印）の発生状況を示す次の図のうち，架構としてまだ崩壊機構が形成されていないものはどれか．

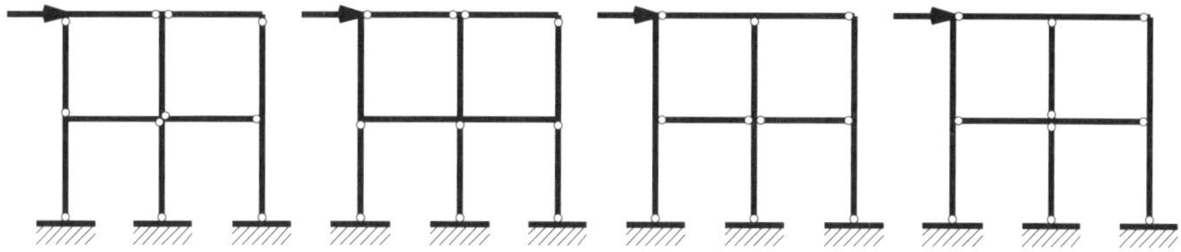

解答例

1. は，左スパンの 1 層，2 層のラーメンは，3 ヒンジラーメン的な構成になっていて水平力に抵抗できている．したがって，まだ，崩壊機構は形成されていない．

2. は，1 層部分で 4 点ピンの形ができていて，崩壊機構が形成されている．2 層部分は安定している．

3. と 4. は，全体として 4 点ピンの形ができていて，崩壊機構が形成されている．

よって，1. が正解である．

❷ 崩壊荷重

崩壊荷重 P_u は，仮想仕事式を活用して求める（図 3･6，3･8 参照）．

☞**必ず覚える！公式 10**

外力のなす仕事は，**外力 P（崩壊荷重 P_u）とその変位量 δ との積**の総和として，次式から計算する（図 3･6，3･7 参照）．

外力のなす仕事 $= \Sigma P \cdot \delta$ (3･3)

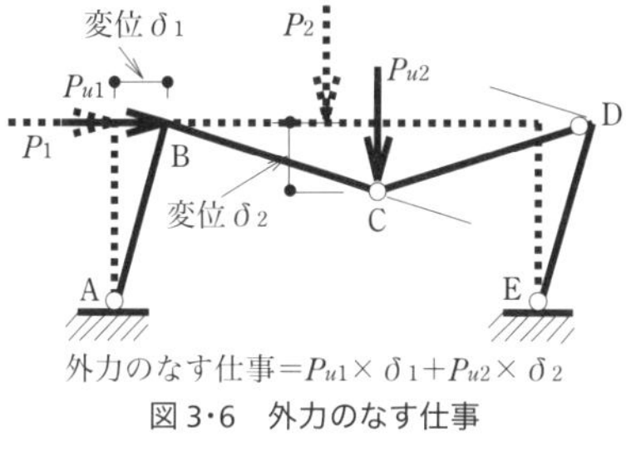

図 3･6　外力のなす仕事

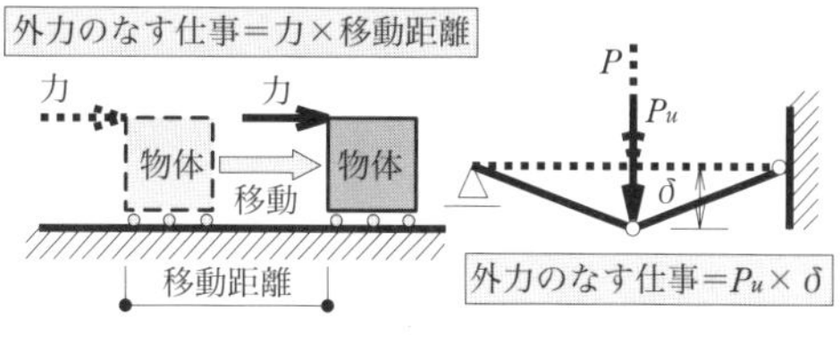

図 3･7　外力のなす仕事の考え方

☞**必ず覚える！公式 11**

内力のなす仕事は，塑性ヒンジの点における**部材の全塑性モーメント M_p とその回転角 θ との積**の総和として，次式から計算する（図 3･8，3･9 参照）．

内力のなす仕事 $= \Sigma M \cdot \theta$ (3･4)

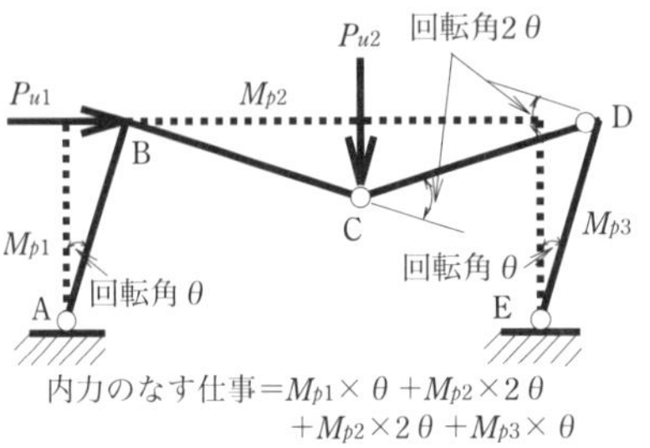

図3·8 内力のなす仕事

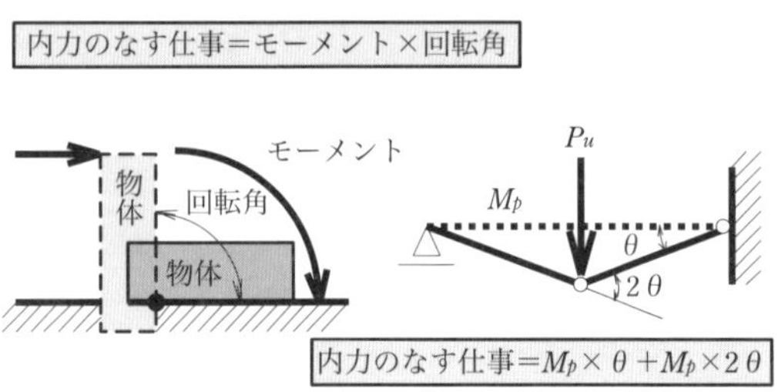

内力のなす仕事 $= M_{p1}\times\theta + M_{p2}\times 2\theta + M_{p2}\times 2\theta + M_{p3}\times\theta$

図3·9 内力のなす仕事の考え方

内力のなす仕事 $= M_p\times\theta + M_p\times 2\theta$

このとき，崩壊荷重 P_u は，仮想仕事の原理より，**外力のなす仕事**と**内力のなす仕事**が等しいことを利用して，次式から計算する．

☞ 必ず覚える！公式12

外力のなす仕事 $\sum P\cdot\delta =$ 内力のなす仕事 $\sum M\cdot\theta$ (3·5)

❖ ちょっとMEMO

・外力のなす仕事は，荷重の数だけ項数がある．また，内力のなす仕事は塑性ヒンジが発生した数だけ項数が生じ，ピン節点には内力のなす仕事は発生しない．
・塑性ヒンジと崩壊機構

(a) 荷重図

・判別式（図a参照）
$m = s + r + n - 2k$
$= 1 + 0 + 4 - 2\times 2$
$= 1 \cdots$ 1次の不静定構造物

(b) 曲げモーメント図

$\frac{3Pl}{16} = \frac{6Pl}{32}$

$\frac{5Pl}{32}$

曲げモーメントが大きい方に先に塑性ヒンジが発生する

(c) 塑性ヒンジ発生

・判別式（図c参照）
$m = s + r + n - 2k$
$= 1 + 0 + 3 - 2\times 2$
$= 0 \cdots$ 静定構造物
・終局耐力（図d参照）
外力のなす仕事 $\sum P\delta = Pu\cdot\delta = Pu\times\frac{l}{2}\cdot\theta$
内力のなす仕事 $\sum M\theta = M_p\times\theta + M_p\times 2\theta = 3M_p\cdot\theta$
$\sum P\delta = \sum M\theta$ より $\frac{Pu\cdot l\theta}{2} = 3M_p\cdot\theta$ ∴ $Pu = \frac{6M_p}{l}$

(d) 崩壊機構

・判別式（図d参照）
$m = s + r + n - 2k$
$= 2 + 0 + 3 - 2\times 3$
$= -1 \cdots$ 不安定構造物

(e) 全塑性モーメント

$M_p = \frac{bd^2}{4}\cdot\sigma_y$

$M_p = \frac{bd^2}{4}\cdot\sigma_y$

長方形断面

1. 弾性 $M = \sigma Z$ Z：断面係数
2. 降伏 $M_y = \sigma_y Z$
3. 弾塑性
4. 全塑性 $M_p = \sigma_y Z_p$ Z_p：塑性断面係数

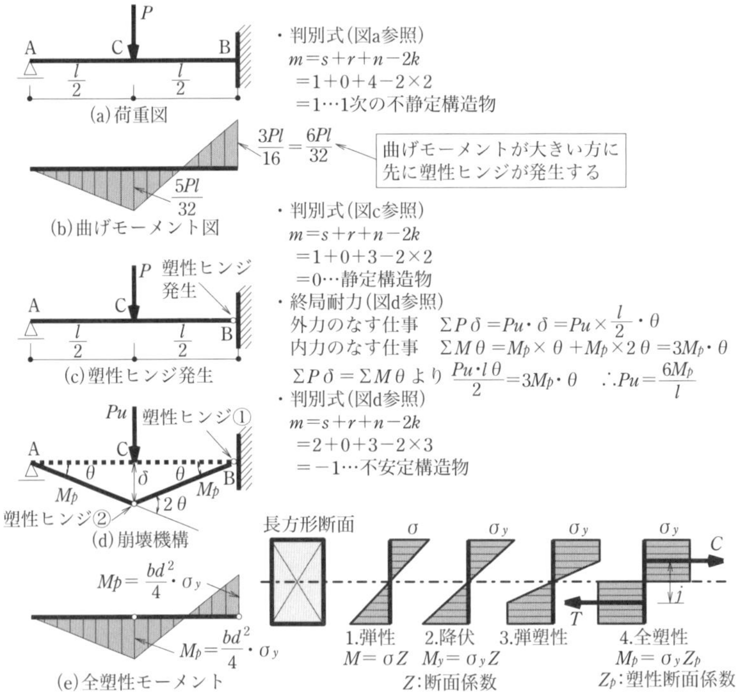

図3·10 塑性ヒンジと崩壊機構

では，実際の出題例で崩壊荷重の解き方を学んでみよう．

出題例 13 図－1のような水平荷重を受けるラーメンにおいて，水平荷重 P を増大させたとき，そのラーメンは，図－2のような崩壊機構を示した．ラーメンの崩壊荷重 P_u の値として，正しいものは，次のうちどれか．ただし，柱，梁の全塑性モーメント M_p の値をそれぞれ 400kN・m，200kN・m とし，部材に作用する軸力およびせん断力による部材の曲げ耐力の低下は無視する．

1. 200kN
2. 250kN
3. 300kN
4. 350kN

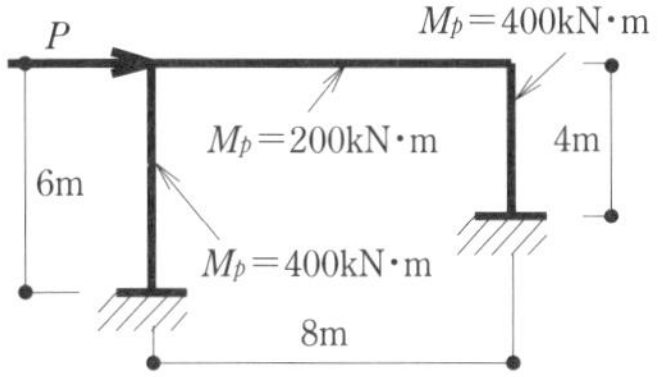

図－1　図－2

[解答例]

図－2の崩壊機構（崩壊メカニズム）を参考に，

外力のなす仕事（崩壊荷重 P_u とその変位量 δ との積）より，

$\sum P \cdot \delta = P_u \times 6\theta = 6P_u \cdot \theta$

内力のなす仕事（部材の全塑性モーメント M_p とその回転角 θ との積）より，

$\sum M \cdot \theta = 400\theta + 200\theta + 200 \times 1.5\theta + 400 \times 1.5\theta = 1,500\theta$

外力のなす仕事 $\sum P \cdot \delta$
＝内力のなす仕事 $\sum M \cdot \theta$ より，

$6P_u \cdot \theta = 1,500\theta$

$\therefore P_u = \dfrac{1,500}{6} = 250\mathrm{kN}$

よって，2. が正解．

・θ と θ' の関係

$\tan\theta = \dfrac{\delta}{6}$　$\therefore \delta ≒ 6\theta$

$\tan\theta' = \dfrac{\delta}{4} = \dfrac{6\theta}{4} = 1.5\theta$　$\therefore \theta' ≒ 1.5\theta$

図 3・11　回転角 θ と θ'

[別解]

問題に，柱，梁の全塑性モーメントの値が与えられているので，図 3・12 のような曲げモーメント図が描ける．

姉妹図書『構造力学のツボ』**必ず覚える！**
公式 30 より，

$Q_1 = \dfrac{400+200}{6} = 100\mathrm{kN}$

$Q_2 = \dfrac{400+200}{4} = 150\mathrm{kN}$

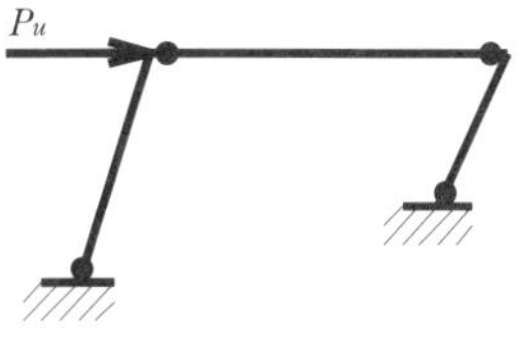

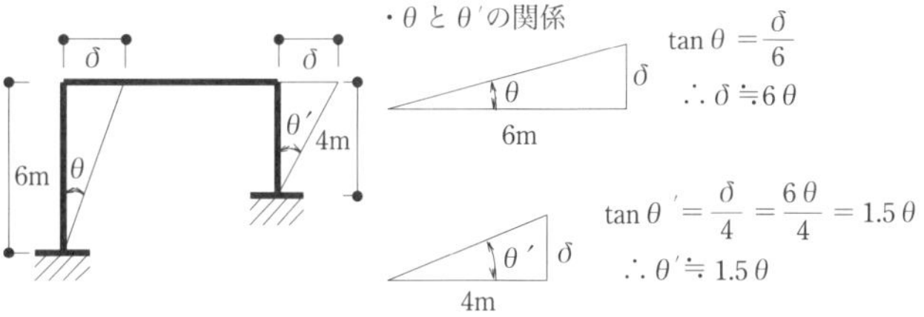

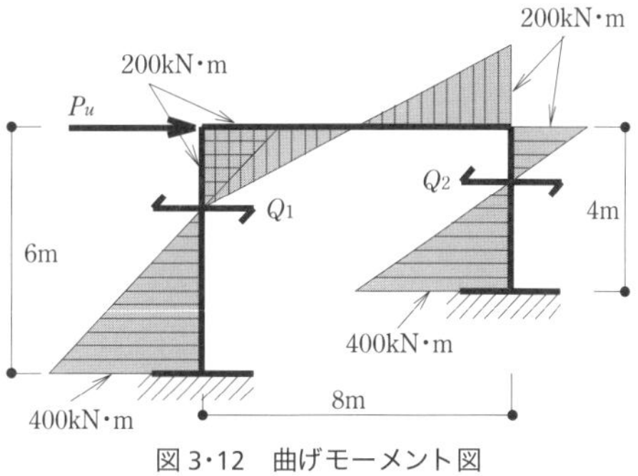

図 3・12　曲げモーメント図

$\therefore P_u = Q_1 + Q_2 = 100 + 150 = 250\text{kN}$

出題例 14 図－1のような鉛直荷重200kN，水平荷重Pを受けるラーメンにおいて，水平荷重Pを増大させたとき，そのラーメンは，図－2のような崩壊機構を示した．ラーメンの崩壊荷重P_uの値として，正しいものは，次のうちどれか．ただし，柱，梁の全塑性モーメントM_pの値をそれぞれ600kN･m，400kN･mとし，部材に作用する軸力およびせん断力による部材の曲げ耐力の低下は無視する．

1．600kN
2．500kN
3．400kN
4．300kN

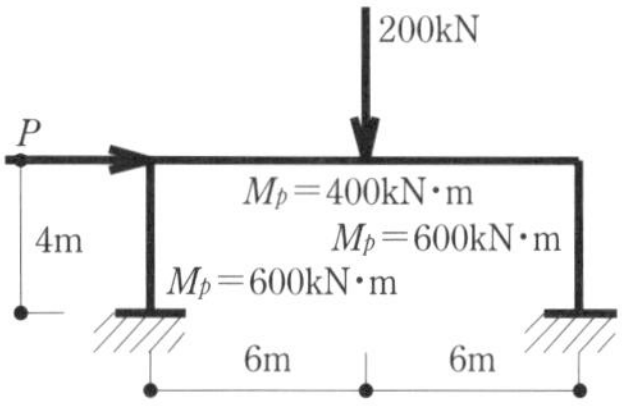

図－1

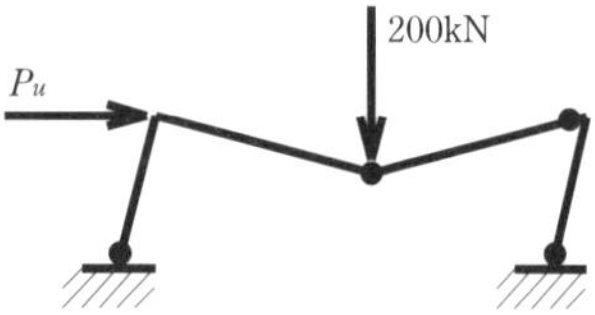

図－2

解答例

図－2の崩壊機構（崩壊メカニズム）を参考に，

外力のなす仕事（崩壊荷重P_uとその変位量δとの積）より，

$$\Sigma P\cdot\delta = P_u \times l\cdot\theta + 200 \times l\cdot\theta = P_u \times 4\theta + 200 \times 6\theta = 4(P_u + 300)\theta$$

内力のなす仕事（部材の全塑性モーメントM_pとその回転角θとの積）より，

$$\Sigma M\cdot\theta = 600\theta + 400 \times 2\theta + 400 \times 2\theta + 600 \times \theta = 2{,}800\theta$$

外力のなす仕事$\Sigma P\cdot\delta$＝内力のなす仕事$\Sigma M\cdot\theta$より，

$$4(P_u+300)\theta = 2{,}800\theta \quad \therefore P_u = \frac{2{,}800-1{,}200}{4} = 400\text{kN}$$

よって，3. が正解である．

出題例 15 図－1のようなラーメンに作用する荷重Pを増大させたとき，そのラーメンは，図－2のような崩壊メカニズムを示した．ラーメンの崩壊荷重P_uの値として，正しいものは，次のうちどれか．ただし，AB材，BC材，AD材，BE材，CF材の全塑性モーメントの値をそれぞれM_p，$2M_p$，$3M_p$，$4M_p$，$5M_p$とする．

1．$\dfrac{6M_p}{l}$

2．$\dfrac{12M_p}{l}$

3．$\dfrac{18M_p}{l}$

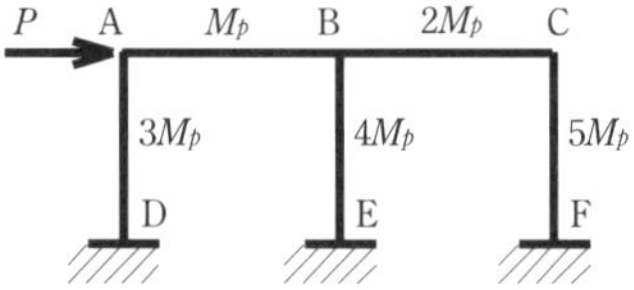

図－1

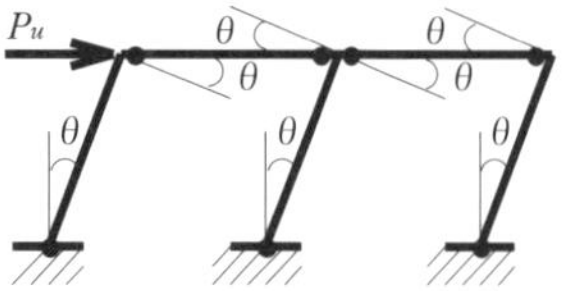

図－2

4. $\dfrac{24M_p}{l}$

解答例

外力のなす仕事 $\Sigma P\cdot\delta = P_u\cdot l\theta$

内力のなす仕事は，塑性ヒンジが発生する部材に生じるから，柱 D 点，梁 A 点，梁 B 点の左側，梁 B 点の右側，柱 E 点，梁 C 点，柱 F 点に生じることになる．

よって，内力のなす仕事 $\Sigma M\cdot\theta = \underset{\text{D点}}{\underline{3M_p\theta}} + \underset{\text{A点}}{\underline{M_p\theta}} + \underset{\text{B点}}{\underline{M_p\theta}} + \underset{\text{B点}}{\underline{2M_p\theta}} + \underset{\text{E点}}{\underline{4M_p\theta}} + \underset{\text{C点}}{\underline{2M_p\theta}}$

$$+ \underset{\text{F点}}{\underline{5M_p\theta}} = 18M_p\theta$$

外力のなす仕事 $\Sigma P\cdot\delta$ ＝内力のなす仕事 $\Sigma M\cdot\theta$ より，

$P_u\cdot l\,\theta = 18M_p\,\theta \quad \therefore P_u = \dfrac{18M_p}{l}$．よって，3. が正解である．

出題例 16 図－1のような荷重を受ける梁において，荷重 P を増大させたとき，その梁は，図－2のような崩壊メカニズムを示した．梁の崩壊荷重 P_u として，正しいものは，次のうちどれか．ただし，梁の全塑性モーメントを M_p とする．

1. $\dfrac{M_p}{l}$

2. $\dfrac{2M_p}{l}$

3. $\dfrac{3M_p}{l}$

4. $\dfrac{4M_p}{l}$

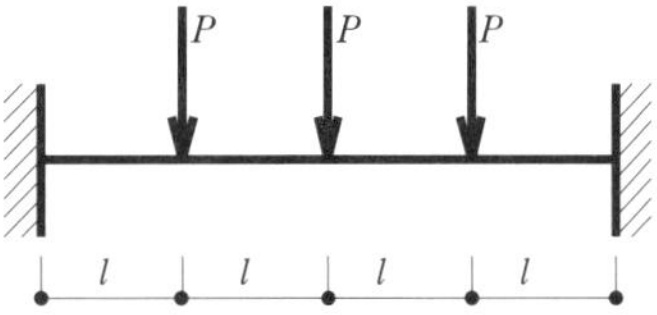

図－1

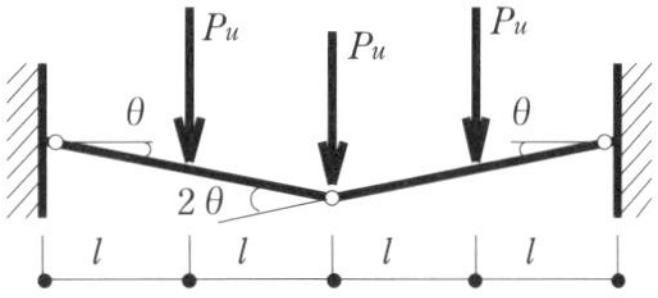

図－2

解答例

外力のなす仕事 $\Sigma P\cdot\delta = P_u\times l\,\theta + P_u\times 2l\,\theta + P_u\times l\,\theta = 4P_u\cdot l\,\theta$

内力のなす仕事は，塑性ヒンジが発生する点に生じるから，

内力のなす仕事 $\Sigma M\cdot\theta = M_p\cdot\theta + M_p\cdot 2\,\theta + M_p\cdot\theta = 4M_p\cdot\theta$

外力のなす仕事 $\Sigma P\cdot\delta$ ＝内力のなす仕事 $\Sigma M\cdot\theta$ より，

$4P_u\cdot l\,\theta = 4M_p\,\theta \quad \therefore P_u = \dfrac{M_p}{l}$

よって，1. が正解である．

出題例 17 図－1のようなラーメンに作用する荷重Pを増大させたとき，そのラーメンは，図－2のような崩壊メカニズムを示した．ラーメンの崩壊荷重P_uとして，正しいものは，次のうちどれか．ただし，柱，梁の全塑性モーメントをそれぞれ$3M_p$，$2M_p$とする．

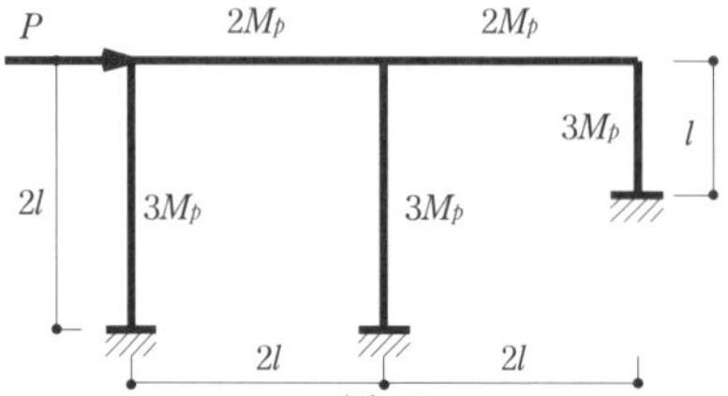

図－1

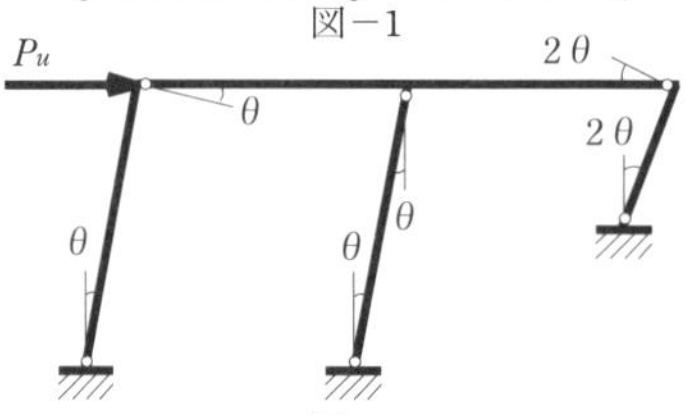

図－2

1. $\dfrac{21M_p}{2l}$　　2. $\dfrac{11M_p}{l}$

3. $\dfrac{23M_p}{2l}$　　4. $\dfrac{12M_p}{l}$

解答例

外力のなす仕事$\Sigma P\delta = P_u \times 2l\theta = 2P_u \cdot l\theta$

内力のなす仕事$\Sigma M\theta = 3M_p\theta + 2M_p\theta + 3M_p\theta + 3M_p\theta + 2M_p \cdot 2\theta + 3M_p \cdot 2\theta$

$= 21M_p\theta$

外力のなす仕事$\Sigma P\delta$＝内力のなす仕事$\Sigma M\theta$より，

$2P_u \cdot l\theta = 21M_p\theta \quad \therefore P_u = \dfrac{21M_p}{2l}$　　よって，1.が正解である．

出題例 18 図－1のような荷重を受けるラーメンにおいて，作用する水平力を増大させたとき，そのラーメンは，図－2のような崩壊メカニズムを示した．ラーメンの崩壊荷重$3P_u$の値として，正しいものは，次のうちどれか．ただし，柱，梁の全塑性モーメントM_pの値をそれぞれ600kN･m，450kN･mとする．

1. 450kN　　2. 600kN
3. 750kN　　4. 900kN

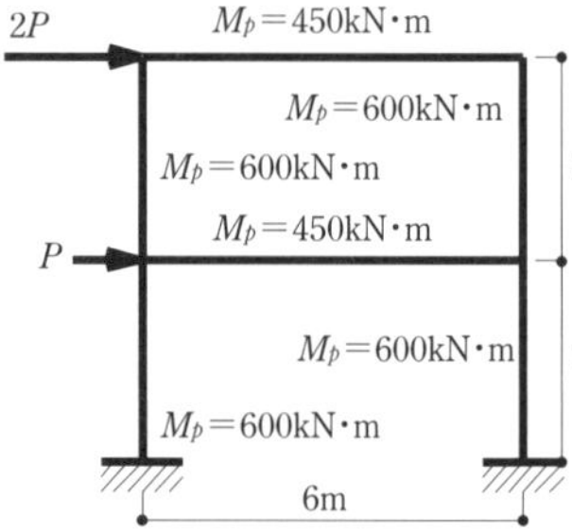

図－1

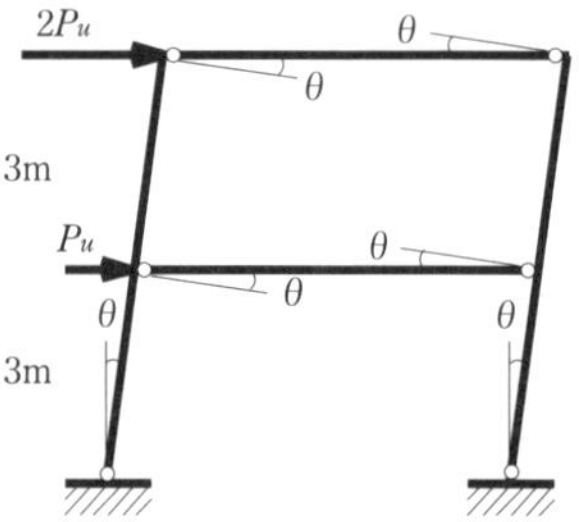

図－2

解答例

外力のなす仕事では，$\delta = l \cdot \theta$を活用する．

外力のなす仕事$\Sigma P \cdot \delta = 2P_u \times 6\theta + P_u \times 3\theta = 15P_u \cdot \theta$

内力のなす仕事は，塑性ヒンジが発生する点に生じるから，

内力のなす仕事$\Sigma M \cdot \theta = 2(600 \times \theta + 450 \times \theta + 450 \times \theta) = 3000 \cdot \theta$

外力のなす仕事$\Sigma P \cdot \delta$＝内力のなす仕事$\Sigma M \cdot \theta$より，

$$15P_u \cdot \theta = 3000 \cdot \theta \quad \therefore P_u = \frac{3,000 \cdot \theta}{15 \cdot \theta} = 200\text{kN}$$

設問より，$3P_u = 3 \times 200 = 600$kN

このとき，$3P_u$ を**保有水平耐力**ということもある．

よって，2. が正解である．

出題例 19 図のような梁 A，B，C の崩壊荷重 P_u が等しいとき，梁 A，B，C それぞれの全塑性モーメント ${}_AM_p$，${}_BM_p$，${}_CM_p$ の大小関係として正しいものは，次のうちどれか．ただし，それぞれの梁は，材軸方向に一様の断面であり，均質材料からなるものとする．

1. ${}_AM_p > {}_BM_p > {}_CM_p$
2. ${}_AM_p = {}_BM_p = {}_CM_p$
3. ${}_AM_p > {}_BM_p = {}_CM_p$
4. ${}_AM_p = {}_BM_p > {}_CM_p$

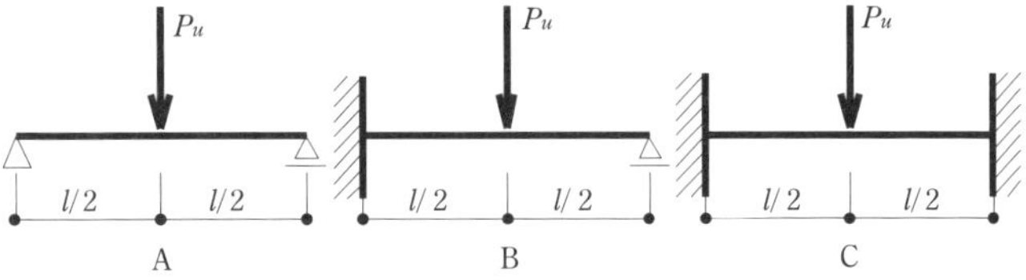

解答例

梁 A：外力のなす仕事 $\sum P \cdot \delta = P_u \times \theta \cdot \frac{l}{2} = P_u \cdot l \cdot \frac{\theta}{2}$

内力のなす仕事 $\Sigma M \cdot \theta = {}_AM_p \cdot 2\theta = 2{}_AM_p \cdot \theta$

外力のなす仕事 $\Sigma P \cdot \delta =$ 内力のなす仕事 $\Sigma M \cdot \theta$ より，

$$P_u \cdot l \cdot \frac{\theta}{2} = 2{}_AM_p \cdot \theta \quad \therefore {}_AM_p = P_u \cdot \frac{l}{4}$$

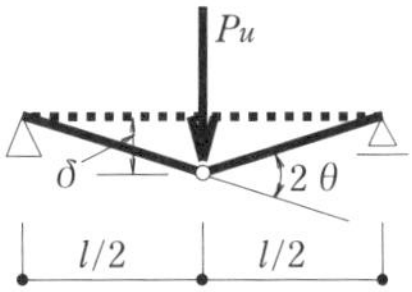

図 3・13

梁 B：外力のなす仕事 $\sum P \cdot \delta = P_u \times \theta \cdot \frac{l}{2} = P_u \cdot l \cdot \frac{\theta}{2}$

内力のなす仕事 $\Sigma M \cdot \theta = {}_BM_p \cdot \theta + {}_BM_p \cdot 2\theta = 3{}_BM_p \cdot \theta$

外力のなす仕事 $\Sigma P \cdot \delta =$ 内力のなす仕事 $\Sigma M \cdot \theta$ より，

$$P_u \cdot l \cdot \frac{\theta}{2} = 3{}_BM_p \cdot \theta \quad \therefore {}_BM_p = P_u \cdot \frac{l}{6}$$

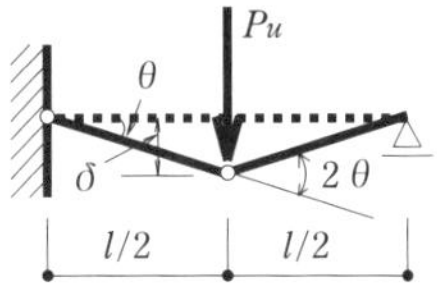

図 3・14

梁 C：外力のなす仕事 $\sum P \cdot \delta = P_u \times \theta \cdot \frac{l}{2} = P_u \cdot l \cdot \frac{\theta}{2}$

内力のなす仕事 $\Sigma M \cdot \theta = {}_CM_p \cdot \theta + {}_CM_p \cdot 2\theta + {}_CM_p \cdot \theta = 4{}_CM_p \cdot \theta$

外力のなす仕事 $\Sigma P \cdot \delta =$ 内力のなす仕事 $\Sigma M \cdot \theta$ より，

$$P_u \cdot l \cdot \frac{\theta}{2} = 4{}_CM_p \cdot \theta \quad \therefore {}_CM_p = P_u \cdot \frac{l}{8}$$

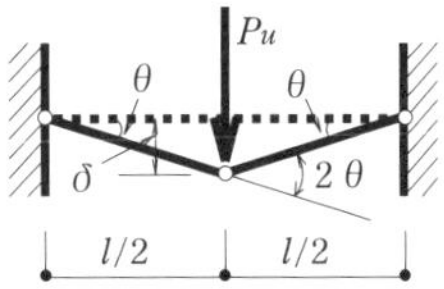

図 3・15

以上より，${}_AM_p > {}_BM_p > {}_CM_p$ となる．

よって，1. が正解である．

第4章　荷重計算

本章で取り上げる荷重計算の出題頻度は，10年間で20問以上と頻度は高く，毎年2問以上の出題があり，非常に高い確率で出題されている．

荷重計算は，一般的な固定荷重，積載荷重，積雪荷重，風圧力，地震力などから，応力の組合せまで種々な問題が出題されている．

特に，風圧力は，平成12年に法改正があり，速度圧の計算が変更になり，地表粗度区分の考え方が導入された．地表粗度区分にはⅠ（極めて平坦で障害物のない区域）からⅣ（都市化が極めて著しい区域）まで4種に分けられている．また，地震力では，層せん断力係数の各要素を解説するとともに，層せん断力を求める過程を順に計算例として示した．

本章では，過去問の中から全般的な問題と風圧力・地震力に関連した問題を解説した．

1 固定荷重

①固定荷重は，建築物自身の重量や建築物に付随する仕上材の重量をいう．建築物がある限り存在する重量で，恒久的なものである．

②コンクリートの単位体積重量は，一般的に，23kN/m^{3}であり，鋼材は78.5kN/m^{3}である．しかし，実用的には，コンクリートは厚さ1cm当たりの重さとして230N/m^2，鉄筋コンクリートとしては240N/m^{2}として計算している．モルタルは200N/m^{2}である．また，屋根・天井（図4･2参照）・床・壁などの単位面積重量は，建築基準法施行令第84条に示されている．

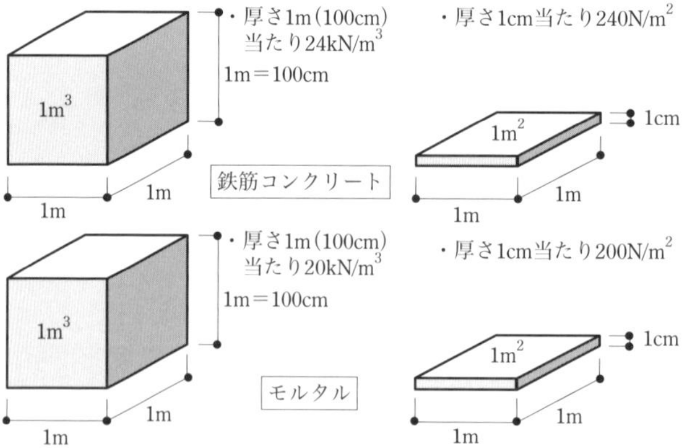

図4･1　単位体積重量

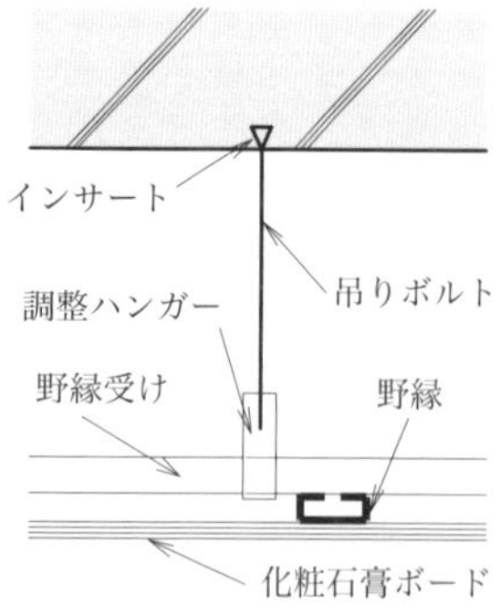

図4･2　天井骨組

☞**必ず覚える！選択肢例**

鉄筋コンクリート造の床（普通コンクリート厚さ12cm，モルタル下地ビニル床タイル張り厚さ3cm，軽量鉄骨下地石膏ボード張天井）の固定荷重として，3,700N/m² を採用した．

⇨解答例：厚さ1cm当たりの荷重は，

鉄筋コンクリート	240N/m²	∴ 240 × 12cm = 2,880N/m²
モルタル	200N/m²	∴ 200 × 3cm = 600N/m²
軽量鉄骨下地の天井	200N/m²	200N/m²
	合計	3,680N/m²

よって，3,700N/m² を採用すれば，安全側となるので，正しい記述である．

❷ 積載荷重

①積載荷重は，建築物が内部に収容する物品や人間の重量をいう．その単位床面積当たりの大きさは，表4·1のように，**室の種類**と**構造計算の対象**に応じた値が，建築基準法施行令第85条によって決められている．

②積載荷重の大小関係は，実況に応じて計算しない場合，集中度や衝撃などを考慮して，**床**の構造計算用＞**骨組**（大梁・柱又は基礎）の構造計算用＞**地震力**計算用の順に定められている．

表4·1　積載荷重　（単位：N/m²）

室の種類 ＼ 構造計算の対象			床の構造計算用	骨組の構造計算用	地震力算定用
(1)	住宅の居室，病室		1,800	1,300	600
(2)	事務室		2,900	1,800	800
(3)	教室		2,300	2,100	1,100
(4)	百貨店又は店舗の売場		2,900	2,400	1,300
(5)	劇場，映画館，公会堂，集会場等の客席又は集会室	固定席	2,900	2,600	1,600
		その他	3,500	3,200	2,100
(6)	自動車車庫及び自動車通路		5,400	3,900	2,000
(7)	(3)の教室，(4)の売場，(5)の客席・集会室に連絡する廊下，玄関，階段		3,500	3,200	2,100
(8)	屋上広場又はバルコニー	一般の場合	1,800	1,300	600
		学校又は百貨店	2,900	2,400	1,300

③事務室の柱や基礎の垂直荷重による軸方向圧縮力を計算する場合，その柱が支える床の数が多くなると集中度が低くなるので，柱が支える床の数に応じて，積載荷重を**0.6倍まで低減**することができる．ただし，劇場，映画館，公会堂，集会場などの客席や集会室は，低減することができない．

④倉庫業を営む倉庫の床の積載荷重は，実況に応じて計算した値が3,900N/m² 未満の場合も，**3,900N/m²** としなければならない．

☞必ず覚える！選択肢例

劇場の客席の積載荷重は，実況に応じて計算しない場合，固定席の場合よりその他の場合のほうが小さい．

⇨解答例：床の構造計算用の値で比較すると，劇場の客席の積載荷重は，固定席の場合2,900N/m²であり，その他の場合は3,500N/m²であるから，固定席より席が自由に詰められるその他の場合のほうが大きくなる．よって，誤った記述である．

☞必ず覚える！選択肢例

床の構造計算を実況に応じて計算しない場合，所定の規定による設計用積載荷重の大小関係は，店舗の売場＞教室＞住宅の居室である．

⇨解答例：床の構造計算をする場合の設計用積載荷重は，店舗の売場2,900N/m²＞教室2,300N/m²＞住宅の居室1,800N/m²の順になる．よって，正しい記述である．なお，事務室2,900N/m²＞教室2,300N/m²＞病室1,800N/m²という出題もある．

⑤教室，百貨店・店舗の売場に連絡する**廊下の積載荷重**は，実況に応じて計算しない場合，教室，百貨店・店舗の**売場の積載荷重**より**大きな数値**としなければならない．

⑥構造計算における積載荷重は，許容応力度計算，許容応力度等計算，保有水平耐力計算を行う場合と限界耐力計算を行う場合とは**同じ値**を用いることができる．

❸ 積雪荷重

①積雪荷重は，建築物に積もる雪の重量をいう．その大きさは，積雪の単位荷重に屋根の水平投影面積と垂直積雪量を乗じて，次式から計算する．

☞必ず覚える！公式13

積雪荷重＝積雪の単位重量×屋根の水平投影面積×垂直積雪量　(4･1)

②積雪の単位荷重は，一般地域では，積雪1cm当たり**20N/m²以上**としている．なお，多雪区域では，特定行政庁が定めた値（**30N/m²以上**が多い）とする．

③特定行政庁が定める多雪区域とは，次のとおりである．

イ．垂直積雪量が1m以上の区域．

ロ．積雪の初終間日数の平均が30日以上の区域．

なお，積雪の初終間日数とは，当該区域中の積雪部分の割合が1/2を超える状態が継続する期間の日数をいう．

④垂直積雪量は，「その区域の標準的な標高l_S及び海率r_S」と「周辺地形あるいはその区域での観測資料等」を考慮し，特定行政庁が定める，としている．

⑤屋根の積雪荷重は，屋根に雪止めがある場合を除き，その**勾配が60度以下**の場合においては，その屋根勾配に応じて，積雪荷重に次式で計算した屋根形状係数μ_bの数値を乗じて**低減する**ことができる．

☞**必ず覚える！公式 14**

$$\mu_b = \sqrt{\cos(1.5\beta)} \qquad (4\cdot2)$$

β：屋根勾配（単位：度）

⑥屋根勾配が**60 度を超える**場合は，屋根に雪が積もらないと考えて，0 とすることができる．

☞**必ず覚える！選択肢例**

雪止めがない屋根の勾配が 45 度の場合，屋根の積雪荷重は 0 とすることができる．

⇨解答例：屋根勾配が 45 度の場合の屋根形状係数 μ_b は，0 にはならない．すなわち，式（4･2）より，$\mu_b = \sqrt{\cos(1.5\beta)} = \sqrt{\cos(1.5\times45°)} = \sqrt{\cos 67.5°} = 0.619$ となる．よって，誤った記述である．

⑦雪下ろしを行う習慣がある地方における垂直積雪量は，雪下ろしの実況に応じて垂直積雪量を 1m まで減らして計算することができる．なお，垂直積雪量を 1m まで減らして計算した建築物については，その出入口，主要な居室またはその他の見やすい場所に，その軽減の実況その他必要な事項を表示しなければならない．

⑧積雪荷重による応力は，屋根全体に雪が一様に分布している場合に比べて，その一部が溶けて不均衡な分布となった場合のほうが不利になることがある．また，屋根の凹部には雪がたまりやすく，軒先などには雪が垂れ下がって大きな荷重となるなど，不均衡になることもある．

出題例 20 建築基準法における荷重･外力等に関する次の記述のうち，最も不適当なものはどれか．

1. 多雪区域外において，積雪荷重の計算に用いる積雪の単位荷重は，積雪量 1cm 当たり 20N/m^2 以上とする．
2. 垂直積雪量が 1m を超える場合，雪下ろしの実況に応じて垂直積雪量を 1m まで減らして積雪荷重を計算した建築物については，その出入口，主要な居室またはその他の見やすい場所に，その軽減の実況その他必要な事項を表示しなければならない．
3. 店舗の売場に連絡する廊下の床の構造計算に用いる積載荷重は，実況に応じて計算しない場合，店舗の売場の床の積載荷重を用いることができる．
4. 倉庫業を営む倉庫における床の構造計算に用いる積載荷重は，実況に応じて計算した数値が 3,900N/m^2 未満であっても，3,900N/m^2 としなければならない．

解答例

1. 多雪区域外，すなわち一般の地域では，積雪荷重の計算に用いる積雪の単位荷重は，積雪量 1cm 当たり 20N/m^2 以上とする．なお，多雪区域では，30N/m^2 以上とすることが多い．

2. 正しい.

3. 店舗の売場に連絡する廊下の床の構造計算に用いる積載荷重は，3,500N/m^2 であり，店舗の売場の床の積載荷重は，2,900N/m^2 であるから，店舗の売場に連絡する廊下の床に店舗の売場の床の値を用いることはできない.

4. 正しい.

よって，3. が誤った記述である.

4 風圧力

風圧力 P は，速度圧 q に風力係数 Cf を乗じて，次式から計算する.

☞**必ず覚える！公式 15**

風圧力 P ＝速度圧 q ×風力係数 Cf (4･3)

(1) 速度圧 q

①速度圧 q は，次式から計算する.

☞**必ず覚える！公式 16**

速度圧 $q = 0.6 \cdot E \cdot V_0^2$ (N/m^2) (4･4)

E：その建築物の屋根の高さ及び周辺の地域に存する建築物，工作物，樹木その他の風速に影響を与えるものの状況に応じて算出した数値. E は，次式から計算する.

$E = Er^2 \cdot Gf$ (4･5)

Er：平均風速の高さ方向の分布を表す係数.

Gf：**ガスト影響係数**. 風の時間的変動により建築物が揺れた場合に発生する最大の力を計算するために用いる係数である.

V_0：その地方における過去の台風の記録に基づく風害の程度その他風の性状に応じて**30m/ 秒から 46m/ 秒の範囲内で国土交通大臣が定める基準風速**. 稀に発生する暴風時**の地上 10m における 10 分間の平均風速**に相当する値である.

②風圧力を計算するに当って用いる速度圧 q は，屋根の高さ，建築物の周辺の状況及び地方の区分に応じて求める.

③**速度圧 q** は，係数 E と V_0 より計算するが，E を求める係数 Er，G_f ともに，建築物の高さが決まると求まる値であり，V_0 はその地方で決まる値である. したがって，**速度圧 q は，1 つの建築物で 1 つの値**が決まり，建築物のどの部分の高さでも値は一定で，高さ Z によって変化しない.

④平均風速の高さ方向の分布を表す係数 Er およびガスト影響係数 G_f は，ともに，建築物の屋根の平均高さ H と地表面粗度区分（Ⅰ～Ⅳ）とによって決まる係数である. なお，**建築物の屋根の平均高さ H** とは，建築物の高さと軒の高さの平均高さをいう（図 4･3 参照）.

⑤地表面粗度区分には，都市計画区域外における，「**極めて平坦で障害物のない区域**」（区

域Ⅰ），「Ⅰ以外の区域で建築物の高さが 13m を超えるもの」（区域Ⅱ），「Ⅰ以外の区域で建築物の高さが 13m 以下のもの」（区域Ⅲ），および都市計画区域内で**「都市化が極めて著しい区域」（区域Ⅳ）**の 4 区分がある．

⑥地表面粗度区分は，区域Ⅰより区域Ⅳ，すなわち，番号が大きくなるほど，建築物が高く多くなるので，気流に対する地表面の抵抗が大きくなって風速は弱められる．

⑦平均風速の高さ方向の分布を表す係数 Er，ガスト影響係数 G_f 及びそれらを計算した E と地表面粗度区分（Ⅰ～Ⅳ）との関係は次のようになる．

☞必ず覚える！公式 17

平均風速の高さ方向の分布を表す係数 Er	Ⅰ＞Ⅱ＞Ⅲ＞Ⅳの順になる．	
ガスト影響係数 G_f	Ⅳ＞Ⅲ＞Ⅱ＞Ⅰの順になる．	(4･6)
それらを計算した E	Ⅰ＞Ⅱ＞Ⅲ＞Ⅳの順になる．	

☞必ず覚える！選択肢例

風圧力における平均風速の高さ方向の分布を表す係数 Er は，一般に，「極めて平坦で障害物のない区域」より「都市化が極めて著しい区域」のほうが小さい．

⇨解答例：「極めて平坦で障害物のない区域」は，上空に何も存在しないので平均風速の高さ方向の分布を表す係数は大きくなり，「都市化が極めて著しい区域」は，超高層ビル群が立ち並び，その係数は小さくなる．よって，正しい記述である．

☞必ず覚える！選択肢例

ガスト影響係数 G_f は，一般に，建築物の高さと軒の高さとの平均 H に比例して大きくなり，「都市化が極めて著しい区域」より「極めて平坦で障害物のない区域」のほうが大きくなる．

⇨解答例：ガスト影響係数は，建築物の高さと軒の高さとの平均 H に比例して小さくなり，かつ，「都市化が極めて著しい区域」で $H = 10$m 以下では $G_f = 3.1$ となり，「極めて平坦で障害物のない区域」では $G_f = 2.0$ となるので，「極めて平坦で障害物のない区域」のほうが気流の乱れが少なく値は小さくなる．よって，誤った記述である．

⑧地表面粗度区分を決定するに当たっては，都市計画区域の指定の有無，海岸線からの距離，建築物の高さなどを考慮する．

⑨**建築物の高さ方向の分布を表す係数 Er** は，建築物の屋根の平均高さ H が高いほど値が大きく，低いと地表面が気流に及ぼす影響（抵抗）が大きいので値は小さくなる．

⑩**ガスト影響係数 G_f** は，建築物の屋根の平均高さ H が高いほど値が小さく，低いと地表面の気流を乱すので値は大きくなる．

⑪建築物の屋根の平均高さ H と平均風速の高さ方向の分布を表す係数 Er，ガスト影響係数 G_f 及びそれらを計算した E との関係は次のようになる．

☞必ず覚える！公式 18

建築物の屋根の平均高さ H が高くなると，

①平均風速の高さ方向の分布を表す係数 Er は，**大きく**なる．

②ガスト影響係数 G_f は，**小さく**なる．

③それらを計算した E は，**大きく**なる．

⑫速度圧 q は，建築物に近接してその建築物を風の方向に対して有効にさえぎる他の建築物や防風林などがある場合には，その方向の数値を 1/2 まで減らすことができる．

(2)風力係数 C_f

①風力係数 C_f は，建築物または工作物の**断面及び平面の形状**に応じて国土交通大臣が定める数値で，次式から計算する．

☞必ず覚える！公式 19

風力係数 $C_f = C_{pe} - C_{pi}$ (4･7)

C_{pe}：閉鎖型及び開放型の建築物に加わる外圧係数．屋外から当該部分を垂直に押す向きを正（+）とする．

C_{pi}：閉鎖型及び開放型の建築物の内圧係数．室内側から当該部分を垂直に押す向きを正（+）とする．

②外圧係数 C_{pe} を図 4･3 に示す．図は張り間方向に風を受ける閉鎖型建築物の例である．

③図 4･3 より，風上側の風力係数 C_f は $0.8k_z$ であるから，地盤面からの高さ Z に影響される．したがって，風力係数 C_f は，風圧力を計算しようとする部分の高さによって異なる値をとる（**1 つの建築物で 1 つの値ではない**）．

④閉鎖型の建築物において，水平面に対して 10 度以下の緩い勾配の片流れ屋根の場合，水平な風は，吹上げ力として作用する（表 4･2 及び図 4･3 参照）．

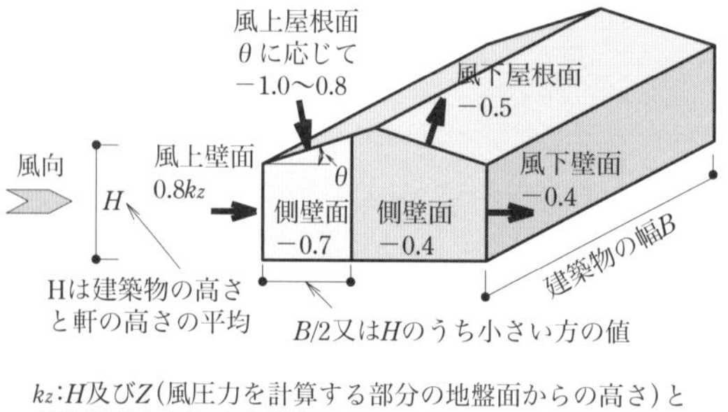

図 4･3　外圧係数 C_{pe}

表 4･2　切妻屋根･片流れ屋根及びのこぎり屋根の C_{pe}

	風上面		風下面
	正の係数	負の係数	
10° 未満	−	− 1.0	− 0.5
10°	0	− 1.0	
30°	0.2	− 0.3	
45°	0.4	0	
90°	0.8	−	

⑤内圧係数 C_{pi} を図 4･4 に示す．図は閉鎖型及び開放型建築物の例である．

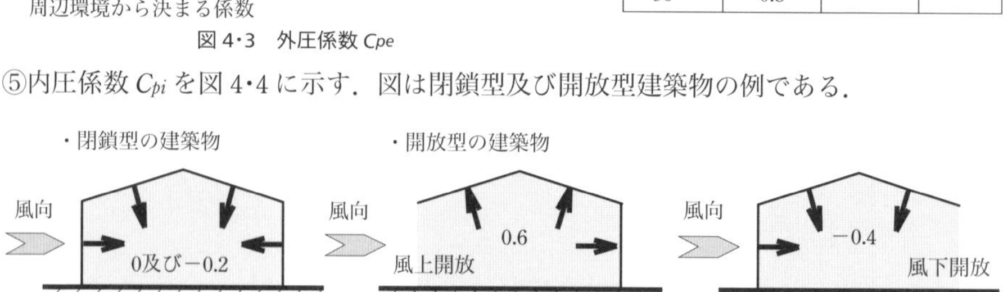

図 4･4　内圧係数 C_{pi}

⑥閉鎖型の建築物における風力係数 C_f は，一般に，その建築物の外圧係数と内圧係数と

を用いて算定する.

⑦網状構造物の風力係数 C_f を図 4･5 に，円筒形構造物の風力係数 C_f を図 4･6 に示す.

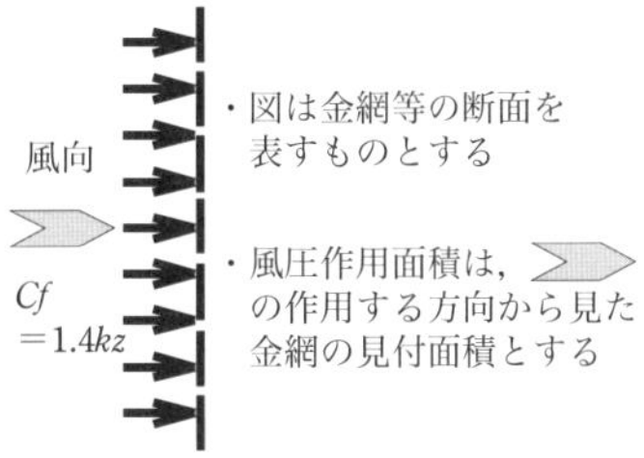

図 4･5　金網等, 網状構造物の風力係数 Cf

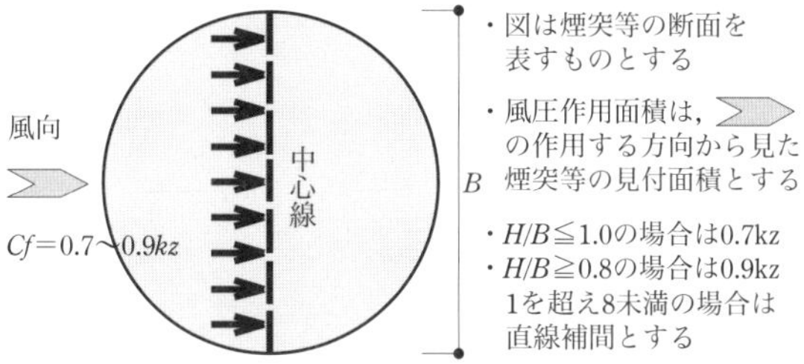

風向
Cf＝0.7〜0.9kz
中心線
B
・図は煙突等の断面を表すものとする
・風圧作用面積は，の作用する方向から見た煙突等の見付面積とする
・H/B≦1.0の場合は0.7kz
・H/B≧0.8の場合は0.9kz
1を超え8未満の場合は直線補間とする

図 4･6　煙突等, 円筒形構造物の風力係数 Cf

⑧ラチス構造物の C_f は，見付面積と充実率（風を受ける部分の最外端により囲まれる面積に対する見付面積の割合）により，$1.3k_z$ 〜 $3.6k_z$ の範囲内の値をとる．なお，図 4･4 〜 4･6 に示した構造物より，ラチス構造物の風力係数の値のほうが大きくなっていることに注意する.

☞必ず覚える！選択肢例

トラス構造による高い鉄塔は，風が吹き抜けるので，特に風に対する配慮は不要である.

⇨解答例：トラス構造やラチス構造であっても見付面積が存在するので，部材に風が当たり，その後に渦が発生して共振現象などが生じるおそれがあるので，特に，風に対する配慮が必要である．よって，誤った記述である.

⑨屋根の軒先などの局部の風力係数は，屋根面や壁面の風力係数より大きくなる場合がある.

⑩単位面積当たりの風圧力については，一般に，「外装材に用いる風圧力」のほうが，「構造骨組に用いる風圧力」より大きくなる．これは，風圧力の計算において，外装材に用いるピーク風力係数のほうが大きくなるからである.

出題例 21　建築基準法における荷重及び外力に関する次の記述のうち，最も不適当なものはどれか.

1. 構造躯体及び仕上げを軽量化することにより，固定荷重とともに地震力についても低減することができる.
2. 床の構造計算において，単位面積当たりの積載荷重は，実況によらない場合，教室に比べて学校のバルコニーのほうが小さい.
3. 多雪区域における暴風時に組み合わせる積雪荷重は，短期の積雪時における積雪荷重を低減して用いることができる.
4. 風圧力の計算に用いる速度圧は，その地方における基準風速の 2 乗に比例する.

解答例

1. 構造躯体及び仕上げ，すなわち自重を軽量化すれば，固定荷重及び地震力については，数値を低く見積もることができる．
2. 床の構造計算において，教室の単位面積当たりの積載荷重は2,300kN/m^2，学校のバルコニーの値は2,900kN/m^{2}であるから，教室に比べて学校のバルコニーのほうが大きい．
3. 多雪区域における暴風時に組み合わせる応力は，$G + P + 0.35S + W$であるから，短期の積雪時における積雪荷重Sを$0.35S$に低減して用いている．
4. 風圧力の計算に用いる速度圧は，$q = 0.6EV_0^2$から求める．したがって，その地方における基準風速V_0の2乗に比例することになる．

よって，2.が誤った記述である．

出題例22 建築基準法における荷重及び外力に関する次の記述のうち，最も不適当なものはどれか．

1. 百貨店の屋上広場の単位面積当たりの積載荷重は，実況に応じて計算しない場合，百貨店の売場の単位面積当たりの積載荷重と同じにすることができる．
2. 風圧力を計算するに当たって用いる風力係数は，風洞実験によって定める場合のほか，建築物の断面及び平面の形状に応じて定める数値によらなければならない．
3. 構造計算における積載荷重は，許容応力度等計算を行う場合と限界耐力計算を行う場合とは同じ値を用いることができる．
4. 積載荷重及び固定荷重は鉛直方向にのみに作用し，地震力及び風圧力は水平方向にのみ作用する．

解答例

1. 百貨店の屋上広場の単位面積当たりの積載荷重の値は2,900kN/m^{2}であり，百貨店の売場の単位面積当たりの積載荷重の値も2,900kN/m^{2}であるから，同じ値とすることができる．
2. 風圧力を計算するに当たって用いる風力係数は，建築物の断面及び平面の形状に応じて定める数値によらなければならない．
3. 構造計算における積載荷重は，許容応力度等計算を行う場合と限界耐力計算を行う場合とは同じ値を用いることができる．
4. 積載荷重及び固定荷重は鉛直方向にのみに作用し，地震力は水平方向にのみ作用するが，風圧力は水平方向及び屋根面に垂直方向に作用する．したがって，水平方向のみではない．

よって，4.が誤った記述である．

❺ 地震力

建築物に作用する震力を**地震力**という.

(1) 地上部分の地震力

(a) 地震層せん断力 Q_i

①建築物の地上部分のある層（i 層）の地震力（地震層せん断力）は，ある層の地震層せん断力係数に，i 層以上の部分全体の固定荷重と積載荷重の総和を乗じて，次式から計算する.

☞必ず覚える！公式 20

地震層せん断力 Q_i ＝地震層せん断力係数 C_i ×固定荷重と積載荷重の総和 W_i　　(4･8)

②固定荷重と積載荷重の総和とは，最上層から当該部分までの全重量をいう．その大きさは，図 4･7 のように，層ごとに求めた大きさを，最上層から順に加えていく．なお，多雪区域では，積雪荷重も加える.

③設計用地震力は，建築物の耐用年限中に数度遭遇する程度の**中地震動**によるものと，耐用年限中に一度遭遇するかもしれない**大地震動**によるものとの 2 段階を考える.

④中地震とは，数十年に一回程度の地震をいい，大地震とは，数百年に一回程度の地震をいう.

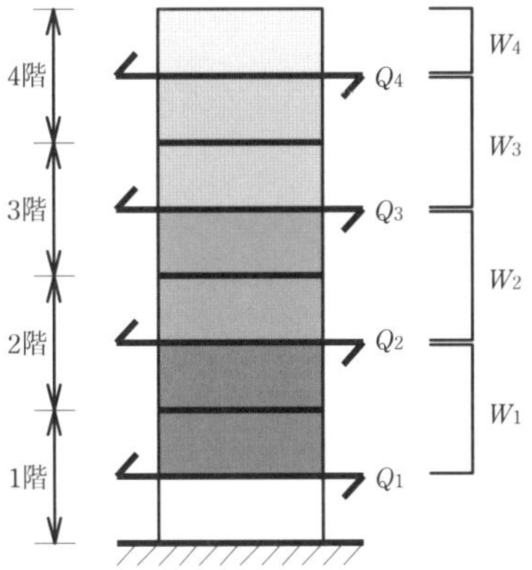

・層せん断力の大きさ

$Q_4 = C_4 \times W_4$

$Q_3 = C_3 \times (W_4 + W_3)$

$Q_2 = C_2 \times (W_4 + W_3 + W_2)$

$Q_1 = C_1 \times (W_4 + W_3 + W_2 + W_1)$

図 4･7　層せん断力 Q

☞必ず覚える！選択肢例

建築物の地上部分におけるある層に作用する地震層せん断力は，その層の全重量に，その層の地震層せん断力係数 Ci を乗じて計算する.

⇨解答例：建築物の地上部分におけるある層に作用する地震層せん断力 Q_i は，最上層からその層までの重量の和 W_i にその層の地震層せん断力係数 C_i を乗じて，$Q_i = C_i \times W_i$ で計算する．よって，誤った記述である.

(b)地震層せん断力係数 C_i

①地震層せん断力係数 C_i は，次式から計算する．

☞必ず覚える！公式 21

地震層せん断力係数 $C_i = Z \cdot R_t \cdot A_i \cdot C_0$ (4･9)

これらの Z，R_t，A_i，C_0 などの係数は，出題が多いので，必ず覚える必要がある．

②地震地域係数 Z が 1.0，振動特性係数 R_t が 0.9，標準せん断力係数 C_0 が 0.2 の場合，地上部分の最下層の一次設計用地震層せん断力係数 C_i は 0.18 となる．

地震層せん断力係数 $C_i = Z \cdot R_t \cdot A_i \cdot C_0 = 1.0 \times 0.9 \times 1.0 \times 0.2 = 0.18$

③地震層せん断力係数 C_i の値は，建築物の**上層ほど大きく**なる（表 4･3 参照）．

(c)地震地域係数 Z

①その地方における過去の地震の記録に基づく震害の程度，地震活動の状況等によって定まる数値で，地震の危険度を示す係数．1.0～0.7 の数値が定められている．したがって，**低減係数**である．

②関東，東海，近畿地方などは 1.0，**沖縄は** 0.7 としている．

③地震地域係数 Z は，「許容応力度を検討する場合」と「保有水平耐力を検討する場合」とでは，建築物が建っている地域が同じであるから，**同じ値**を用いる．

④地震地域係数 Z は，一般に，九州における値に比べて，本州の太平洋側における値のほうが大きい．

(d)振動特性係数 R_t

①建築物の振動特性を表す係数で，建築物の弾性域における固有周期と地盤の種類に応じて定める値である．**1.0 以下**の値となるから，この値も**低減係数**である．

②設計用一次固有周期 T が T_c より十分長い場合，T が長くなるほど，振動特性係数 R_t は小さくなる（図 4･8 参照）．

③振動特性係数 R_t は，建築物の設計用一次固有周期 T が 1.0 秒程度の場合，硬質地盤（第 1 種地盤）の場合に比べて，軟弱地盤（第 3 種地盤）の場合のほうが大きくなる．

④振動特性係数 R_t は，一般に，建築物の設計用一次固有周期が長くなると，沖積層の地盤における値よりも，洪積層の地盤における値のほうが小さくなる．

⑤設計用一次固有周期 T が 0.4 秒の場合は，地盤の種類にかかわらず，振動特性係数 R_t を 1.0 とすることができる（図 4･8 参照）．

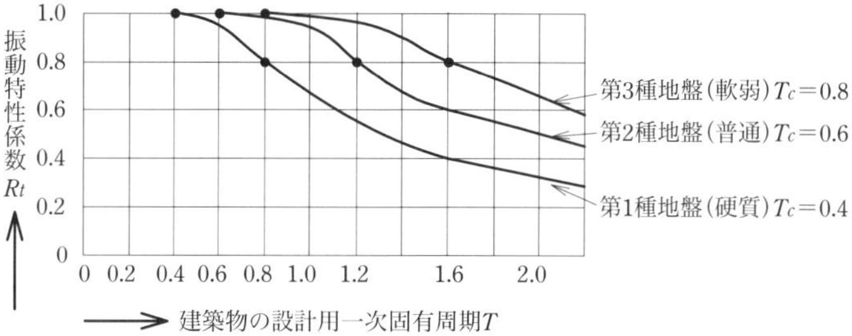

R_tの値

$T < T_c$の場合

$R_t = 1.0$

$T_c \leqq T < 2T_c$の場合

$R_t = 1 - 0.2\left(\frac{T}{T_c} - 1\right)^2$

$2T_c \leqq T$の場合

$R_t = \frac{1.6T_c}{T}$

図 4・8　振動特性係数

⑥高層建築物の場合，その高さが高いものほど，一般に，設計用一次固有周期 T が長く（大きく）なり，振動特性係数 R_t が低減されるので，地上部分の最下層の地震層せん断力係数 C_i は小さくなる．

⑦中高層建築物においては，一般に，地盤が軟弱な場合ほど振動特性係数 R_t が低減されないので，地震層せん断力係数 C_i を小さくすることができない．

(e)高さ方向の地震層せん断力分布係数 A_i

①地震層せん断力係数の建築物の高さ方向の分布を表す係数 A_i は，次式から計算する．

☞**必ず覚える！公式 22**

$$Ai = 1 + \left(\frac{1}{\sqrt{\alpha i}} - \alpha i\right) \cdot \frac{2T}{1+3T} \qquad (4\cdot10)$$

$$\alpha_i = \frac{\text{最上層から}i\text{層までの重量}}{\text{地上部分の全重量}} \qquad (4\cdot11)$$

1 階では，$Ai = 1.0$ である．

②地震層せん断力係数の建築物の高さ方向の分布を表す係数 A_i は，一般に，建築物の**上階になるほど大きく**なり（表 4・3 参照），建築物の設計用一次固有周期 T が長いほど大きくなる．

③地震層せん断力係数の建築物の高さ方向の分布を表す係数 A_i を算出する場合の建築物の設計用一次固有周期 T は，振動特性係数 R_t を算出する場合の T と同じである．

④地震層せん断力係数の建築物の高さ方向の分布を表す係数 A_i の値は，最下層における値が最も小さく，$A_i = 1.0$ である．

☞**必ず覚える！選択肢例**

各階の重量が等しい場合，地震層せん断力係数の建築物の高さ方向の分布を表す係数 A_i を各階ともに 1.0 とすることができる．

⇨解答例：地震層せん断力係数の建築物の高さ方向の分布を表す係数 A_i の値は，上層になるほど曲線的に大きくなる変化をするから，上層ほど大きな値となる．したがって，各階の重量が等しくても，各階ともに 1.0 にはならない．よって，誤った記述である．

(f) 標準せん断力係数 C_0

①建築物の地上部分に作用する地震力について，許容応力度設計（一次設計）を行う場合において，標準せん断力係数 C_0 は **0.2 以上**とする．

②二次設計（ルート 2，3）において，構造適合性判定を行う建築物では，層間変形角の計算に用いる標準せん断力係数 C_0 は，原則として，0.2 以上とする．

③特定行政庁が定める地盤が著しく軟弱な区域内における木造建築物は，標準せん断力係数 C_0 を **0.3 以上**として計算する．

④階数 3 以下，高さ 13m 以下，軒高 9m 以下，スパン 6m 以下，延べ面積 500m^2 以下とする鉄骨造建築物をルート 1 で設計する場合，標準せん断力係数 C_0 は **0.3 以上**とする（表 5･3 参照）．

⑤建築物の地上部分における各層の必要保有水平耐力を計算する場合，標準せん断力係数 C_0 の値は，**1.0 以上**とする．

出題例 23 建築基準法における荷重・外力等に関する次の記述のうち最も不適当なものはどれか．

1. 地震層せん断力係数 C_i は，建築物の設計用一次固有周期 T が 1.0 秒の場合，第一種地盤（硬質）の場合に比べて，第三種地盤（軟弱）の場合のほうが小さい．
2. 地震層せん断力係数の高さ方向の分布を表す係数 A_i を算出する場合の建築物の設計用一次固有周期 T は，振動特性係数 R_t を算出する場合の T と同じとする．
3. 建築物の地上部分に作用する地震力について，許容応力度計算を行う場合において，標準せん断力係数 C_0 は 0.2 以上とし，必要保有水平耐力を計算する場合において，標準せん断力係数 C_0 は 1.0 以上としなければならない．
4. 建築物の固有周期は，質量の平方根に比例し，剛性の平方根に反比例する．

解答例

1. 地震層せん断力係数 C_i は，$C_i = Z \cdot R_t \cdot A_i \cdot C_0$ より求める．このとき，振動特性係数 R_t は，建築物の設計用一次固有周期 T が 1.0 秒である場合，第一種地盤（硬質）の場合に比べて，第三種地盤（軟弱）の場合のほうが低減が少ないので値は大きい．したがって，地震層せん断力係数 C_i も，軟弱地盤の場合のほうが値が大きくなる．
2. 一般的に，設計用一次固有周期 T は，$T = h(0.02 + 0.01\alpha)$ から略算し，A_i を算出する場合と振動特性係数 R_t を算出する場合とは，同じ T を用いる．
3. 正しい．
4. 建築物の固有周期は，$T = \sqrt{\dfrac{m}{K}}$ より計算するので，質量 m の平方根に比例し，水平剛性 K の平方根に反比例する．

よって，1. が正解である．

(2) 地下部分の地震力

①地下部分の各部分に作用する地震力は，一般に，当該部分の固定荷重と積載荷重との和に水平震度 k を乗じて計算する．

②水平震度 k は，次式から計算する（図 4·9 参照）．

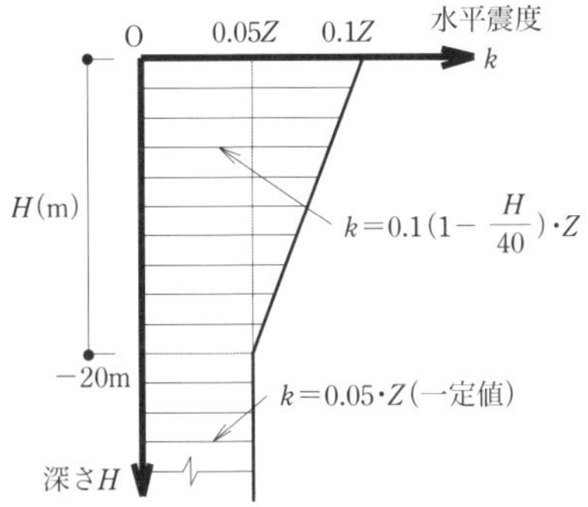

図 4·9　地下部分の水平震度

☞**必ず覚える！公式 23**

$$k = 0.1\left(1 - \frac{H}{40}\right) \cdot Z \quad (4·12)$$

Z：地震地域係数

H：地下部分の地盤面からの深さ (m)．ただし，20m を超える場合は，20m とする．

☞**必ず覚える！選択肢例**

建築物の地下部分の地震力の計算に用いる水平震度 k は，その部分が深くなるにつれて大きくなる．

⇨解答例：建築物の地下部分の水平震度 k は，$k = 0.1\left(1 - \frac{H}{40}\right) \cdot Z$ より求める．したがって，その部分の深さ H が深くなるにつれて水平震度 k は小さくなる．ただし，20m を超える深さでは，H の値に関係なく $k = 0.05 \cdot Z$ で一定としている（図 4·9 参照）．よって，誤った記述である．

③地下部分の地震層せん断力 Q_B は，地下部分の地震力 $k \cdot W_B$ と地上部分の最下層の地震層せん断力 Q_1 との和として，次式から計算する．

☞**必ず覚える！公式 24**

$$Q_B = k \cdot W_B + Q_1 \quad (4·13)$$

☞**必ず覚える！選択肢例**

地下部分の各部分に作用する地震力は，一般に，当該部分の固定荷重と積載荷重との和に水平震度 k を乗じて求める．

⇨解答例：地下部分の各部分に作用する地震力は，$k \cdot W_B$ から求める．すなわち，当該部分の固定荷重と積載荷重との和 W_B に水平震度 k を乗じて計算する．よって，正しい記述である．

☞**必ず覚える！選択肢例**

地階を有する建築物の場合，地下部分の地震層せん断力は，地上部分から伝わる地震層せん断力と同じ値とすることができる．

⇨解答例：式（4·13）より，地下部分の地震層せん断力 Q_B は，地上部分から伝達される地震層せん断力 Q_1 と地下部分の地震層せん断力 $k \cdot W_B$ との和として求める．よって，誤った記述である．

(3) 屋上突出物等の地震力

①地上階数 4 以上又は高さ 20m を超える建築物において，屋上から 2m を超えて突出する水槽，塔屋，煙突等の地震力には，水平震度 k を用いて計算する．そのときの水平

震度 k は，地震地域係数 Z に **1.0 以上**の数値を乗じて得た数値とする．

☞必ず覚える！公式 25

水平震度 $k \geqq 1.0Z$ (4・14)

屋上突出物等の地震力 $Q_p = k \cdot W_p = 1.0Z \cdot W_p$ (4・15)

②外壁から突出する屋外階段等に作用する地震力にも，水平震度 k（$\geqq 1.0Z$）を用いて計算する。

③建築物の外壁から 2m を超えて突出して設ける片持バルコニーについては，鉛直震度 k（$\geqq 1.0Z$）の鉛直力に安全である設計とする．

④地表に設置された高さ 4m を超える広告塔，高さ 8m を超える高架水槽等の工作物に作用する地震力は，一般に，水平震度を $0.5Z$（Z：地震地域係数）以上として計算する．

⑤塔屋や屋外突出物には，地震時に，建築物本体に比べて，大きい加速度が作用するから注意が必要である．

⑥ここで地震力についての計算例を解いてみよう．

計算例 地震地域係数 $Z = 1.0$ である地域に建つ 5 階建純鉄骨造建築物の一次設計で用いる各階の地震層せん断力 Q を求める計算例を示す．ただし，地盤は第 2 種地盤とし，標準せん断力係数 $C_0 = 0.2$ とする．

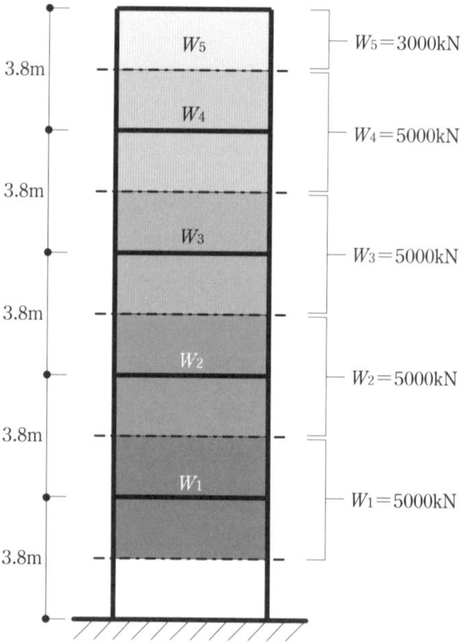

図 4・10

解答例

1. 建築物の設計用一次固有周期を計算する．
   $T = h(0.02 + 0.01\,\alpha)$ より求める．
   このとき，建築物の高さ h は，
   $h = 3.8 \times 5 = 19$m
   純鉄骨造より，$\alpha = 1.0$
   $\therefore T = 19(0.02 + 0.01 \times 1.0) =$ **0.57 秒**
2. 地震地域係数 Z を，例題の条件より，$Z = 1.0$ とする．
3. 振動特性係数 R_t を求める．
   1. より，$T = 0.57$ 秒．第 2 種地盤に建つ建築物と考えると，$R_t = 1.0$ となる（図 4・8 参照）．
4. 地震層せん断力係数の高さ方向の分布係数 A_i を計算する．
   まず，α_i を計算し（図 4・10 参照），続いて，A_i を計算する．

5 階：$\alpha_5 = \dfrac{3,000}{23,000} = 0.130$

$$A_5 = 1 + \left(\frac{1}{\sqrt{\alpha_5}} - \alpha_5\right) \times \frac{2T}{1+3T} = 1 + \left(\frac{1}{\sqrt{0.130}} - 0.130\right) \times \frac{2\times0.57}{1+3\times0.57} = 2.112$$

4 階：$\alpha_4 = \dfrac{8,000}{23,000} = 0.348 \quad A_4 = 1 + \left(\dfrac{1}{\sqrt{0.348}} - 0.348\right) \times \dfrac{2\times0.57}{1+3\times0.57} = 1.567$

3 階：$\alpha_3 = \dfrac{13,000}{23,000} = 0.565 \quad A_3 = 1 + \left(\dfrac{1}{\sqrt{0.565}} - 0.565\right) \times \dfrac{2\times0.57}{1+3\times0.57} = 1.322$

2 階：$\alpha_2 = \dfrac{18,000}{23,000} = 0.783 \quad A_2 = 1 + \left(\dfrac{1}{\sqrt{0.783}} - 0.783\right) \times \dfrac{2\times0.57}{1+3\times0.57} = 1.146$

1 階：$\alpha_1 = \dfrac{23,000}{23,000} = 1.000 \quad A_1 = 1 + \left(\dfrac{1}{\sqrt{1.000}} - 1.000\right) \times \dfrac{2\times0.57}{1+3\times0.57} = 1.000$

5. 標準せん断力係数 C_0 を，例題の条件より，$C_0 = 0.2$ とする．
6. 地震層せん断力係数 C_i を，$C_i = Z \cdot R_t \cdot A_i \cdot C_0$ より，次のように計算する．

　5 階：$C_5 = 1.0 \times 1.0 \times 2.112 \times 0.2 = 0.422$

　4 階：$C_4 = 1.0 \times 1.0 \times 1.567 \times 0.2 = 0.313$

　3 階：$C_3 = 1.0 \times 1.0 \times 1.322 \times 0.2 = 0.264$

　2 階：$C_2 = 1.0 \times 1.0 \times 1.146 \times 0.2 = 0.229$

　1 階：$C_1 = 1.0 \times 1.0 \times 1.000 \times 0.2 = 0.200$

7. 層せん断力 Q_i を，$Q_i = C_i \cdot W_i$ より，次のように計算する．

　5 階：$Q_5 = 0.422 \times (3,000) = 1,266 \fallingdotseq 1,270\text{kN}$

　4 階：$Q_4 = 0.313 \times (3,000 + 5,000) = 2,504 \fallingdotseq 2,510\text{kN}$

　3 階：$Q_3 = 0.264 \times (3,000 + 5,000 + 5,000) = 3,432 \fallingdotseq 3,440\text{kN}$

　2 階：$Q_2 = 0.229 \times (3,000 + 5,000 + 5,000 + 5,000) = 4,122 \fallingdotseq 4,130\text{kN}$

　1 階：$Q_1 = 0.200 \times (3,000 + 5,000 + 5,000 + 5,000 + 5,000) = 4,600\text{kN}$

以上をまとめて一覧表にすると次のようになる．

表 4･3　地震層せん断力の一覧表

i 層	W_i の計算	ΣW_i の計算		α_i の計算		A_i の計算		C_i の計算 ($Z \cdot R \cdot A_i \cdot C_0$)		Q_i の計算 ($C_i \cdot \Sigma W_i$)	
5	3,000	3,000	小	0.130	小	2.112	大	0.422	大	1,270kN	小
4	5,000	8,000	↓	0.348	↓	1.567	↑	0.313	↑	2,510kN	↓
3	5,000	13,000	↓	0.565	↓	1.322	↑	0.264	↑	3,440kN	↓
2	5,000	18,000	↓	0.783	↓	1.146	↑	0.229	↑	4,130kN	↓
1	5,000	23,000	大	1.000	大	1.000	小	0.2	小	4,600kN	大

この一覧表（表 4･3）から次のようなことがわかる．

①ΣWの値は，**下階になるほど大きくなる．**→上階から順に重量を加え合わせてくるから，当然，下階になるほど大きくなる．

②αの値は，最下階で1.0であり，**上階になるほど小さくなる．**→$\alpha=$（最上階からその階までの重量）/（全体の重量）で計算する値であるから，最下階で1.0，上階になるほど小さくなる．

③A_iの値は，最下階で1.0であり，**上階になるほど大きくなる．**→A_iは，上階になるほど曲線的に大きくなる．割増係数であることがわかる．

④C_iの値は，A_iの値に左右されるので，**上階になるほど大きくなる．**→C_iは，Z及びR_tすなわち地域と地盤が決まれば値が決まる．C_0は，一定値である．したがって，A_iに大きく影響されることになり，上階ほど大きな値となる．

⑤Q_iの値は，層せん断力で，**下階になるほど大きくなる．**→$Q_i=C_i \cdot \Sigma W_i$より求め，C_iは上階ほど大きくなるが，ΣW_iは下階ほど大きい．その割合は，ΣW_iのほうが大きいので，Q_iは，下階になるほど大きくなる．

(4)地震力に関する事項

①建築物の設計用一次固有周期Tは，建築物の高さが等しければ，一般に，鉄筋コンクリート構造より鉄骨構造のほうが長い．

②設計用地震力は，同じ規模の建築物の場合，設計用一次固有周期が長くなるほど，小さくなる．

③建築物の設計用一次固有周期が長くなると，一般に，地上部分最下階の地震層せん断力係数は小さくなる．

④気象庁の震度階は，地震の震源で放出されるエネルギーの大きさを表すマグニチュードと同意語ではない．

⑤震度階は，マグニチュードの大きさを考慮して決められる値ではない．

☞必ず覚える！選択肢例

気象庁の震度階は，地震の震源で放出されるエネルギーの大きさを表すマグニチュードから算定して決められる数値である．

⇨解答例：マグニチュードは，地震の震源で放出されるエネルギーの大きさを表す．気象庁の震度階は，その地点における地震の程度（強さ）を表し，体感震度ともいわれている．すなわち，マグニチュードが小さくても震源が浅い場合は直下型地震となり，震度階は大きくなる．したがって，震度階は，マグニチュードから算定して決めるものではない．よって，誤った記述である．

(5)応力の組合せ

許容応力度設計（一次設計）を行う場合の応力の組合せは，表4･4のように行う．

表 4·4　応力の組み合わせ

力の種類	荷重及び外力について規定する状態	一般区域の場合	多雪区域の場合	備考
長期に生ずる力	常時	$G+P$	$G+P$	
	積雪時		$G+P+0.7S$	
短期に生ずる力	積雪時	$G+P+S$	$G+P+S$	
	暴風時	$G+P+W$	$G+P+W$	※1
			$G+P+0.35S+W$	
	地震時	$G+P+K$	$G+P+0.35S+K$	

※1：建築物の転倒，柱の引抜き等を検討する場合，P を実況に応じて低減する．

［注］G：固定荷重により生ずる力，P：積載荷重により生ずる力，S：積雪荷重により生ずる力，W：風圧力により生ずる力，K：地震力により生ずる力．

この表 4·4 より，次のようなことがわかる．

①積雪荷重は，多雪区域では，長期及び短期の応力を計算する場合に考慮し，その他の区域では，一般に，短期の応力を計算する場合に考慮する．

②多雪区域における暴風時に組み合わせる積雪荷重は，短期の積雪時における積雪荷重を低減して用いることができる．すなわち，$0.35S$ に低減して計算する．

③多雪区域における暴風時に生ずる力を計算する場合には，積雪荷重による力を加える場合と加えない場合のそれぞれについて想定する．このことは，建築物の転倒や柱の引き抜きなどを検討するときには，積雪荷重による力を加えない場合のほうが条件が不利になることもあるので，多雪区域における暴風時に生ずる力を計算する場合には，積雪荷重による力（$0.35S$）を加える場合と加えない場合のそれぞれについて検討する．

④許容応力度等計算に用いる荷重及び外力の組合せにおいては，地震力と風圧力が同時に作用することは想定していない．したがって，地震力 K と風圧力 W を組合せることはしない．

出題例 24　荷重・外力に関する次の記述のうち，最も不適当なものはどれか．

1. 多雪区域においては，暴風時においても積雪荷重がある場合と，積雪荷重がない場合とを考慮する．
2. 許容応力度等計算に用いる荷重および外力の組合せにおいて，積雪時の短期に生ずる力を計算するに当たり，多雪区域以外では積雪荷重によって生ずる力を加えなくてもよい．
3. 許容応力度等計算において，地震力の計算時には，特定行政庁が指定する多雪区域にあっては，積雪荷重を考慮する．
4. 許容応力度等計算において，多雪区域に指定された区域外の場合，地震時の短期に生ずる力は，常時の長期に生ずる力に地震力によって生ずる力を加えたものである．

解答例

1. 多雪区域における暴風時の応力の組合せは，$G+P+W$ および $G+P+0.35S+W$ より計算するので，積雪荷重がある場合とない場合とを考慮して計算することになる.
2. 荷重および外力の組合せにおいては，多雪区域以外すなわち一般の地域でも積雪時の短期に生ずる力を計算するには，積雪荷重によって生ずる力を加えなくてはならない．$G+P+S$ より計算する.
3. 特定行政庁が指定する多雪区域にあっては，応力の組合せは，$G+P+0.35S+K$ より計算するので，積雪荷重を考慮しなければならない.
4. 多雪区域に指定された区域外すなわち一般の区域では，地震時の短期に生ずる力は，常時の長期に生ずる力に地震力によって生ずる力を加えたものである．$G+P+K$ より計算する.

よって，2. が誤った記述である.

出題例 25 荷重・外力に関する次の記述のうち，最も適当なものはどれか.

1. 風圧力における平均風速の高さ方向の分布を表す係数は，一般に，「極めて平坦で障害物がない区域」より「都市化が極めて著しい区域」のほうが大きい.
2. 高さ 30m の建築物の屋上から突出する高さ 4m の塔屋に作用する水平震度は，地震地域係数 Z に 0.3 以上の数値を乗じた値とすることができる.
3. 建築物の固有周期および地盤の種別により地震力の値を変化させる振動特性係数 R_t は，一般に，建築物の設計用一次固有周期 T が長いほど小さくなる.
4. ガスト影響係数 G_f は，一般に，建築物の高さと軒の高さとの平均 H に比例して大きくなり，「都市化が極めて著しい区域」より「極めて平坦で障害物がない区域」のほうが小さくなる.

解答例

1. 風圧力における平均風速の高さ方向の分布を表す係数は，一般に，「極めて平坦で障害物がない区域」より「都市化が極めて著しい区域」のほうが**小さい**.
2. 高さ 30m の建築物の屋上から突出する高さ 4m の塔屋に作用する水平震度 k は，地震地域係数 Z に **1.0 以上**の数値を乗じた値とする.
3. 振動特性係数 R_t は，設計用一次固有周期 T が長くなるほど小さくなる.
4. ガスト影響係数 G_f は，一般に，建築物の高さと軒の高さとの平均 H に比例して**小さく**なり，また，「都市化が極めて著しい区域」より「極めて平坦で障害物がない区域」のほうが**小さく**なる.

よって，3. が正解である.

第5章 許容応力度計算・許容応力度等計算・保有水平耐力計算

本章では，一次設計と二次設計を学ぶ．出題傾向としては，耐震設計を中心に，構造計画や各種構造も含めて10年間で5～6問の出題があり，選択肢としての数はかなり多い．平成19年の法改正で，構造計算の方法を許容応力度等計算としていたものが，許容応力度計算，許容応力度等計算，保有水平耐力計算の3種類に区分された．また，構造計算を要する建築物はその規模によって超高層建築物，大規模建築物，中規模建築物などに分けられた．さらに，大規模建築物などには，新たに「構造計算適合性判定」が課せられた．ただし，中規模建築物や小規模建築物においても，許容応力度等計算，保有水平耐力計算または限界耐力計算を行った場合には構造計算適合性判定を要する．

二次設計における層間変形角，剛性率・偏心率，塔状比などの諸要素についても解説した．また，保有水平耐力計算における必要保有水平耐力の計算や構造特性係数 Ds の算出についても解説した．最近では，構造特性係数 Ds に関する選択肢が相当数ある．

1 建築物の規模と構造計算

(1) 建築物の規模

①建築物は，規模によって，超高層建築物，大規模建築物，中規模建築物，小規模建築物に分類される．

②では，具体的に，建築物の規模を記述してみよう．

Ⅰ　超高層建築物は，高さが **60m を超える建築物**をいう．

Ⅱ　大規模建築物は，高さが **60m 以下**のもので，次の条件を満たす建築物をいう．

i）木造建築物：　高さ13mを超えるもの．または，軒高9mを超えるもの．

ii）鉄骨造建築物：地上4階建以上のもの．または，高さ13mを超えるもの，若しくは，軒高9mを超えるもの．

iii）鉄筋コンクリート造，鉄骨鉄筋コンクリート造，またはこれらの併用構造：高さ20mを超えるもの．

iv）鉄筋コンクリート造，鉄骨鉄筋コンクリート造以外の構造を含む併用構造：地上4階建以上のもの．または，高さ13mを超えるもの，若しくは，軒高9mを超えるもの．

v）表5･3に定める建築物以外の対象建築物．

Ⅲ　中規模建築物は，上記以外のもので，次の条件を満たす建築物をいう．

i）木造建築物：　地上3階建以上のもの．または，延べ面積500m^{2}を超えるもの．

ii）木造建築物以外の建築物（S 造・RC 造・組積造などを含む）：

地上 2 階建以上のもの．または，延べ面積 200m²を超えるもの．

iii）組積造等に限る建築物：

高さ 13m を超えるもの．または，軒高 9m を超えるもの．

Ⅳ　小規模建築物は，上記以外の建築物をいう．

(2)建築物に適用される構造計算

①建築基準法第 20 条では，“建築物は，自重，積載荷重，積雪荷重，風圧，土圧，及び水圧並びに地震その他振動及び衝撃に対して安全な構造としなければならない”としている．また，安全上必要な構造方法に関しては政令で定める技術的基準（仕様規定）や，政令で定める基準に従った構造計算によって安全を確かめなければならない．

② ①の内容には具体性がないので，具体性をもたせる意味で，建築基準法施行令や国土交通大臣などによって告示として補足されている．

③平成 19 年の法改正で，「構造計算適合性判定」が設けられ，建築物の規模によって異なる計算となるので確認が必要である．

④地震力の計算は，以前は，「許容応力度等計算」としてまとめていたが，今回の改正では，「許容応力度計算」，「許容応力度等計算」，「保有水平耐力計算」の 3 つに整理・区分され，「限界耐力計算」と対比させた．

⑤では，具体的に，建築物の規模と構造計算の方法を対応させてみよう．

Ⅰ　超高層建築物：時刻歴応答解析を行う．

時刻歴応答解析とは，建築物の水平方向に作用する地震力について，継続時間 60 秒以上の地震動を用いて直接的に求める解析方法である．

Ⅱ　大規模建築物

i）高さが 31m を超える建築物：

保有水平耐力計算か限界耐力計算のどちらかを選択する．

ii）高さが 31m 以下の建築物：

許容応力度等計算，保有水平耐力計算，または，限界耐力計算のどちらかを選択する．

・構造計算適合性判定を要する．

Ⅲ　中規模建築物：

許容応力度計算を行う．すなわち，一次設計のみである．

・構造計算適合性判定は不要である．

Ⅳ　小規模建築物

構造計算は必要ない．

・構造計算適合性判定は不要である．

⑥ただし，中規模建築物や小規模建築物であっても，許容応力度等計算，保有水平耐力計算，または，限界耐力計算を行ったときは，構造計算適合性判定が必要である．また，大臣認定プログラムを使用した場合も構造計算適合性判定は必要である．

⑦以上をまとめると，表5･1のようになる．

表5･1　建築物の規模と構造計算

<table>
<tr><th>建築物の規模</th><th colspan="2">対象建築物</th><th>構造計算の方法</th></tr>
<tr><td>超高層建築物</td><td colspan="2">高さが60mを超える建築物</td><td>時刻歴応答解析</td></tr>
<tr><td rowspan="6">大規模建築物</td><td colspan="2">高さが60m以下の建築物で次の条件を満たすもの．</td><td rowspan="5">◎高さ31mを超える建築物
・保有水平耐力計算
・限界耐力計算
のどちらかを選ぶ

◎高さ31m以下の建築物
・許容応力度等計算
・保有水平耐力計算
または，
・限界耐力計算
のどちらかを選ぶ</td></tr>
<tr><td>木造</td><td>高さが13mを超えるもの，または軒高9mを超えるもの</td></tr>
<tr><td>鉄骨造</td><td>地上4階建以上のもの，または高さが13mを超えるもの，若しくは軒高9mを超えるもの</td></tr>
<tr><td>RC造・SRC造・これらの併用構造</td><td>高さ20mを超えるもの</td></tr>
<tr><td>RC造･SRC造以外の構造を含む併用構造</td><td>地上4階建以上のもの，または高さが13mを超えるもの，若しくは軒高9mを超えるもの</td></tr>
<tr><td colspan="2">その他，表5･3に定める建築物以外の対象建築物</td><td>・構造計算適合性判定を要する</td></tr>
<tr><td rowspan="4">中規模建築物</td><td colspan="2">上記以外の建築物で，次の条件を満たすもの</td><td rowspan="4">・許容応力度計算
(一次設計のみ)

・構造計算適合性判定の要否</td></tr>
<tr><td>木造</td><td>地上3階建以上，または延べ面積500m²を超えるもの</td></tr>
<tr><td>木造以外の建築物(S造・RC造・組積造等を含む)</td><td>地上2階建以上，または延べ面積200m²を超えるもの</td></tr>
<tr><td>組積造等に限る</td><td>高さが13mを超えるもの，または軒高9mを超えるもの</td></tr>
<tr><td>小規模建築物</td><td colspan="2">上記以外の建築物</td><td>・構造計算必要なし</td></tr>
</table>

☞必ず覚える！選択肢例

高さ60mを超える超高層建築物の耐震安全性の検証は，一般に，敷地の地盤特性を考慮した地震動等に対する時刻歴応答解析により行う．

⇨解答例：高さ60mを超える超高層建築物の構造計算を行う場合，時刻歴応答解析等の国土交通大臣が定める基準によって安全性を確認している．よって，正しい記述である．

☞必ず覚える！選択肢例

高さ60mを超える建築物について時刻歴応答解析により安全性の確認を行う場合，地震地域係数Zが同じ建設地であっても，一般に，表層地盤の増幅特性が異なれば，検討用地震波は異なる．

⇨解答例：高さ60mを超える建築物について時刻歴応答解析により構造計算を行っている．このとき，同じ建設地であっても，表層地盤の増幅特性が異なれば，検討用地震波は異なる．よって，正しい記述である．

⑧表 5･1 からも分かるように，建築物の高さが 31m を境に計算方法が変わる．すなわち，高さ 31m 以下の建築物では，許容応力度等計算を行うことが可能であり，保有水平耐力計算は行わなくてよいが，高さ 31m を超える建築物では，保有水平耐力計算を行わなくてはならない．その構造計算の流れを図 5･1 に示す．

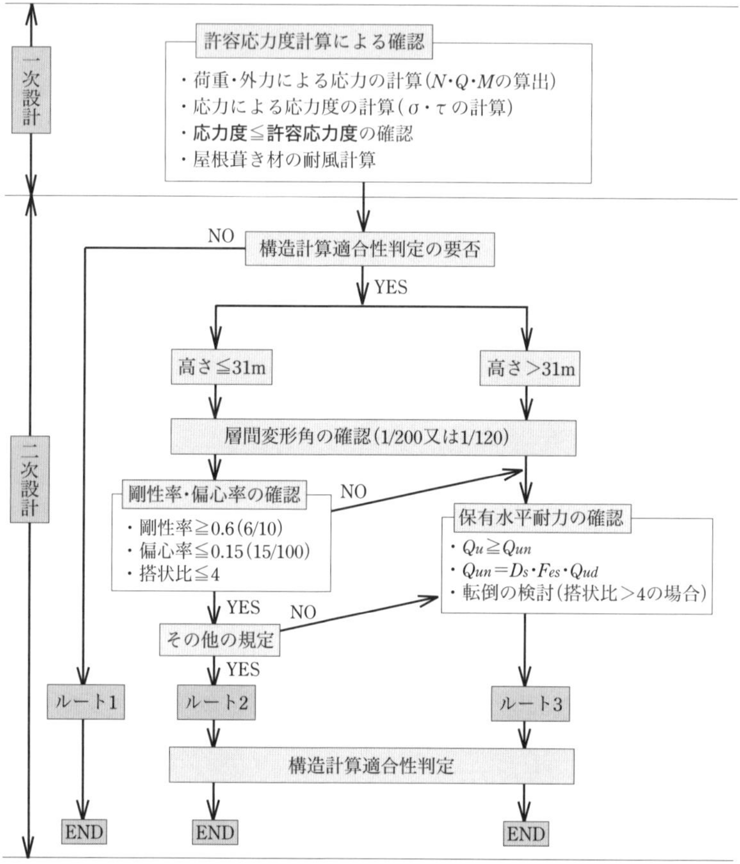

図 5･1　耐震計算の流れ

☞必ず覚える！選択肢例

耐震計算ルート 3 において，塔状比が 4 を超える建築物を対象として，基礎杭の圧縮方向および引抜き方向の極限支持力を算定することによって，建築物が転倒しないことを確認した．

⇨解答例：塔状比が 4 を超える場合には，転倒の検討が必要である．その検討方法は，基礎杭の圧縮方向および引抜き方向の極限支持力を算定することによって，建築物が転倒しないことを確認する．よって，正しい記述である．

出題例 26 建築物の耐震計算に関する次の記述のうち，最も不適当なものはどれか．

1. 高さ 40m，鉄骨鉄筋コンクリート造，地上 10 階建の建築物の場合，剛性率及び偏心率が規定値を満足しているので，保有水平耐力の算出を行わずに，許容応力度等計算を行った．
2. 高さ 20m，鉄骨造，地上 5 階建の建築物の場合，層間変形角が 1/200 以下であることの確認及び保有水平耐力が必要保有水平耐力以上あることの確認を行った．
3. 高さ 10m，鉄筋コンクリート造，地上3階建の建築物の場合，鉄筋コンクリートの柱・耐力壁の水平断面積が規定値を満足しているので，保有水平耐力の算出を行わなかった．
4. 延べ面積 100m^2，高さ 5m，鉄筋コンクリート造，平家建の建築物の場合，仕様規定をすべて満足しているので，保有水平耐力の算出を行わなかった．

解答例

1. 高さ 40m の建築物は，高さが 31m を超えているから，耐震計算のルート 3 に進み，保有水平耐力の確認を行わなければならない．
2. 高さ 20m，5 階建の鉄骨造の建築物は，高さが 31m を超えていないから，耐震計算ルート 2 に進んでもよいが，層間変形角が 1/200 以下であることの確認を行うとともに，耐震計算ルート 3 に進んで保有水平耐力が必要保有水平耐力以上あることの確認を行ってもよい．ただし，剛性率・偏心率，塔状比などが規定値を満足しない場合は，ルート 3 に進まなければならない．
3. 高さ 10m の鉄筋コンクリート造の建築物は，高さが 20m を超えていないので，柱・耐力壁の水平断面積が規定値（$\Sigma\ 2.5\ \alpha A_W + \Sigma\ 0.7\ \alpha \cdot A_C \geqq Z \cdot W \cdot A_i$）を満足していれば，ルート 1 で終了し，保有水平耐力の計算は行わなくてもよい．
4. 延べ面積 100m^2，高さ 5m の鉄筋コンクリート造の建築物は，仕様規定をすべて満足していれば，保有水平耐力の算定などの構造計算は行わなくてもよい．

よって，1. が正解である．

出題例 27 建築物の耐震計算に関する次の記述のうち，最も不適当なものはどれか．

1. 耐震計算ルート 1 において，耐力壁のせん断設計における一次設計用地震力により生じるせん断力の 2 倍の値を，耐力壁の設計用せん断力とした．
2. 耐震計算ルート 2 － 1 において，柱や耐力壁のせん断設計の検討および剛性率・偏心率の算定を行ったので，塔状比の検討は省略した．
3. 耐震計算ルート 3 において，全体崩壊形となる剛節架構形式の建築物を対象とした場合，構造特性係数 D_s は，建築物が崩壊機構を形成する際の応力を用いて算定した．
4. 耐震計算ルート 3 において，脆性破壊する柱部材を有する建築物を対象として，当該柱部材の破壊が生じた時点において，当該階の構造特性係数 D_s 並びに保有水平耐力を算定した.

解答例

1. 耐震計算ルート 1 において，設計用せん断力は，柱と耐力壁で分担する．耐力壁が負担するせん断力の大きさを仮定する場合，実際に作用する地震力と大きく相違する場合の安全性を考慮して，一次設計用地震力により負担するせん断力の大きさの 2 倍の値を耐力壁の設計用せん断力としている.
2. 耐震計算ルート 2 － 1 において，建築物の地上部分の塔状比が 4 以下となることの確認が必要である．柱や耐力壁のせん断設計の検討および剛性率・偏心率の算定を行ったとしても，塔状比の検討は省略できない.
3. 耐震計算ルート 3 において，全体崩壊形となる剛節架構形式の建築物を対象とした場合，構造特性係数 D_s は，建築物が崩壊メカニズムを形成する際の応力を用いて算定する.
4. 耐震計算ルート 3 において，局部崩壊形となる柱部材が脆性破壊する建築物では，この場合が最も不利な条件になるのであれば，その階の柱部材が局部崩壊形に達した時点での構造特性係数 D_s 並びに保有水平耐力を算定する.

よって，2. が正解である.

❷ 許容応力度設計（一次設計）

(1) 応力の組合せ

①許容応力度設計（一次設計）を行う場合の部材の各部に生ずる力を，表 5･2 のように組合せて算定する.

表 5･2　応力の組合せ

力の種類	荷重及び外力について規定する状態	一般の場合	多雪区域の場合	備考
長期に生ずる力	常時	$G + P$	$G + P$	
	積雪時		$G + P + 0.7S$	
短期に生ずる力	積雪時	$G + P + S$	$G + P + S$	
	暴風時	$G + P + W$	$G + P + W$	※1
			$G + P + 0.35S + W$	
	地震時	$G + P + K$	$G + P + 0.35S + K$	

※ 1：建築物の転倒，柱の引き抜き等を検討する場合，P を実況に応じて低減する.

注）G：固定荷重により生ずる力，P：積載荷重により生ずる力，S：積雪荷重により生ずる力，W：風圧力により生ずる力，K：地震力により生ずる力

②長期の組合せによって計算される応力度が，材料の長期の許容応力度を超えないこと.

すなわち，**部材に生ずる長期の応力度≦材料の長期許容応力度**が満足されること．

③短期の組合せによって計算される応力度が，材料の短期の許容応力度を超えないこと．すなわち，**部材に生ずる短期の応力度≦材料の短期許容応力度**が満足されること．

④梁等のたわみなどの変形や振動によって建築物の使用上の支障が起こらないことを次式で確認する．

☞必ず覚える！公式 26

$$\frac{\text{固定荷重及び地震力算定用積載荷重による最大たわみ}\times\text{変形増大係数}}{\text{部材の有効長さ}} \leqq \frac{1}{250} \qquad (5\cdot1)$$

⑤**変形増大係数**は，長期間荷重が作用することにより，変形が増大することの調整係数（変形増大係数という）である．変形増大係数は，クリープによるたわみの影響を考慮して次のような値に決められている（平成 12 年建設省告示第 1459 号）．

木造：2　　鉄骨造：1　　鉄筋コンクリート造の床：16
鉄筋コンクリート造の梁：8　　鉄骨鉄筋コンクリート造：4　など．

⑥建築物の梁などの部分において，建築物の使用上の支障が起こらないことの確認が必要となる場合は，次の条件を満たす場合以外の場合とする．すなわち，梁の有効長さ l に対する梁せい D の割合が小さい場合などである．

木造梁：$\dfrac{D}{l} > \dfrac{1}{12}$　　鉄筋コンクリート造梁：$\dfrac{D}{l} > \dfrac{1}{10}$

鉄骨造梁：$\dfrac{D}{l} > \dfrac{1}{15}$　　鉄骨鉄筋コンクリート造梁：$\dfrac{D}{l} > \dfrac{1}{12}$

☞必ず覚える！選択肢例

木造建築物の梁において，変形または振動によって「建築物の使用上の支障が起こらないこと」を確認するため，変形増大係数を 3 として計算する．

⇨解答例：木造梁では，$\dfrac{D}{l} \leqq \dfrac{1}{12}$ の場合に，「建築物の使用上の支障が起こらないこと」を確認する必要がある．このとき，変形増大係数は，2 として計算する．よって，誤った記述である．

☞必ず覚える！選択肢例

建築物のたわみや振動による使用上の支障が起こらないことを確認するため，梁及びスラブの断面の応力度を検討する方法を採用する．

⇨解答例：建築物のたわみや振動を確認するには，梁やスラブの断面の応力度を検討するのではなく，部材の剛性（ヤング係数 E や断面二次モーメント I）や梁の有効長さ l に対する梁せい D の割合をチェックすることが重要である．よって，誤った記述である．

(2) 屋根葺き材の耐風計算，等

①屋根葺き材，外装材及び屋外に面する帳壁については，風圧に対して構造耐力上安全である（外装材などに生ずる**応力度≦許容応力度**である）ことを確かめなければなら

ない.

②屋根ふき材の設計に当たっては，一つの屋根平面内の中央に位置する部位より縁に位置する部位のほうが，風による大きな吹き上げ力を用いる.

出題例 28　許容応力度設計に関する次の記述のうち，最も不適当なものはどれか.

1. 基礎部分に免震層を配置した建築物の場合，極めて稀に起こる地震動に対する上部構造の検討においては，一般に，許容応力度設計を行うことができる.
2. 構造計算における積載荷重は，許容応力度等計算を行う場合と限界耐力計算を行う場合とは異なる値を用いる.
3. 許容応力度等計算において，地震力の計算時には，特定行政庁が指定する多雪区域にあっては，積雪荷重を考慮する.
4. 一次設計用地震力によって生じる各階の層間変形角については，帳壁，内外装材，設備等に著しい損傷の生じるおそれがないことが確認された場合は，1/120 以内とすることができる.

解答例

1. 大地震時における免震建築物の上部構造と下部構造の検討は，大地震時における層せん断力を算出し，許容応力度設計によって算定することができる.
2. 構造計算における積載荷重は，許容応力度計算，許容応力度等計算や保有水平耐力計算を行う場合と限界耐力計算を行う場合とは**同じ値**を用いることができる.
3. 許容応力度計算，許容応力度等計算及び保有水平耐力計算において，地震力の計算時には，重量としてその層から上部の固定荷重と積載荷重の和を用いるが，特定行政庁が指定する多雪区域にあっては，積雪荷重をも加える.
4. 一次設計用地震力によって生じる各階の層間変形角は，1/200 以下とされているが，帳壁，内外装材，設備等が躯体の変形に追随できることによって，著しい損傷の生じるおそれがないことが確認された場合は，1/120 以内まで緩和することができる.

よって，2. が正解である.

3 二次設計

①**一次設計（許容応力度計算）**は，建築物の耐用年限中に数度は遭遇する程度の**中地震**（数十年に一回程度）に対してほとんど被害が生じないことを目標とする設計である.

②**二次設計**は，建築物の耐用年限中に極めて稀に発生する**大地震**（数百年に一回程度）に対して，建築物に多少の損傷は生じても倒壊・崩壊しないことを目標とする設計である.

③二次設計には，耐震計算ルート 1 ～ 3 の 3 種類があり，計算手順がそれぞれ異なる

(図 5･1 参照).

i ）許容応力度計算（ルート 1）： 中規模建築物の計算ルートで，許容応力度計算を行えば，構造計算適合性判定は不要である．ただし，許容応力度等計算，保有水平耐力計算，限界耐力計算を行う場合は構造計算適合性判定が必要となる．

ii ）許容応力度等計算（ルート 2）： 構造計算適合性判定が必要な建築物で，高さが 31m 以下である建築物の耐震計算ルートである．層間変形角，剛性率・偏心率，塔状比などの確認が必要となる．

iii ）保有水平耐力計算（ルート 3）： 構造計算適合性判定が必要な建築物で，高さが 31m を超える建築物の計算ルートである．層間変形角，保有水平耐力，転倒などの確認が必要となる．

(1) 構造計算適合性判定の要否

①構造計算適合性判定を要しない建築物として，耐震計算ルート 1 を適用する条件としての規模と構造規定を表 5･3 に示す．

表 5･3　構造計算適合性判定を要しない建築物

構造種別	木造建築物	鉄骨造建築物	鉄筋コンクリート造建築物
高さ	高さ 13m 以下または，軒高 9m 以下	高さ 13m 以下または，軒高 9m 以下	高さ 20m 以下
階数（地階を除く）		ルート 1-1：階数 3 以下 ルート 1-2：階数 2 以下	
延べ面積		平家建で 3,000m² 以下 上記以外で 500m² 以下	
スパン		ルート 1-1：スパン 6m 以下 ルート 1-2：スパン 12m 以下	
構造規定（全てを満たすこと）		ルート 1-1：$C_0 \geqq 0.3$ として地震力を割増した許容応力度設計．筋かい端部・接合部の破断防止． ルート 1-2：$C_0 \geqq 0.3$ として地震力を割増した許容応力度設計．筋かい端部・接合部の破断防止．偏心率 $\leqq 0.15$ の確認．	各階の壁量・柱量の確保（下式）．$\Sigma 2.5\alpha A_W + \Sigma 0.7\alpha \cdot A_C \geqq Z \cdot W \cdot A_i$（鉄骨鉄筋コンクリート造の柱の場合は，0.7 を 1.0 として計算する．）

注）α：コンクリートの設計基準強度に応じた割増係数．18N/mm² 未満では 1.0，18N/mm² 以上ではコンクリートの設計基準強度を 18 で除した値の平方根の数値．A_W：計算しようとする方向に設けた耐力壁の水平断面積．A_C：柱の水平断面積及び計算しようとする方向の耐力壁以外の壁の水平断面積．Z：地震地域係数．W：固定荷重と積載荷重の和．多雪区域では積雪荷重も加える．A_i：地震層せん断力係数の高さ方向の分布係数．

(2)層間変形角の確認

①層間変形角の確認は，**耐震計算ルート** 2 及び**耐震計算ルート** 3 で行う（図 5･1 参照）．

②各階の骨組が柔らかすぎると，層間変位が大きくなり，内外装材などの仕上材の脱落，設備配管等の破損が生じる．これを防ぐのが層間変形角の規定である．

③**層間変形角**とは，各階において水平方向の層間変位 δ を階高 h で除した値である（図 5･2 参照）．

④構造計算適合性判定を必要とする建築物は，標準せん断力係数 C_0 を 0.2 以上として計算した地震力によって生じる層間変形角を **1/200 以内**としなければならない．

☞必ず覚える！公式 27

$$層間変形角\theta = \frac{\delta}{h} \leqq \frac{1}{200} \quad (5･2)$$

⑤一次設計用地震力によって生じる各階の層間変形角については，帳壁，内外装材，設備配管等に著しい損傷のおそれがないことが確認された場合は，**1/120 以内**まで緩和することができる．

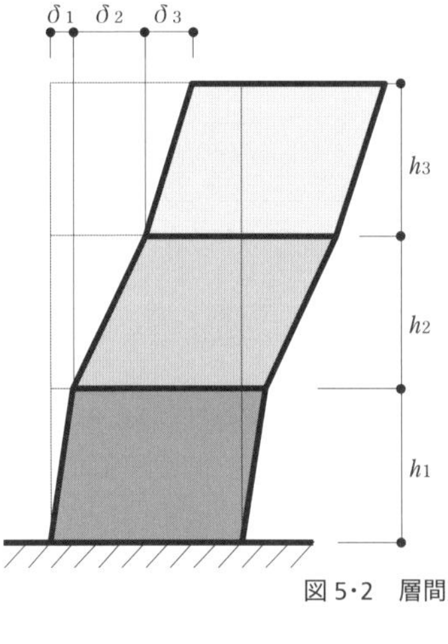

・層間変形角の計算

h_3 3階の層間変形角 $\theta_3 = \frac{\delta_3}{h_3} \leqq \frac{1}{200}$

h_2 2階の層間変形角 $\theta_2 = \frac{\delta_2}{h_2} \leqq \frac{1}{200}$

h_1 1階の層間変形角 $\theta_1 = \frac{\delta_1}{h_1} \leqq \frac{1}{200}$

図 5･2　層間変形角

☞必ず覚える！選択肢例

内・外壁等の仕上げ材等については，地震時に架構そのものには損傷がなくても，架構の変形によって損傷することがある．

⇨解答例：大地震が発生したときに，架構そのものに損傷がなくても，大きな変形によって内・外装材に損傷が生じるおそれがある．これを防ぐ規定が層間変形角である．通常は，1/200 以内とするが，内・外壁等の仕上げ材や設備等が架構の変形に追随できるような工夫をした取付方法を行った場合は，1/120 まで緩和されている．よって，正しい記述である．

(3) 剛性率・偏心率の確認

① 構造計算適合性判定を必要とする建築物のうち，高さが**31m 以下**である建築物は，**耐震計算ルート 2** で行い，剛性率・偏心率の確認を行う（図 5・1 参照）．

② 大きな地震を受けたとき，各階・各部分が同時に降伏することが望ましい．しかし，図 5・3 のように 1 階がピロティになっている建築物では，2 階以上の階に比べて壁の量が少なく柔らかく（剛性が小さく）なり，1 階部分だけが先に降伏してしまう．すなわち，建築物の各階ごとの剛性に大きな差があると，地震時に剛性の小さい階に変形や損傷が集中しやすくなる．このことから，各階の地震力に対する性能をできるだけ均一化するための制限が**剛性率** R_s の規定である．

③ 剛性率 R_s は，**建築物の高さ方向の剛性分布のバランス**の程度を検討する指標で，各階の層間変形角の逆数を建築物全体の層間変形角の逆数の平均値（相加平均）で除した値として次式から計算する（図 5・4 参照）．

☞ **必ず覚える！公式 28**

$$剛性率 R_s = \frac{rs}{\overline{rs}} \geq \frac{6}{10}(0.6) \tag{5・3}$$

rs：各階の層間変形角の逆数．$\overline{rs}$：各階の rs の相加平均

・剛性率の計算

3階：$R_{S3} = \dfrac{r_{S3}}{\overline{rs}} \geqq \dfrac{6}{10}$

$r_{s3} = \dfrac{h_3}{\delta_3}$

2階：$R_{S2} = \dfrac{r_{S2}}{\overline{rs}} \geqq \dfrac{6}{10}$

$r_{s2} = \dfrac{h_2}{\delta_2}$

1階：$R_{S1} = \dfrac{r_{S1}}{\overline{rs}} \geqq \dfrac{6}{10}$

$r_{s1} = \dfrac{h_1}{\delta_1}$

$\overline{rs} = \dfrac{1}{3}(r_{s1} + r_{s2} + r_{s3})$

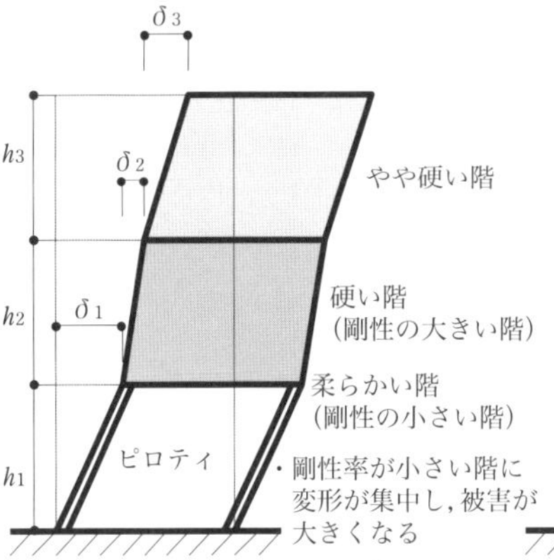

図 5・3 剛性率のバランス①

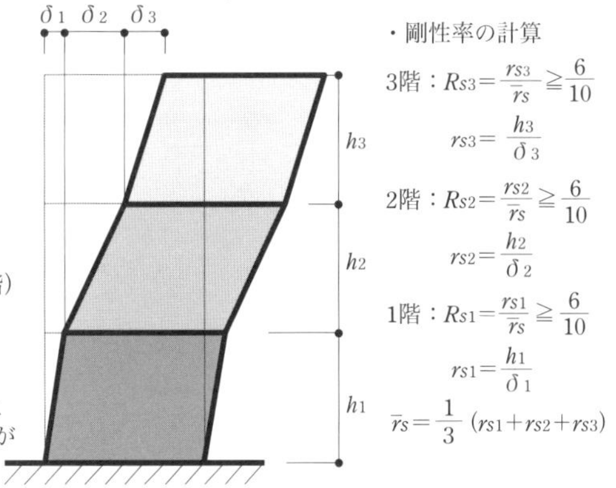

図 5・4 剛性率 R_s

④ 剛性率は，各階の水平変位のしにくさ，しやすさを表している．

⑤ 図 5・5 のように，各階の剛性率が 1.0 になる設計が理想的である．しかし，現実の設計では図 5・4 のようになって困難であるから，その制限値を 6/10（0.6）以上としている．

$\theta_1 = \theta_2 = \theta_3$ のときは各階の R_s は 1.0 となり理想的な設計となる

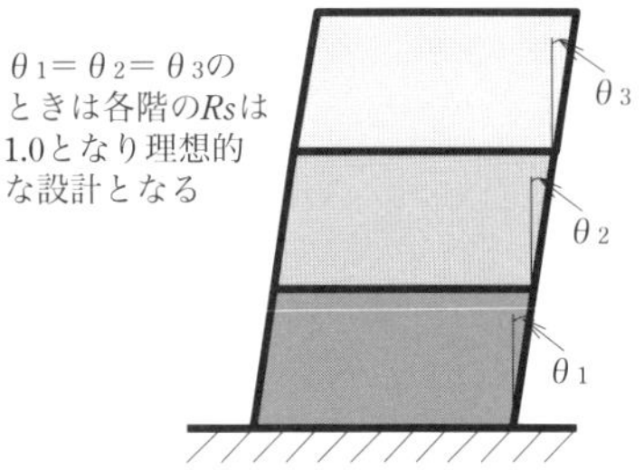

図 5・5 剛性率のバランス②

☞必ず覚える！選択肢例

ピロティ形式の建築物においては，一般に，ピロティ階の剛性率が小さくなるので，この階で層崩壊しないようにするため，柱に十分な強度と靱性をもたせるように計画する．

⇨解答例：上記②の記述および図 5･3 より，正しい記述である．

⑥建築物において，壁などの配置が片寄りすぎると，その階で硬い部分（壁などの多い部分）と柔らかい部分（壁などの少ない部分）とができ，地震力を受けると柔らかい側の変形が大きくなって，その側にある柱などが損傷を受ける．このことから，耐震壁の片寄りや，平面的な不整形の制限が必要となる．**これが偏心率 R_e の規定である．**

⑦偏心率 R_e は，**建築物の平面的な剛性分布のバランス**の程度を検討する指標で，その階の重心と剛心の平面的なずれの大きさ（偏心距離 e）を弾性半径 r_e で除した値として次式から計算する（図 5･6 参照）．

☞必ず覚える！公式 29

$$偏心率 R_e = \frac{e}{r_e} \leqq \frac{15}{100}(0.15) \quad (5\cdot4)$$

e：偏心距離　r_e：弾性半径．

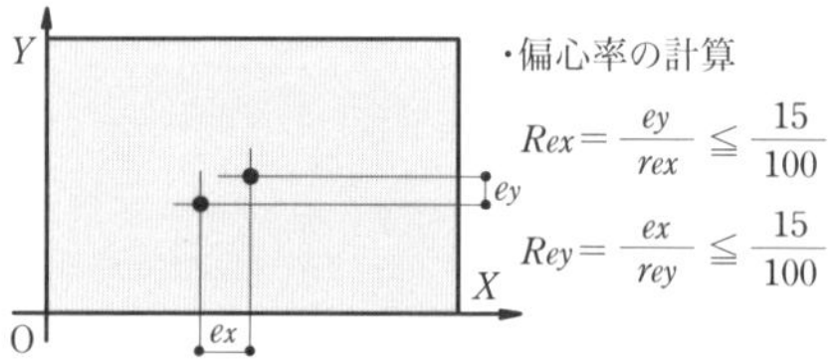

図 5･6　偏心率 R_e

⑧偏心率は，その階における地震時の床面のねじれのしにくさ，しやすさを表している．

⑨図 5･7(a)のように，各階の耐震壁などが X・Y 両方向それぞれにつり合いよく配置される設計とするのが理想的である．しかし，現実の設計では，図 5･7(b)のようになり偏心が生じてしまう．したがって，その制限値として偏心率を 15/100（0.15）**以下**としている．

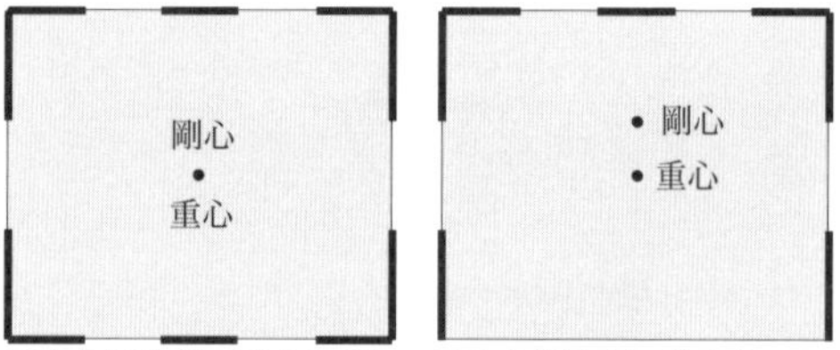

重心と剛心が一致する．理想的な計画である．偏心率 R_e＝0となる．

(a)

重心と剛心が一致しない．一般的な計画である．耐震壁の配置によっては偏心率が0.15を超える．

(b)

図 5･7　重心と剛心の関係

⑩**偏心距離 e** は，重心と剛心との距離の見付長さをいう．

⑪**弾性半径 r_e** は，ねじりに対する相対的な抵抗の指標で，次式から計算する．

☞必ず覚える！公式 30

$$r_e = \sqrt{\frac{ねじり剛性 K_T}{水平剛性 K_H}} \quad (5\cdot5)$$

$$ねじり剛性 K_T = \frac{M}{\theta} \quad (5\cdot6)$$

$$水平剛性 K_H = \frac{Q}{\delta} \quad (5\cdot7)$$

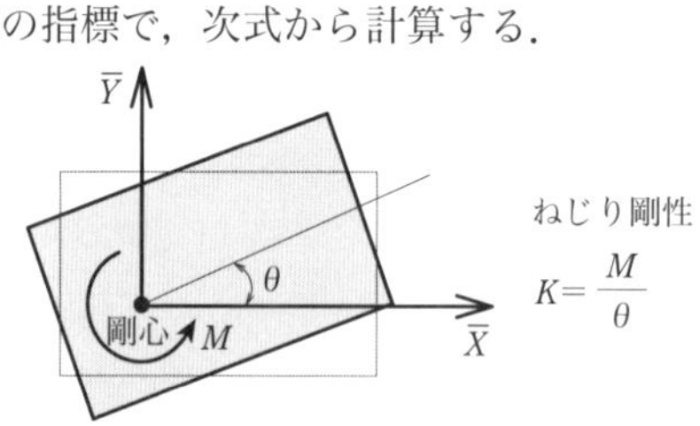

図 5･8　ねじり剛性 K

⑫建築物のねじり剛性を大きくするためには，一般に，耐震壁や筋かいは，平面上の中心部に配置するより，外周部に配置するほうが有効である．

⑬重心と剛心を近づける計画とし，地震時のねじれ振動による建築物外周部の揺れが大きくならないようにする．

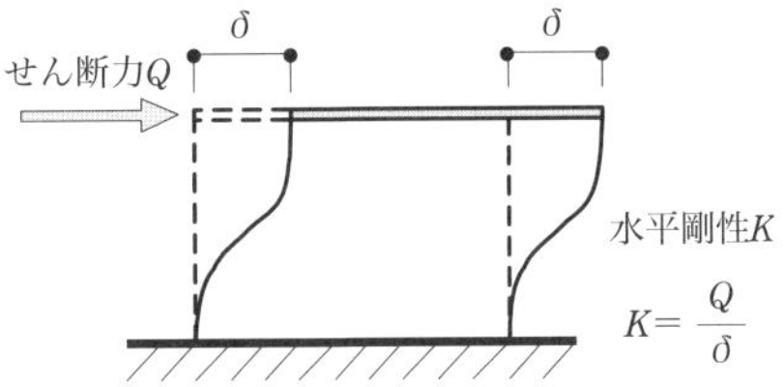

図 5・9　水平剛性 K

☞**必ず覚える！選択肢例**

耐震壁が平面的に偏在している鉄筋コンクリート構造の建築物においては，剛心と重心との距離が大きくなるように計画する．

⇨解答例：壁などの配置が片寄ると剛心と重心の距離（偏心距離）が大きくなり，地震力による変形（ねじれ）が大きくなる．したがって，偏心距離は小さくするのがよい．よって，誤った記述である．

☞**必ず覚える！選択肢例**

偏心の大きい建築物においては，地震時に建築物の隅部で過大な変形を強いられる部材が生じ，それらの部材に損傷が生じることがある．

⇨解答例：偏心の大きい建築物では，剛心が片寄り，剛心を中心として回転が生じるので，剛心と反対側の隅部では変形が大きくなる．そのため隅部の部材に損傷が生じることがある．よって，正しい記述である．

⑭**耐震計算ルート 2** において，剛性率が 0.6 以上及び偏心率が 0.15 以下となることを同時に満足しない場合は，**耐震計算ルート 3** に進んで保有水平耐力計算を行い，大地震時のときの安全性を検討する（図 5・1 参照）．

(4) 塔状比の確認

①耐震計算ルート 2 で計算を行う場合，塔状比の確認を行う（図 5・1 参照）．

②**塔状比**とは，建築物の地上部分において，地震方向における建築物の幅 D に対する高さ H の比をいい，その値は **4 以下**とする（図 5・10 参照）．

③塔状比の計算は，次式から計算する．

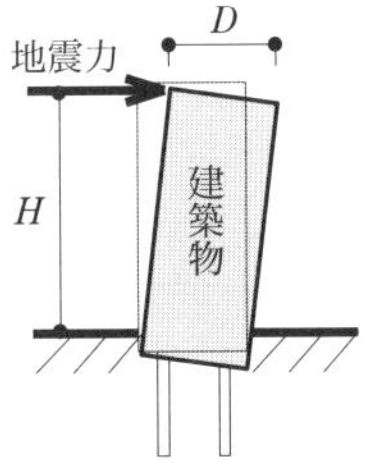

図 5・10　塔状比

☞**必ず覚える！公式 31**

$$\text{塔状比}=\frac{\text{建築物の高さ}H}{\text{建築物の幅}D}\leqq 4 \qquad (5\cdot 8)$$

④耐震計算ルート 3 において，塔状比が 4 を超える場合には，基礎杭の圧縮方向および

引抜き方向の極限支持力を算定することによって，建築物が転倒しないことを確認する．

(5)保有水平耐力の確認

①構造計算適合性判定を必要とする建築物のうち，高さが **31m を超える**建築物，または耐震計算ルート 1，2 によらない建築物は，**耐震計算ルート 3** で行い，保有水平耐力の確認（**保有水平耐力 Q_u ≧必要保有水平耐力 Q_{un}**）を行う（図 5・1 参照）．

②**保有水平耐力 Q_u** は，建築物の一部または全体が地震力の作用によって崩壊メカニズムを形成する場合の各階の水平方向の耐力（各階の柱，耐震壁，筋かいなどが負担する水平せん断力）の和として求められる．

③このとき形成する崩壊メカニズムには，全体崩壊形，部分崩壊形，局部崩壊形があり，これらを想定して建築物における地上部分の各階ごとの保有水平耐力を算出し，そのうち**最も小さい値を採用する**（図 5・11 参照）．

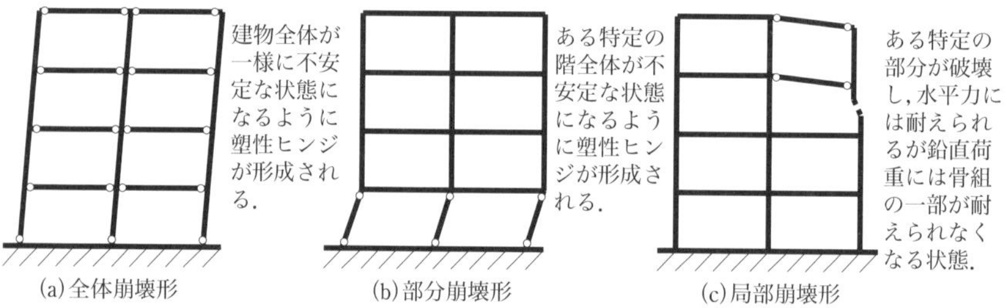

建物全体が一様に不安定な状態になるように塑性ヒンジが形成される．
ある特定の階全体が不安定な状態になるように塑性ヒンジが形成される．
ある特定の部分が破壊し，水平力には耐えられるが鉛直荷重には骨組の一部が耐えられなくなる状態．
(a)全体崩壊形
(b)部分崩壊形
(c)局部崩壊形

図 5・11　崩壊形（崩壊メカニズム）の例

④各階の**保有水平耐力 Q_u** は，材料強度に基づいて計算する．このとき，建築物の保有水平耐力の算定において，炭素鋼の構造用鋼材のうち，日本工業規格（JIS）に定めるものを使用すれば，終局耐力算定用の材料強度の基準強度を **1.1 倍**の範囲で割増することができる．

⑤ラーメン（柱・梁部材）の破壊は，粘り強さのある**靭性系**と考えられ，耐震壁の破壊は，急激な破壊である**脆性系**と考えられる．これらが混在する階における保有水平耐力は，脆性系の部材が破壊するときの変形状態において各部材が負担する水平せん断力の和として求めることができる．

☞**必ず覚える！選択肢例**

「曲げ降伏型の柱・梁部材」と「せん断破壊型の耐震壁」により構成される鉄筋コンクリート構造の建築物の保有水平耐力は，一般に，それぞれの終局強度から求められる水平せん断力の和とすることができる．

⇨解答例：「曲げ降伏型の柱・梁部材」すなわち靱性系のラーメン部材は粘り強く，変形能力が大きい．「せん断破壊型の耐震壁」すなわち脆性系の耐震壁は変形能力が小さく脆性破壊する可能性がある．このように，破壊形式が大きく相違し，変形状態も異なる両者が混在する建築物では，一般に，耐震壁が先に終局耐力に達し，破壊が始まる．したがって，柱・梁部材と耐震壁で構成される鉄筋コンクリート構造の建築物では，保有水平耐力を算定する場合，ラーメン部材と耐震壁の終局せん断力の和として計算することはできない．よって，誤った記述である．

⑥地震動による建築物の崩壊に対する対処には，強度型と靱性型とがある（図5･12参照）．**強度型**は，弾性範囲内で地震動に耐え，抵抗力が急激に減じて脆性破壊が生じたりするもので，壁式構造（耐震壁）やブレース構造がその代表である．**靱性型**は，塑性域に入って変形が増大し，抵抗力が急激に減じることなく，地震エネルギーを吸収して耐えるもので，ラーメン構造などがその代表である．図5･12において，△OABは，大地震時に建築物が弾性状態にとどまるために必要な吸収エネルギーを表し，□OCDEは，大地震時に建築物が塑性領域に入って塑性変形することによって大地震に抵抗するのに必要なエネルギーを表している．△OABと□OCDEの面積が等しい場合は，耐震性が同じである．

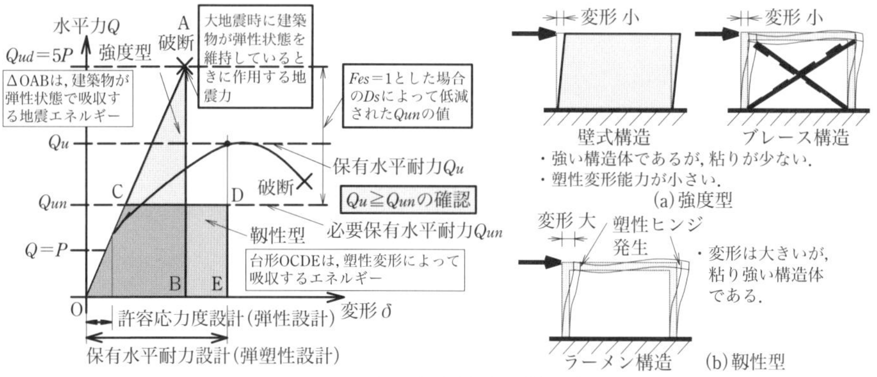

図5･12　強度型と靱性型の破壊形式

⑦建築物が地震を受けた場合，構造部材の一部が塑性化しても，塑性変形によって地震エネルギーが吸収されると，倒壊には至らない場合が多い．

☞**必ず覚える！選択肢例**

建築物の耐震安全性は，耐震強度が十分に大きい場合，一般に，靭性にはそれほど期待しなくてもよい．

⇨解答例：建築物の耐震性は，強度を大きく取って地震に耐える建築物にするか，靭性を大きく取って地震エネルギーを吸収して耐える建築物にするかの方法がある．耐震強度が十分に大きい場合は，靭性にそれほど期待しなくてもよい．よって，正しい記述である．

⑧保有水平耐力 Q_u を求める場合は，地上部分のみではなく，地下部分を含めて検討することが望ましい．

⑨**必要保有水平耐力** Q_{un} は，大地震動に対して安全性を確保するために要求される各階の最小限の水平方向の耐力である．

⑩**必要保有水平耐力** Q_{un} は，地震力によって各階に生じる水平力 Q_{ud} に，構造特性係数 D_s および形状係数 F_{es} を乗じて，次式から計算する．

☞**必ず覚える！公式 32**

必要保有水平耐力 $Q_{un} = D_s \cdot F_{es} \cdot Q_{ud}$　(5･9)

D_s：**構造特性係数**．架構の形状と構造種別に応じた**低減係数**で，靭性および減衰性を考慮した係数である．

木造・鉄骨造・鉄骨鉄筋コンクリート造　0.25 ～ 0.50 以上

鉄筋コンクリート造　0.30 ～ 0.55 以上

構造体が靭性（粘り強さ）に富むほど，減衰性が大きいほど，地震エネルギーの吸収率が大きくなるので，構造特性係数 D_s は小さくなる．

F_{es}：**形状係数**．剛性率に応じた値 F_s と偏心率に応じた値 F_e の積で表される**割増係数**である．

剛性率に応じた値 F_s は，1.0 ～ 2.0 の範囲の値となり，表 5･4 より算出する．

表 5･4　F_s の値

剛性率	F_s の値
(1) $R_s \geqq 0.6$ の場合	1.0
(2) $R_s < 0.6$ の場合	$2.0-\dfrac{R_S}{0.6}$

偏心率に応じた値 F_e は，1.0 ～ 1.5 の範囲の値となり，表 5･5 より算出する．

表 5･5　F_e の値

偏心率	F_e の値
(1) $R_e \leqq 0.15$ の場合	1.0
(2) $0.15 < R_e < 0.3$ の場合	(1) と (3) とに掲げる数値を直線的に補間した値
(3) $R_e \geqq 0.3$ の場合	1.5

Q_{ud}：地震層せん断力．地震層せん断力 Q_{ud} は，

$Q_{ud} = Z \cdot R_t \cdot A_i \cdot C_0 \times W_i$　(5･10)

より求める．このとき，C_0 は，大地震を想定して，$C_0 \geqq 1.0$ として計算した値である．

⑪**構造特性係数 D_s** は，架構が靱性に富むほど小さくなり，減衰が大きいほど小さくなる．すなわち，ラーメン構造は，負担水平力は小さいが，塑性変形後の変形が大きく（靱性が大），地震エネルギーを吸収するので構造特性係数 D_s を小さく設定することができる．壁式構造や耐力壁をもつラーメン構造では，負担水平力は大きい（強度が大）が，塑性変形能力は小さいので，構造特性係数 D_s は小さくできない．

⑫構造特性係数 D_s を算出するには，各階において柱，梁，筋かい又は耐力壁について各部材の種別及び部材群としての種別を表 5･6 ～ 5･8，表 5･12 ～表 5･14 のように判別し，表 5･9 及び表 5･15 から決定する．

⑬鉄筋コンクリート造の構造特性係数 D_s の算出の流れは次のようになる．

ア．表 5･6 によって各階のすべての柱・梁の種別を判定する．

イ．次に，表 5･7 において，耐力壁の種別を破壊の形式によって定める．

ウ．そして，各階・各方向ごとにそれぞれの種別が占める耐力の和を，水平耐力の和で除して γ を計算し，表 5･8 において，部材群としての種別を決定する．

エ．さらに，耐力壁及び筋かいの水平耐力の和を，保有水平耐力の数値で除した β_u の範囲を定め，柱・梁の部材群としての種別により，表 5･9 において，構造特性係数 D_s の値を決定する．

ⅰ）柱・梁の種別を，柱・梁の区分に応じて，表 5･6 のように定める．

表 5･6 柱および梁の種別

		柱・梁の区分					柱および梁の種別
部材	柱および梁	柱				梁	
条件	破壊の形式	h_0/D の数値	σ_0/F_C の数値	p_t の数値	τ_u/F_C の数値	τ_u/F_C の数値	
	せん断破壊，付着割裂破壊及び圧縮破壊その他の構造耐力上支障のある急激な耐力の低下のおそれのある破壊を生じないこと．	2.5 以上	0.35 以下	0.8 以下	0.1 以下	0.15 以下	FA
		2.0 以上	0.45 以下	1.0 以下	0.125 以下	0.2 以下	FB
		—	0.55 以下	—	0.15 以下	—	FC
	FA，FB，FC のいずれにも該当しない場合						FD

h_0：柱の内法高さ(cm)，D：柱の幅(cm)，σ_0：D_s を算定しようとする階が崩壊形に達する場合の柱の断面に生ずる軸方向応力度（N/mm²），F_C：コンクリートの設計基準強度（N/mm²），p_t：引張鉄筋比（%），τ_u：D_s を算定しようとする階が崩壊形に達する場合の柱または梁の断面に生ずる平均せん断応力度（N/mm²） ii）耐力壁の種別を，耐力壁の区分に応じて，表5･7のように定める．

表5･7　耐力壁の種別

部材	耐力壁の区分			耐力壁の種別
	耐力壁	壁式構造以外の構造の耐力壁	壁式構造の耐力壁	
条件	破壊の形式	τ_u/F_C の数値	τ_u/F_C の数値	
	せん断破壊その他の構造耐力上支障のある急激な耐力の低下のおそれのある破壊を生じないこと．	0.2 以下	0.1 以下	WA
		0.25 以下	0.125 以下	WB
		—	0.15 以下	WC
	WA，WB，WC のいずれにも該当しない場合			WD

注）記号は，表5･6と同じである．

iii）D_S を計算する階における柱及び梁並びに耐力壁の部材群としての種別を，表5･8に従い，当該階の部材の耐力の割合 γ の数値に応じて定める．

表5･8　部材の耐力の割合

	部材の耐力の割合	部材群としての種別
(1)	$\gamma_A \geqq 0.5$ かつ $\gamma_C \leqq 0.2$	A
(2)	$\gamma_C < 0.5$（部材群としての種別がAの場合を除く）	B
(3)	$\gamma_C \geqq 0.5$	C

・柱・梁の部材群としての種別を定める場合

$$\gamma_A = \frac{\text{種別FAである柱の耐力の和}}{\text{種別FDである柱を除くすべての柱の水平耐力の和}} \text{とする．}$$

$$\gamma_C = \frac{\text{種別FCである柱の耐力の和}}{\text{種別FDである柱を除くすべての柱の水平耐力の和}} \text{とする．}$$

・耐力壁の部材群としての種別を定める場合

$$\gamma_A = \frac{\text{種別WAである耐力壁の耐力の和}}{\text{種別WDである耐力壁を除くすべての耐力壁の水平耐力の和}} \text{とする．}$$

$$\gamma_C = \frac{\text{種別WCである耐力壁の耐力の和}}{\text{種別WDである耐力壁を除くすべての耐力壁の水平耐力の和}} \text{とする．}$$

iv）剛節架構（ラーメン架構）と耐力壁を併用した場合にあっては，表5･8により定めた当該階の柱及び梁並びに耐力壁の部材群としての種別に応じて，表5･9に示す数値以上の値として，構造特性係数 D_S を求める．

表 5・9　柱及び梁並びに耐力壁の部材群としての種別に応じた Ds の値

			柱及び梁の部材群としての種別			
			A	B	C	D
耐力壁の部材群としての種別	A	$0 < \beta u \leqq 0.3$ の場合	0.30	0.35	0.40	0.45
		$0.3 < \beta u \leqq 0.7$ の場合	0.35	0.40	0.45	0.50
		$\beta u > 0.7$ の場合	0.40	0.45	0.45	0.50
	B	$0 < \beta u \leqq 0.3$ の場合	0.35	0.35	0.40	0.45
		$0.3 < \beta u \leqq 0.7$ の場合	0.40	0.40	0.45	0.50
		$\beta u > 0.7$ の場合	0.45	0.45	0.50	0.55
	C	$0 < \beta u \leqq 0.3$ の場合	0.35	0.35	0.40	0.45
		$0.3 < \beta u \leqq 0.7$ の場合	0.40	0.45	0.45	0.50
		$\beta u > 0.7$ の場合	0.50	0.50	0.50	0.55
	D	$0 < \beta u \leqq 0.3$ の場合	0.40	0.40	0.45	0.45
		$0.3 < \beta u \leqq 0.7$ の場合	0.45	0.50	0.50	0.50
		$\beta u > 0.7$ の場合	0.55	0.55	0.55	0.55

$$\beta u = \frac{\text{耐力壁・筋かいの水平耐力の和}}{\text{保有水平耐力の値}}$$ とする．

⑭鉄筋コンクリート造及び鉄骨鉄筋コンクリート造において，**耐力壁を設けない剛節架構**とした場合の Ds の値は，その階の柱及び梁の部材群としての種別に応じ表 5・10 の数値以上の数値とし，**壁式構造**とした場合はその階の耐力壁の部材群としての種別に応じ，表 5・11 の数値以上の数値とする．ただし，**鉄骨造には適用しない**．

表 5・10　耐力壁を設けない剛節架構とした場合の Ds の値

柱・梁の部材群としての種別		Ds の値	
		鉄筋コンクリート造	鉄骨鉄筋コンクリート造
靱性大	A	0.30	0.25
↓	B	0.35	0.30
↓	C	0.40	0.35
靱性小	D	0.45	0.40

表 5・11　壁式構造とした場合の Ds の値

耐力壁の部材群としての種別		Ds の値	
		鉄筋コンクリート造	鉄骨鉄筋コンクリート造
靱性大	A	0.45	0.40
↓	B	0.50	0.45
↓	C	0.55	0.50
靱性小	D	0.55	0.50

⑮鉄骨造の構造特性係数 Ds の算出の流れは次のようになる.

ア. 表 5・12 によって筋かいの有効細長比 λ を計算し, 筋かいの種別を判定する.

イ. 次に, 表 5・13 において, 柱・梁の種別を幅厚比または径厚比によって定める.

ウ. そして, 各階・各方向ごとにそれぞれの種別が占める耐力の和を, 水平耐力の和で除して γ を計算し, 表 5・14 において, 部材群としの種別を決定する.

エ. さらに, 筋かい及び耐力壁の水平耐力の和を, 保有水平耐力の数値で除した βu の範囲を定め, 柱・梁の部材群としての種別により, 表 5・15 において, 構造特性係数 Ds の値を決定する.

i) 筋かいの種別を, 有効細長比の区分に応じて, 表 5・12 のように定める.

表 5・12　筋かいの有効細長比

	有効細長比	筋かいの種別	
(1)	$\lambda \leqq \frac{495}{\sqrt{F}}$	BA	靭性大
(2)	$\frac{495}{\sqrt{F}} < \lambda \leqq \frac{890}{\sqrt{F}}$	BB	↓
(3)	$\frac{890}{\sqrt{F}} < \lambda < \frac{1980}{\sqrt{F}}$	BC	↓
(4)	$\frac{1980}{\sqrt{F}} \leqq \lambda$	BB	靭性小

$$筋かいの有効細長比 \lambda = \frac{l_k}{i} = \frac{座屈長さ}{断面二次モーメント}$$

F：鋼材の基準強度（N/mm^2）

ii) 炭素鋼（$205N/mm^2 \leqq F \leqq 375N/mm^2$）の柱・梁の種別を, 柱・梁の区分に応じて, H 形鋼・角形鋼管は幅厚比に, 円形鋼管は径厚比に従って, 表 5・13 のように定める.

表 5・13　柱及び梁の種別

部材	柱				梁		種別
断面形状	H 形鋼		角形鋼管	円形鋼管	H 形鋼		
部位	フランジ	ウェブ	—	—	フランジ	ウェブ	
幅厚比または径厚比	$9.5\sqrt{\frac{235}{F}}$	$43\sqrt{\frac{235}{F}}$	$33\sqrt{\frac{235}{F}}$	$50\left(\frac{235}{F}\right)$	$9\sqrt{\frac{235}{F}}$	$60\sqrt{\frac{235}{F}}$	FA
	$12\sqrt{\frac{235}{F}}$	$45\sqrt{\frac{235}{F}}$	$37\sqrt{\frac{235}{F}}$	$70\left(\frac{235}{F}\right)$	$11\sqrt{\frac{235}{F}}$	$65\sqrt{\frac{235}{F}}$	FB
	$15.5\sqrt{\frac{235}{F}}$	$48\sqrt{\frac{235}{F}}$	$48\sqrt{\frac{235}{F}}$	$100\left(\frac{235}{F}\right)$	$15.5\sqrt{\frac{235}{F}}$	$71\sqrt{\frac{235}{F}}$	FC
	FA, FB, FC のいずれにも該当しない場合						FD

iii）D_s を計算する階における筋かい並びに柱及び梁の部材群としての種別を，表5･14に従い，当該階の部材の耐力の割合 γ の数値に応じて定める．

表 5･14　部材の耐力の割合

	部材の耐力の割合	部材群としての種別
(1)	$\gamma_A \geqq 0.5$ かつ $\gamma_C \leqq 0.2$	A
(2)	$\gamma_C < 0.5$（部材群としての種別が A の場合を除く）	B
(3)	$\gamma_C \geqq 0.5$	C

・筋かいの部材群としての種別を定める場合

$$\gamma_A = \frac{\text{種別BAである筋かいの耐力の和}}{\text{すべての筋かいの水平耐力の和}} \text{とする．}$$

$$\gamma_C = \frac{\text{種別BCである筋かいの耐力の和}}{\text{すべての筋かいの水平耐力の和}} \text{とする．}$$

・柱及び梁の部材群としての種別を定める場合

$$\gamma_A = \frac{\text{種別FAである柱の耐力の和}}{\text{種別FDである柱を除くすべての柱の水平耐力の和}} \text{とする．}$$

$$\gamma_C = \frac{\text{種別FCである柱の耐力の和}}{\text{種別FDである柱を除くすべての柱の水平耐力の和}} \text{とする．}$$

iv）各階の D_s は，表5･14により定めた当該階の筋かい並びに柱及び梁の部材群としての種別に応じて，表5･15に示す数値以上の値とする．

表 5･15　柱及び梁並びに筋かいの部材群としての種別に応じた D_s の値

			柱及び梁の部材群としての種別			
			A	B	C	D
筋かいの部材群としての種別	A または $\beta_u = 0$ の場合		0.25	0.30	0.35	0.40
	B	$0 < \beta_u \leqq 0.3$ の場合	0.25	0.35	0.35	0.40
		$0.3 < \beta_u \leqq 0.7$ の場合	0.30	0.30	0.35	0.45
		$\beta_u > 0.7$ の場合	0.35	0.35	0.40	0.45
	C	$0 < \beta_u \leqq 0.3$ の場合	0.30	0.30	0.35	0.40
		$0.3 < \beta_u \leqq 0.5$ の場合	0.35	0.35	0.40	0.45
		$\beta_u > 0.5$ の場合	0.40	0.40	0.45	0.50

$$\beta_u = \frac{\text{筋かい・耐力壁の水平耐力の和}}{\text{保有水平耐力の値}} \text{とする．}$$

⑯鉄筋コンクリート造，鉄骨造，鉄骨鉄筋コンクリート造の構造特性係数 D_s 算出の要因と各部材の種別をまとめると表5･16のようになる．

表 5･16　*Ds* 算出の要因と各部材の種別

	部材名	要因	各部材の種別 靭性大→靭性小
鉄筋コンクリート造	柱・梁	$\frac{\text{柱の内法高さ}}{\text{柱の幅}}$ 軸方向応力度 引張鉄筋比 コンクリートの設計基準強度	FA → FB → FC → FD
	耐力壁	コンクリートの設計基準強度 崩壊時の平均せん断応力度	WA → WB → WC → WD
鉄骨造	柱・梁	板要素の幅厚比	FA → FB → FC → FD
	筋かい	有効細長比	BA → BB → BC
鉄骨鉄筋コンクリート造	柱・梁	$\frac{\text{柱の圧縮力}}{\text{柱の圧縮耐力}}$ $\frac{\text{柱の鉄骨部分の曲げ耐力}}{\text{柱の曲げ耐力}}$ 部材の破壊の状況（曲げ破壊，せん断破壊）	FA → FB → FC → FD
	耐力壁	せん断破壊とそれ以外	WA（せん断破壊以外） → WC（せん断破壊）

☞必ず覚える！選択肢例

必要保有水平耐力の計算に当たり，付着割裂破壊する柱の部材種別を FB 材として構造特性係数 *Ds* を算定した．

⇨解答例：表 5･6 より，構造特性係数 *Ds* の算定要因としての破壊形式は，せん断破壊，付着割裂破壊及び圧縮破壊その他の構造耐力上支障のある急激な耐力の低下のおそれのある破壊を生じないものが FA 材，FB 材，FC 材として記載されている．したがって，付着割裂破壊する柱の部材種別は，FA 材，FB 材，FC 材以外のものとして，FD 材ということになる．よって，誤った記述である．

☞必ず覚える！選択肢例

鉄骨鉄筋コンクリート構造における構造特性係数 *Ds* の算定に当たって，耐力壁の想定される破壊モードがせん断破壊以外であったので，その耐力壁の種別を WA とした．

⇨解答例：表 5･16 より，構造特性係数 *Ds* の算定では，耐力壁の想定される破壊モードがせん断破壊以外であれば，その耐力壁の種別を WA とし，せん断破壊の場合は WC とする．よって，正しい記述である．

⑰表 5･16 より，構造特性係数 *Ds* が小さくなる（靭性が高くなる）要因として，次のようなことが考えられる．

(a) 鉄筋コンクリート造

i）$\frac{\text{柱の内法高さ}h_0}{\text{柱の幅}D}$ を大きくする．

ii）柱の軸方向応力度σ_0を小さくする．

iii）引張鉄筋比p_tを小さくする．

iv）コンクリートの設計基準強度F_Cを大きくする．

v）柱又は梁及び耐力壁の崩壊時の平均せん断応力度を大きくする．

(b) 鉄骨造

i）柱・梁の板要素の幅厚比を小さくする．

ii）筋かいの有効細長比λを小さくする．

有効細長比	λが小	→	λが大	→
$\lambda=\frac{lk}{i}$	$\lambda \leqq \frac{495}{\sqrt{F}}$	$\frac{495}{\sqrt{F}} < \lambda \leqq \frac{890}{\sqrt{F}}$	$\frac{890}{\sqrt{F}} < \lambda < \frac{1980}{\sqrt{F}}$	$\frac{1980}{\sqrt{F}} \leqq \lambda$
筋かいの種別	BA	BB	BC	BB

F：鋼材の基準強度（N/mm²），靭性大（BA）→靭性小（BC）．

(c) 鉄骨鉄筋コンクリート造

i）$\dfrac{\text{柱の圧縮力}}{\text{柱の圧縮耐力}}$を小さくする．

ii）$\dfrac{\text{柱の鉄骨部分の曲げ耐力}}{\text{柱の曲げ耐力}}$を大きくする．

iii）部材の崩壊の状況として，曲げ破壊を優先させ，せん断破壊を後にする．

☞必ず覚える！選択肢例

鉄骨鉄筋コンクリート構造において，架構の靭性を高めるため，柱の軸圧縮耐力に対する軸方向力の比が大きくなるように設計した．

⇨解答例：軸方向力を軸圧縮耐力で除した値を小さくすると，靭性が高くなる．したがって，架構の靭性を高めるため，柱の軸圧縮耐力に対する軸方向力の比が小さくなるように設計する．よって，誤った記述である．

⑱各部材の種別に基づいて，各階・各方向ごとに柱，梁，筋かいの種別の部材が占める水平耐力の割合によって，部材群としての種別に区分する．

鉄筋コンクリート造（柱・梁・耐力壁），鉄骨鉄筋コンクリート造（柱・梁），鉄骨造（柱・梁）については，靭性大→靭性小になるに従ってA→B→C→Dの順に定める．鉄骨造の筋かいについては，靭性大→靭性小になるに従ってA→B→Cの順に定める．

⑲表5･9と表5･15及び鉄骨鉄筋コンクリート造のD_Sの値をまとめると，表5･17のようになる．ただし，この表の値は，鉄筋コンクリート造，鉄骨鉄筋コンクリート造の場合は，剛節架構と耐力壁を併用する建築物に限って用いる．

表 5･17　*Ds* の値

				柱・梁の部材群としての種別 靭性大→靭性小			
				A	B	C	D
筋かい・耐力壁の部材群としての種別	靭性大↓靭性小	A	①	0.30 ～ 0.40	0.35 ～ 0.45	0.40 ～ 0.45	0.45 ～ 0.55
			②	0.25	0.30	0.35	0.40
			③	0.25 ～ 0.35	0.30 ～ 0.40	0.35 ～ 0.40	0.40 ～ 0.50
		B	①	0.35 ～ 0.45	0.35 ～ 0.45	0.40 ～ 0.50	0.45 ～ 0.55
			②	0.25 ～ 0.35	0.30 ～ 0.35	0.35 ～ 0.40	0.40 ～ 0.50
			③	0.30 ～ 0.40	0.30 ～ 0.40	0.35 ～ 0.45	0.40 ～ 0.50
		C	①	0.35 ～ 0.50	0.35 ～ 0.50	0.40 ～ 0.50	0.45 ～ 0.55
			②	0.30 ～ 0.40	0.30 ～ 0.40	0.35 ～ 0.45	0.40 ～ 0.50
			③	0.30 ～ 0.45	0.30 ～ 0.45	0.35 ～ 0.45	0.40 ～ 0.50
		D	①	0.40 ～ 0.55	0.40 ～ 0.55	0.45 ～ 0.55	0.45 ～ 0.55
			②	—	—	—	—
			③	0.35 ～ 0.50	0.35 ～ 0.50	0.40 ～ 0.50	0.40 ～ 0.50

注）①は鉄筋コンクリート造，②は鉄骨造，③は鉄骨鉄筋コンクリート造の値である．
0.30 ～ 0.40 のように *Ds* の値に幅があるのは，β_u（筋かい又は耐力壁の水平耐力の和を保有水平耐力の値で除した数値：水平力分担率）により区分されている値をまとめたからである．

⑳耐力壁や筋かいを耐震要素として有効に働かせるためには，床に十分な面内剛性と耐力を確保する必要がある．

出題例 29　建築物の耐震設計に関する次の記述のうち，最も不適当なものはどれか．

1. 鉄筋コンクリート造の建築物において，保有水平耐力を大きくするために，耐力壁を多く配置すると，必要保有水平耐力も大きくなる場合がある．
2. 必要保有水平耐力 Q_{un} は，各階の変形能力を大きくし，建築物の一次固有周期を長くすると小さくなる．
3. 鉄骨造の純ラーメン構造の建築物の耐震設計において，必要とされる構造特性係数 *Ds* は 0.25 であったが，0.30 として保有水平耐力の検討を行った．
4. 剛節架構と耐力壁を併用した鉄筋コンクリート造の場合，柱および梁並びに耐力壁の部材群としての種別が同じであれば，耐力壁の水平耐力の和の保有水平耐力に対する比 β_u については，0.2 である場合より 0.7 である場合のほうが，構造特性係数 *Ds* を小さくすることができる．

〔解答例〕

1. 耐力壁を多く配置すると，耐力壁の水平力の負担割合が大きくなり，構造特性係数 *Ds* の値が大きくなって，必要保有水平耐力 Q_{un}（$= D_s \cdot F_{es} \cdot Q_{ud}$）も大きくなる．

2. 各階の必要保有水平耐力は，$Q_{un} = D_s \cdot F_{es} \cdot Q_{ud}$ から求められる．ここで，各階の変形能力を大きくすると，D_s が小さくなり，建築物の一次固有周期を長くすると，地震特性係数 R_t が低減されるので Q_{ud} が小さくなる．したがって，必要保有水平耐力 Q_{un} の値は，小さくなる．

3. 構造特性係数 D_s は架構の形式と塑性変形能力によって決まる係数で，鉄骨造の構造特性係数 D_s の最小値は0.25であるが，0.30と必要とされる値より大きい値を用いることは，必要保有水平耐力 Q_{un} が大きくなって安全側の設計となる．

4. 構造特性係数 D_s には，表5·9のように，水平力分担率 βu によって，数値に幅がある．

$\beta_u = 0.2$ の場合は，構造特性係数 $D_s = 0.30$ であり，

$\beta_u = 0.7$ の場合は，構造特性係数 $D_s = 0.35$ である．

すなわち，水平力分担率 βu は，耐力壁の水平耐力の和を保有水平耐力で除した値なので，β_u が大きくなれば，耐力壁の分担割合も大きくなって，粘りの少ない架構となるので，構造特性係数 D_s も大きくなる．したがって，β_u については，0.7である場合より0.2である場合のほうが，構造特性係数 D_s を小さくすることができる．

よって，4.が正解である．

(6) ルートの混用

一つの建築物において，張り間方向及びけた行方向のそれぞれに異なった耐震計算ルートを用いて耐震計算を行ってもよい．ただし，階ごとに異なった耐震計算ルートを適用することはできない．

出題例30 建築物の耐震設計に関する次の記述のうち，最も不適当なものはどれか．

1. 構造特性係数 D_s が0.3の建築物において，保有水平耐力が必要保有水平耐力の1.05倍となるように設計した場合，大地震の際に大破・倒壊はしないが，ある程度の損傷は受けることを許容している．
2. 各階の保有水平耐力の計算による安全確認において，一般に，偏心率が一定の限度を超える場合や，剛性率が一定の限度を下回る場合には，必要保有水平耐力を大きくする．
3. 鉄骨造の建築物の必要保有水平耐力の検討に当たって，ある階の保有水平耐力に占める割合が50%となる筋かいを配置する場合は，筋かいのない純ラーメンの場合に比べて，構造特性係数 D_s を小さくすることができる．
4. 鉄骨造の建築物の高さ方向に連続する筋かいを有する剛節架構において，基礎の浮き上がりを考慮して保有水平耐力を算定した．

解答例

1. 構造特性係数 D_s が 0.3 の建築物において，保有水平耐力が必要保有水平耐力の 1.05 倍となるように設計した場合，構造特性係数 $D_s = 0.3$ より架構が靭性に富み，塑性変形を許容し，粘り強いが，倍率が 1.05 倍から，大地震の際に大破・倒壊はしないが，ある程度の損傷を受けることを許容していることになる．
2. 各階の保有水平耐力の計算による安全確認における耐震計算において，偏心率が 0.15（15/100）を超える場合や，剛性率が 0.6（6/10）を下回る場合には，形状係数 F_{es} が割り増されて，必要保有水平耐力 Q_{un} は大きくなる．
3. 鉄骨造の建築物の必要保有水平耐力の検討に当たって，ある階の保有水平耐力に占める割合が 50％と筋かい主体となる場合，筋かいのない純ラーメンの場合に比べて，靭性が小さくなるので，構造特性係数 D_s を大きくしなければならない．
4. 保有水平耐力を算定する場合，建築物の高さ方向に連続する筋かいを有する剛節架構において，基礎の浮き上がりを考慮して算定する．

よって，3. が正解である．

第6章 限界耐力計算

限界耐力計算は，最近，特に出題が多くなり，今後ますます増える傾向にある．出題数は，10年間で2～3問と少ないが，選択肢例としては数多く出題されている．

地震力の検討では，中規模地震に対しては損傷限界の検討を行い，大規模地震に対しては安全限界の検討を行う．これらの検討方法をしっかり区分することが重要である．

まず，本章では，限界耐力計算の用語や基本事項を理解し，次に限界耐力計算の流れを学ぶ．

1 限界耐力計算とは

(1)基本的な考え方

①限界耐力計算と保有水平耐力計算との最も大きな相違は，限界耐力計算が最大変形量まで考えていることである．すなわち，限界耐力計算は，保有水平耐力計算の考え方をさらにもう一歩推し進めて，塑性域の変形まで考慮して，建築物が倒壊する状態までを明確にした計算方法である．

②建築物の耐用年限中に少なくとも一度は遭遇するであろう積雪，暴風，地震に対して，建築物が損傷しないことを確認すること．

③数百年に一度の極めて稀に発生する大規模な積雪，暴風，地震に対して，建築物が倒壊，崩壊しないことを確認すること．

(2)基本的な用語の定義

①**損傷限界**：建築物の耐用年限中に少なくとも一度は発生する**中規模程度の地震力**に対して，建築物の安全性，使用性及び耐久性が低下せず，そのための補修を必要としない限界である．その限界は，各部材に生じる応力度が短期許容応力度を上回らない限界である．**各部材に生じる応力度≦短期許容応力度**

②**安全限界**：建築物の耐用年限中に極めて稀に発生する**大規模な地震力**に対して，鉛直荷重支持部材がその支持能力を保持しつつ水平変形し，倒壊・崩壊等に至らない限界である．その限界は，材料強度による各部材耐力から求めた保有水平耐力を応答せん断力が上回らない限界である．**応答せん断力≦各部材耐力の保有水平耐力**

③**損傷限界耐力**：各階のいずれかの部材が最初に短期許容応力度に達するときの各階の水平力に対する耐力をいう．

④**損傷限界変位**：各階が損傷限界耐力に達するときの層間変位をいう．

⑤**損傷限界固有周期**：いずれかの階が損傷限界変位（損傷限界耐力）に達するときの固

有周期をいう.

⑥**安全限界耐力**：いずれかの階が最初に保有水平耐力に達するときの建築物の耐力を安全限界耐力という．このときの建築物の耐力は第１層の層せん断力であり，そのときの保有水平耐力を安全限界耐力という.

⑦**安全限界変位**：各階が保有水平耐力（安全限界耐力）に相当する水平力に持ちこたえているときの層間変位をいう.

⑧**安全限界固有周期**：いずれかの階が保有水平耐力に達するときの固有周期をいう．限界耐力計算における安全限界固有周期は，建築物の地上部分の保有水平耐力時の各階の変形により計算する.

⑨**標準スペクトル（加速度応答スペクトル）**：工学的基盤に基準地震動として減衰5%の加速度応答スペクトルを規定するときのスペクトルを標準スペクトルとする.

⑩安全限界の検証に用いる標準加速度応答スペクトルの大きさは，損傷限界の検証に用いる大きさの５倍である（図6･1参照).

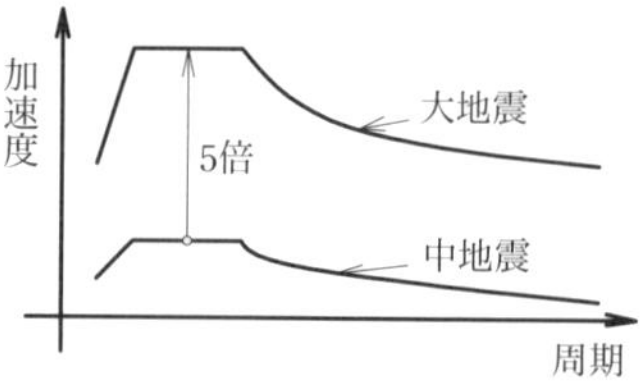

図 6･1　加速度応答スペクトル

(3) 積雪, 暴風に対する検討

極めて稀に発生する大規模な積雪，暴風については，

1.4 倍の積雪荷重により生ずる力

1.6 倍の風圧力により生ずる力

に対して，材料強度による耐力の検討を行う.

(4) 地震に対する検討

限界耐力計算の考え方をまとめると図6･2のようになる.

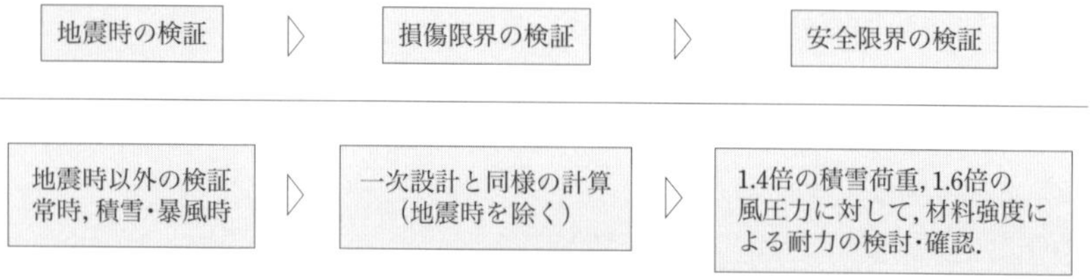

図 6･2　限界耐力計算

①建築物の耐用年限中に少なくとも一度は発生する中規模程度の地震（数十年に１回程度発生）に対しては，**損傷限界の検討**を行う.

②建築物の耐用年限中に極めて稀に発生する大規模な地震（数百年に１回程度発生）に対しては，**安全限界の検討**を行う.

③地震時以外の常時，および稀に発生する規模の積雪・暴風時の荷重に対する検討は，一次設計と同様の計算を行う.

④地震時以外の極めて稀に発生する規模の積雪・暴風時の荷重に対する検討は，積雪荷

重を1.4倍し，風圧力を1.6倍した荷重に対して，材料強度による耐力計算を行い，それぞれの安全性を確認する．

⑤限界耐力計算時の応力の組合せは，図6・3のようになる．

	一般	多雪区域
積雪時	$G+P+1.4S$	$G+P+1.4S$
暴風時	$G+P+1.6W$	$G+P+1.6W$
		$G+P+0.35S+1.6W$

長期荷重 → 許容応力度設計
積雪荷重 → 許容応力度設計
風圧力 → 許容応力度設計 → 材料強度による耐力確認

地震力 → 損傷限界における確認：損傷限界耐力の確認　層間変形角≦1/200(1/120)
地震力 → 安全限界における確認：保有水平耐力≧必要保有水平耐力の確認

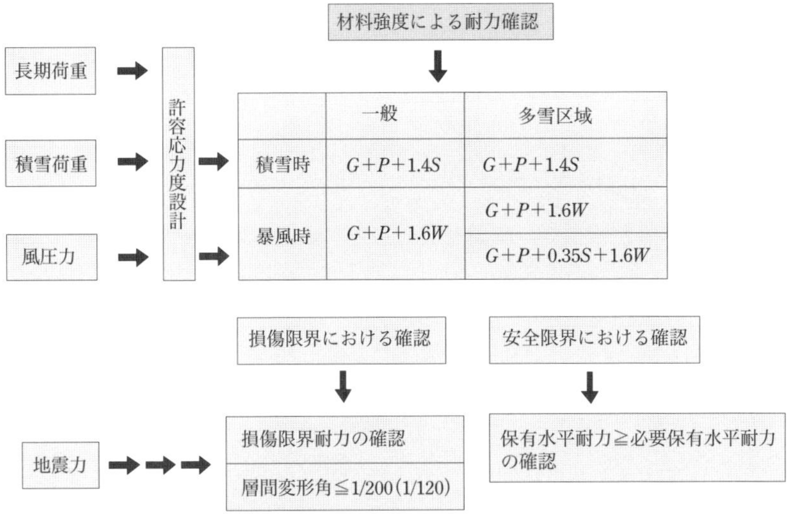

図6・3　限界耐力計算時の応力の組合せ等

2 限界耐力計算の流れ

(1) 限界耐力計算の流れ

① モデル化された建築物に水平力（地震力）を加え，各階の保有水平耐力時の変形量を計算し，いずれかの階が最初に安全限界変形に達する状態になったときの各階の耐力（保有水平耐力）Q_{ui} を求める（図6・4参照）．

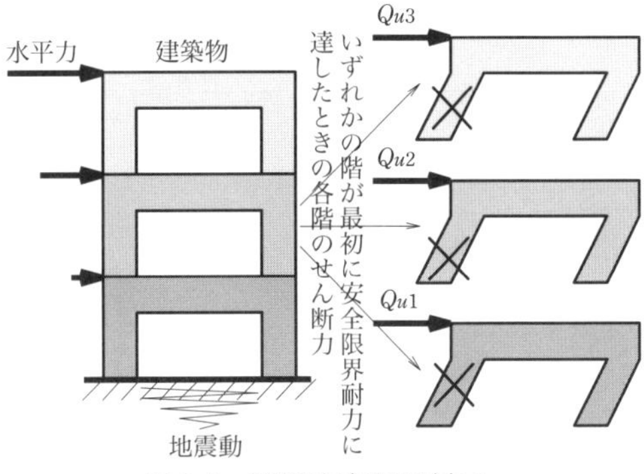

② 各階の変形量と質量を基に，建築物の等価変位及び有効質量を求める

図6・4　各階の保有水平耐力 Q_{ui}

Δs：等価変位
M：有効質量
Q_s：安全限界耐力　第1層の層せん断力

・安全限界固有周期

$$固有周期 T = 2\pi\sqrt{\frac{M}{k}} = 2\pi\sqrt{\frac{M \cdot \Delta s}{Q_s}}$$

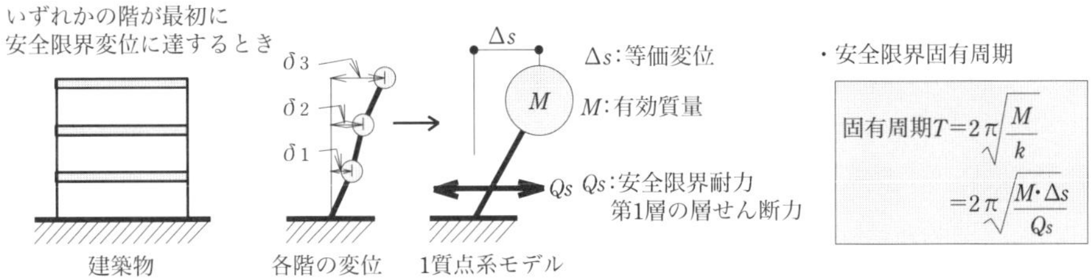

図6・5　安全限界時の固有周期 T ①

（図 6･5 参照）．

③ここで，地震動による建築物の動きを単純化させるために，1 質点系モデルに置き換える．

④等価変位，有効質量，安全限界時の水平力を考慮して，建築物の周期（安全限界固有周期）T を計算する（図 6･5 参照）．

⑤工学的基盤に地震動を入力させたときの加速度応答スペクトル（減衰 5%に相当）のグラフをもとに，建築物の周期（安全限界固有周期）T 及び表層地盤による加速度の増幅率 G_s を考慮して，建築物に作用する加速度 S_a を算出する（図 6･7 参照）．

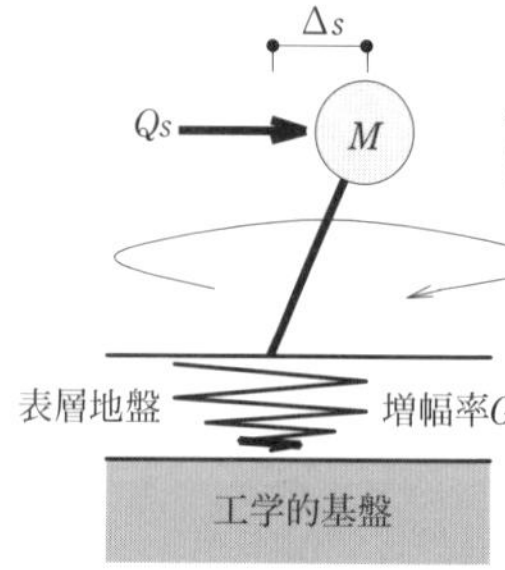

図 6･6　安全限界時の固有周期 T ②

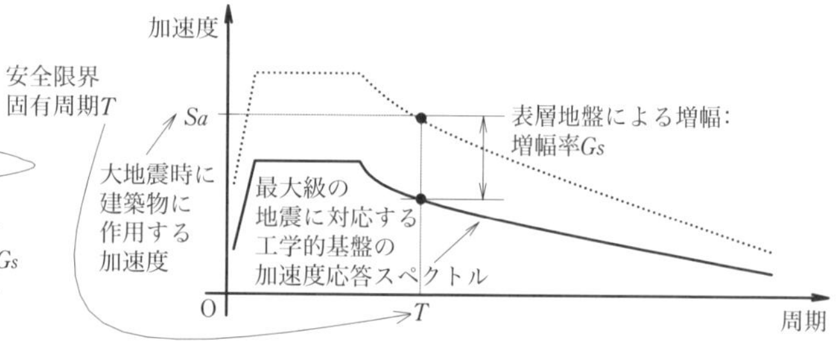

図 6･7　表層地震による増幅率 G_s

⑥建築物の塑性化状況から，振動の減衰（吸収エネルギー）による加速度の低減率 F_h を求める（図 6･8 参照）．

⑦ ⑤で求めた加速度の増幅率 G_s に，⑥で求めた加速度の低減率 F_h を乗じて，建築物の加速度 S_a を求める．

⑧ ⑦で求めた加速度 S_a を，分布係数 B_s を用いて各階の加速度に変換し

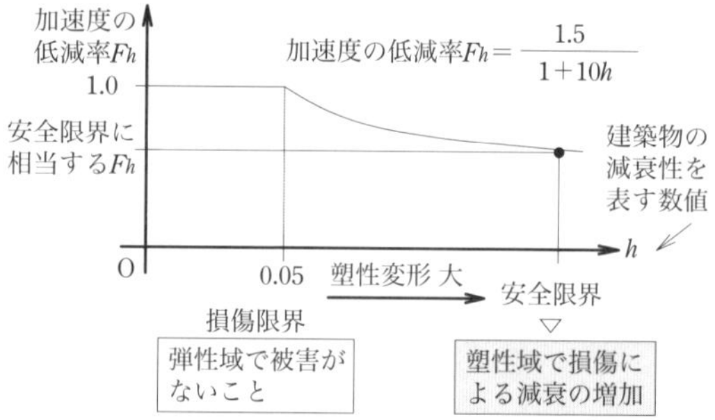

図 6･8　振動の減衰による加速度の低減率 F_h

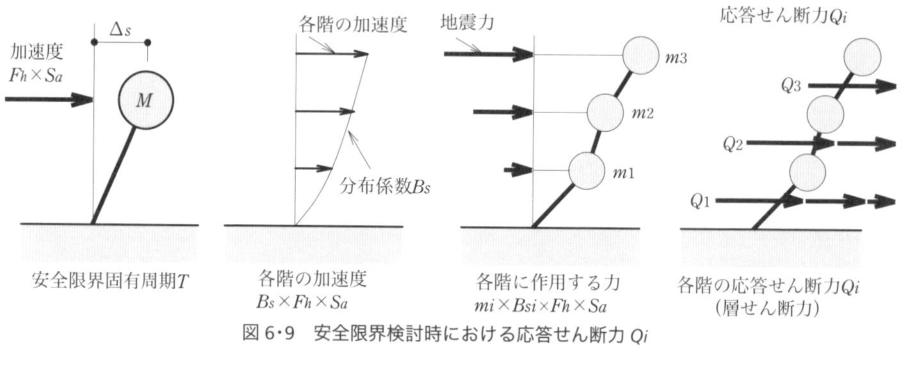

図 6･9　安全限界検討時における応答せん断力 Q_i

て，地震時の各階の応答せん断力 Q_i（必要保有水平耐力に相当）を求める（図 6･9 参照）．
⑨各階の保有水平耐力 Q_u が⑧で求めた Q_i 以上であることを確認する．

(2) 損傷限界及び安全限界の検討

①損傷限界時や安全限界時など限界時の固有周期 T は，図 6･5 のように，いずれかの階が最初に損傷限界耐力あるいは安全限界耐力に達したときの第 1 層の層せん断力 Q_s，そのときの建築物全体の変位・質量を 1 質点系モデルに置き換えた代表変位 Δs，有効質量 M から計算できる．

②損傷限界の検討

損傷限界の検討は，中地震時の応答せん断力に対して，次のように検討する．

☞必ず覚える！公式 33

損傷限界の検討

各部材の応力度≦短期許容応力度　(6･1)

層間変形角≦ 1/200（1/120 の緩和もある）　(6･2)

の確認．

すなわち，中地震に対して，建築物の構造上欠陥となる損傷を生じないことの検証を行う．

③安全限界の検討

安全限界の検討は，大地震時の振動の減衰による加速度の低減率 F_h を乗じた応答加速度より求めた応答せん断力に対して，次のように検討する．

☞必ず覚える！公式 34

安全限界の検討

大地震時の各階の応答せん断力≦各階の保有水平耐力　(6･3)

の確認．

すなわち，大地震に対して，建築物の倒壊・崩壊等に至らないことの検証を行う．

☞必ず覚える！選択肢例

限界耐力計算により建築物の構造計算を行う場合，部材の塑性変形能力が高いほど，建築物全体の減衰性は小さい．

⇨解答例：減衰とは，建築物に働く振動を減少させる抵抗力をいう．したがって，限界耐力計算により建築物の構造計算を行う場合，部材の塑性変形能力が高いほど，塑性変形によって消費されるエネルギーが大きいので，建築物全体の減衰性は大きくなる．減衰性が大きいほど，F_h が小さくなり，地震力を小さくすることができる．よって，誤った記述である．

出題例31　地震力に対する建築物の限界耐力計算に関する次の記述のうち，最も不適当なものはどれか．

1. 保有水平耐力から安全限界耐力を算定する場合，建築物のいずれかの階が最初に保有水平耐力に達するときの建築物の耐力を安全限界耐力とする.

2. 限界耐力計算において，極めて稀に発生する大規模な地震動に対して建築物の各階の保有水平耐力を確かめる場合，建築物の変形状態及びその変形能力による効果は，構造特性係数 D_s を用いて算定する.

3. 限界耐力計算により建築物の構造計算を行う場合，耐久性等関係規定以外の構造強度に関する仕様規定は適用しなくてよい.

4. 限界耐力計算において，建築物の安全限界固有周期が同じ場合，建築物の減衰が大きいほど地震力は小さくなる.

解答例

1. 安全限界耐力とは，建築物のいずれかの階が最初に保有水平耐力に達するときの建築物の耐力をいう.

2. 大規模な地震動に対して，建築物の各階の保有水平耐力を確かめる場合，振動の減衰性による加速度の低減係数 F_h を用いて算定する．なお，構造特性係数 D_s は，必要保有水平耐力 Q_{un} を求めるときに用いる係数である．必要保有水平耐力 $Q_{un} = D_s \cdot F_{es} \cdot Q_{ud}$ である.

3. 限界耐力計算により建築物の構造計算を行う場合は，応答スペクトル法で算出された応答値を用いるので，耐久性等関係規定を除いて，構造強度に関する仕様規定は適用しなくてよい.

4. 建築物の安全限界固有周期が同じであれば，建築物の減衰性が大きいほど，振動の減衰による加速度の低減率 F_h が小さくなり，地震力を小さくすることができる.

よって，2. が正解.

(3) 限界耐力計算におけるその他の事項

①部材の塑性変形能力が高いほど，建築物全体の減衰性は大きくなる.

②鉄骨造の建築物の限界耐力計算において，塑性化の程度が大きいほど，安全限界時の各部材の減衰性を大きく評価することができる.

③限界耐力計算における表層地盤による地震動の増幅特性は，「稀に発生する地震動」と「極めて稀に発生する地震動」とにより異なる.

④地震動が作用している軟弱な地盤においては，地盤のせん断ひずみが大きくなるほど，地盤に亀裂破壊が発生してせん断剛性は低下し，振動エネルギーが吸収されることにより地盤の減衰定数は増大する.

第7章 構造計画

本章で取り上げる構造計画の出題頻度は，10 年間で 20 ～ 22 問と 1 年に 2 問の確率で出題されている．したがって，この章の重要性はかなり大きいものといえる．その内訳は，基本的には，耐震設計・耐風設計が 1 問と，構造計画・構造設計が 1 問の割合である．時には構造計画・構造設計が 2 問出題される場合もある．

耐震設計の問題としては，耐震設計，耐震診断・耐震改修・耐震補強，層間変形角，耐風計画，各種の構造の耐震計画などが出題され，構造計画・構造設計の問題としては，構造計画の基本計画，各種の構造の構造計画から免震構造・制振構造まで幅広く出題されている．よって，あまり的を絞らずに，全体的な学習の中で最近の傾向をつかんで学んでほしい．

1 耐震計画

(1) 耐震設計

(a) 耐震設計

①高さ 60m を超える超高層建築物の構造計算において，建築物の水平方向に作用する地震力については，一般に，継続時間 60 秒以上の地震動を用いた**時刻歴応答解析**等の国土交通大臣が定める基準により，安全性を確かめる．

②高さ 40m，鉄骨鉄筋コンクリート造，地上 10 階建ての建築物の場合，剛性率及び偏心率が規定値を満足していても，高さが 31m を超えているので，**耐震計算ルート 3** に進み，**保有水平耐力の確認**を行わなければならない．

③高さ 20m，鉄骨造，地上 5 階建ての建築物の場合，**耐震計算ルート 2** でもよいが，層間変形角が 1/200 以下であることの確認及び保有水平耐力が必要保有水平耐力以上であることの確認を行ってもよい．なお，剛性率及び偏心率または塔状比が規定値を満足していない場合は，**耐震計算ルート 3** とすること．

④高さ 10m，鉄筋コンクリート造，地上 3 階建ての建築物の場合，高さが 20m 以下なので，鉄筋コンクリート造の柱・耐力壁の水平断面積が規定値（$\Sigma 2.5\alpha A_W + \Sigma 0.7\alpha A_C \geqq ZWA_i$）を満足していれば，**耐震計算ルート 1** の計算を行い，保有水平耐力の算出は必要ない．

⑤延べ面積 100m^2，高さ 5m，鉄筋コンクリート造，平家建ての建築物の場合，仕様規定をすべて満足していれば，**構造計算は必要ない**．すなわち，鉄筋コンクリート造建築物の場合，高さが 20m 以下，平家建かつ延べ面積 200m^2 以下で，仕様規定をすべて満足していれば，構造計算は必要ない．

⑥地表に設置された高さ 4m を超える広告塔に作用する地震力については，一般に，水平震度を 0.5Z（Z は地震地域係数）以上として計算する．

⑦地震地域係数 Z は，「許容応力度を検討する場合」と「保有水平耐力を検討する場合」とでは，建築物が建っている地域が同じであるから，**同じ値**を用いる．

⑧構造特性係数 D_s は架構が靭性に富むほど，減衰が大きいほど小さくなる．

☞**必ず覚える！選択肢例**

高層建築物の耐震設計では，地上階に比べて地下階のほうが平面的に大きな広がりがある場合，一般に，地上１階の床面の水平せん断力の伝達を検討する必要がある．

⇨解答例：図のように，地震時に地上階の層せん断力が地下階に伝達される．このとき，地下階のほうが地上階より平面的に大きな広がりがある場合，地上１階の床面の水平せん断力の伝達には注意が必要である．よって，正しい記述である．

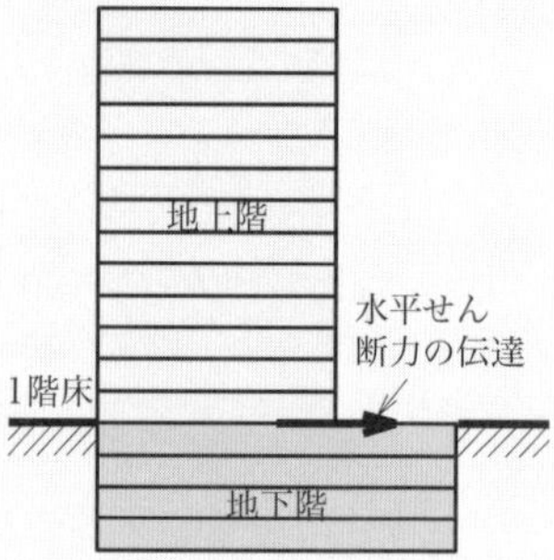

(b)層間変形角

①カーテンウォール，内装材，外装材等の取付け部分の検討に当たっては，地震力によって生じる水平方向の層間変位を考慮し，躯体の変形に追随できるような取付け方法を採用する．

②内・外壁等の仕上げ材等については，地震時に架構そのものには損傷がなくても，架構の変形によって破損することがある．

③地震力によって生じる**各階の層間変形角**は，建築物の各階に生じる水平方向の層間変位を，その階の高さで除して計算した値を1/200 以下とし，帳壁，内外装材，設備等に著しい損傷の生じるおそれがないことが確認された場合は，**1/120 以内**とすることができる．

(2)耐震診断・耐震改修・耐震補強

①「既存鉄筋コンクリート造建築物の耐震診断」には，第１次診断法，第２次診断法及び第３次診断法があり，診断法の次数が上がるほど算定法は詳しくなり，結果の信頼性が高まる．

②鉄筋コンクリート構造の既存建築物の耐震改修において，耐力の向上を図る方法には，「壁を厚くする方法」，「壁を増設する方法」，「鉄骨造の筋かいを増設する方法」等がある．

③鉄筋コンクリート構造の既存建築物の耐震改修において，柱付き壁に耐震スリットを設ける方法は，柱の曲げ変形を自由にし，せん断破壊より先に曲げ降伏させるのに有効である．しかし，決して耐力を増加させることにはならない．

④既存の鉄筋コンクリート造建築物の耐震補強をする場合，架構内に耐震壁や鉄骨ブレースを新設して耐力を増したり，柱に鉄板を巻いてせん断補強をすることにより，靭性を向上させる等の方法がある.

⑤耐震補強計画において，構造体の強度・靭性は変更せずに，建築物の全体を軽量化することによって，耐震性を向上させることができる.

(3)耐震計画

(a)耐震計画一般

①我が国の耐震規定は，人命の確保を前提としたうえで，極めて大きい地震動に対しては，構造体の塑性変形を許容している.

②建築物の耐震性を向上させる有効な方法には，構造体の強度を大きくすること，構造体の靭性を高めること，建築物全体を軽量化することなどがある.

③建築物の耐震性については，強度と靭性によって評価される．耐震強度が十分に大きい場合，一般に，靭性にはそれほど期待しなくてもよいが，靭性に乏しい場合には，強度を十分に大きくする必要がある.

④塔屋や屋上突出物には，地震時に，建築物本体に比べて，大きい加速度が作用する．このときの水平震度 k は，地震地域係数に **1.0 以上**の値を乗じた数値とする.

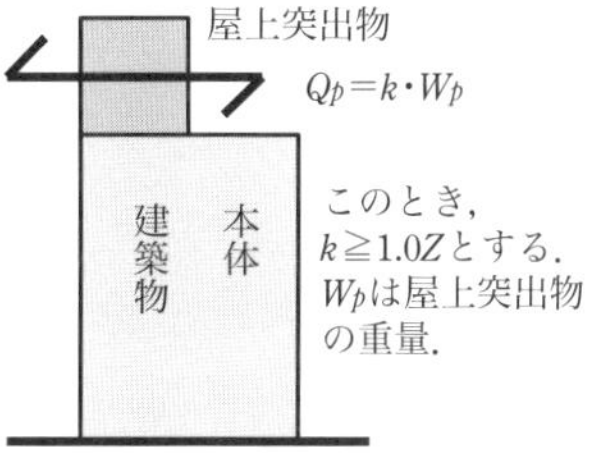

図 7·1　水平震度 k

(b)鉄骨造の耐震計画

①水平力を受ける鉄骨純ラーメン構造において，その塑性変形能力は，柱に作用している軸方向力が大きいほど小さくなる．また，純ラーメン構造の中高層建築物において，地震時の柱の軸方向力の変動は，一般に，中柱（内柱）よりも隅柱（外柱）のほうが大きい.

②鉄骨構造の筋かい付きの骨組の保有水平耐力の算定において，圧縮側筋かいの耐力を加算する場合，略算として，一対の筋かい（圧縮筋かいと引張筋かい）の水平せん断耐力を，圧縮側筋かいの座屈時の水平力の 2 倍として算定してもよい.

③地上 5 階建の鉄骨造の建築物において，保有水平耐力を算定しない場合，地震力の 75%を筋かいが負担している階では，筋かいの水平力分担率 β が 5/7 ≒ **70%**を超えているから，その階の設計用地震力による応力の値を **1.5 倍**と割り増して，各部材断面を設計する.

④鉄骨骨組に筋かいを組み込んで耐震設計を行う場合，建築物の変形能力の評価には，筋かいの細長比 λ が関係する.

⑤保有水平耐力時に，鉄骨造の梁の継手部に塑性化が想定されたので，必要に応じた塑性変形を生じるまで継手部が破断しないように設計するのが望ましい.

⑥建築物が地震を受けた場合，構造部材の一部が塑性化しても，塑性変形によって地震エネルギーが吸収されると，倒壊には至らない場合が多い.

⑦建築物の保有水平耐力の算定に当たっては，一般構造用鋼材が日本工業規格品（JIS 規格品）であれば，鋼材の材料強度の基準強度を 1.1 倍以下の範囲で割増しすることができる.

⑧長大な平面をもつ構造物の設計において，一般の鋼材の線膨張係数を，普通コンクリートの線膨張係数と等しいと仮定して，温度応力の解析を行っている.

(c) 鉄筋コンクリート造の耐震計画

①鉄筋コンクリート構造の建築物において，柱・梁と同一構面内の腰壁・垂れ壁やそで壁が，建築物の耐震性能を低下させる場合がある．すなわち，腰壁や垂れ壁の付いた柱（**短柱**）は，一般に，長柱に比べて剛性が大きくなり，過大なせん断力を負担することにより，それらの付かない同一構面内の柱に比べて，地震時の塑性変形能力が小さくなって脆性破壊を起こしやすくなる．その対策として，柱際に完全スリット等を設ける方法などがある（図 7･2 参照).

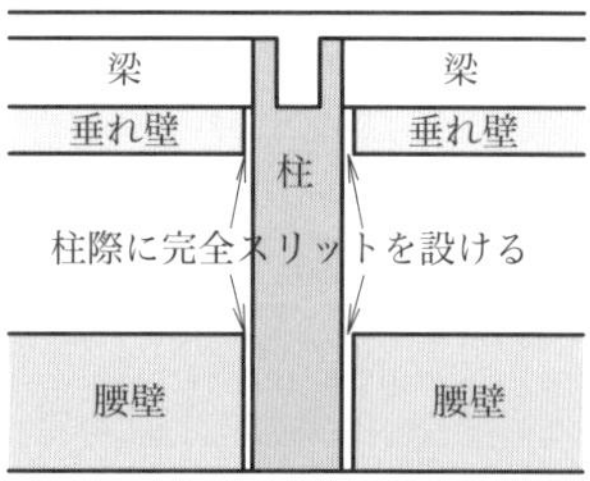

図 7･2　スリットの設置

②腰壁や垂れ壁と柱との接合部に適切なスリットを設けた場合，梁の剛性及び応力の算定については，腰壁や垂れ壁部分の影響を考慮しなければならない．ただし，柱の剛性や応力，断面の検討にはその影響を考えなくてもよい.

2 耐風計画

①高さに比べて幅や奥行きが小さい建築物においては，風方向の荷重の検討に加えて，風直交方向の荷重の検討を行う必要がある.

②超高層建築物に作用する風圧力に対する構造計算を行う場合，水平面内における風向と直交する方向及びねじれ方向の建築物の振動について考慮する必要がある.

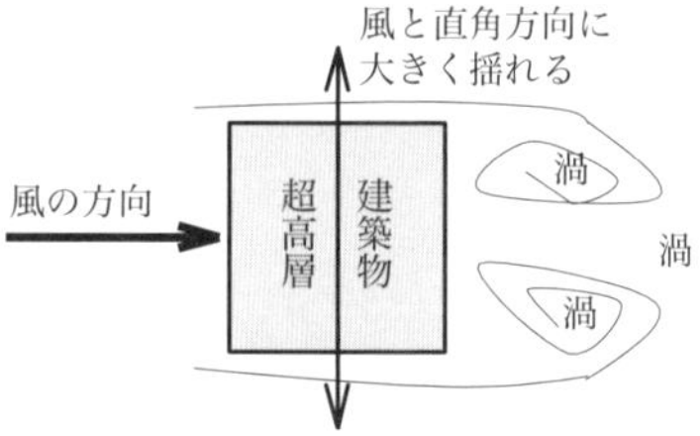

図 7･3　超高層建築物の揺れ

③超高層などの細長い建築物の風による振動は，強風時には，風方向より風直角方向のほうが，大きくなることがある.

☞**必ず覚える！選択肢例**

トラス構造による高い鉄塔は，風が吹き抜けるので，特に風に対する配慮は不要である.

⇨解答例：細長いトラス部材に風が当たると，渦が発生し，共振現象などが生じるおそれがあるので，特に，風に対する配慮が必要である．よって，誤った記述である.

出題例32 建築物の耐震設計に関する次の記述のうち，最も不適当なものはどれか．

1. 鉄筋コンクリート造の既存建築物の耐震改修工事において，柱の変形能力の向上を図る補強工法の一つに，炭素繊維巻き付け補強がある．
2. 高さ60mを超える建築物について，時刻歴応答解析により安全性の確認を行う場合，地震地域係数Zが同じ建設地であれば，検討用地震波は同じである．
3. 鉄筋コンクリート造の腰壁と柱の間に完全スリットを設けた場合であっても，梁剛性の算定に当たっては，腰壁部分が梁剛性に与える影響を考慮する．
4. 地震時においては，応答加速度が上層ほど大きくなることを考慮して，一般に，地震層せん断力係数 Ci を上層ほど大きくする．

解答例

1. 鉄筋コンクリート造の既存建築物の耐震改修工事において，柱の変形能力の向上を図る補強工法の一つに，炭素繊維巻き付け補強がある．また，せん断補強として柱に鉄板を巻いて靭性を向上させる方法などがある．
2. 高さ60mを超える建築物について，時刻歴応答解析により安全性の確認を行う場合，地震地域係数Zが同じ建設地であっても，表層地盤の増幅係数が異なれば，検討用地震波は異なる．
3. 腰壁や垂れ壁と柱との接合部に適切なスリットを設けた場合，梁の剛性及び応力の算定については，腰壁や垂れ壁部分が梁剛性に与える影響を考慮しなければならない．
4. 地震時においては，応答加速度が上層ほど大きくなることを考慮して，一般に，地震層せん断力係数 Ci を上層ほど大きくする．

よって，2.が正解である．

3 構造計画

(1)基本的性質

①部材を伝わる力の流れは，剛性の大きい部材には大きな力が生じるように流れる．したがって，構造物全体に安全性をもたせるには，設計応力に対して部材強度を十分に大きくし，かつ，部材に靭性（粘り強さ）を与えることが重要である．

②柱間隔が等しい多層多スパンのラーメンが鉛直荷重を均等に受ける場合，中柱には曲げモーメントがほとんど生じない．これは，柱の左右の梁端部の曲げモーメントがほぼ等しいからである．ただし，荷重が不均等に載った場合や荷重が少な

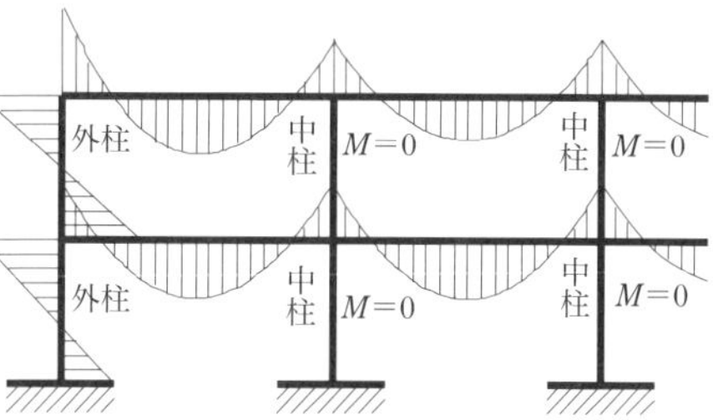

図7·4 中柱の曲げモーメント

い場合は，中柱にも大きな曲げモーメントが生じることがある（図 7･4 参照）.

③純ラーメン構造の中高層建築物において，地震時の柱の軸方向力の変動は，一般に，中柱では小さく，外柱（隅柱）になるほど大きくなる．これは，中柱では左右の梁のせん断力の差の総和が軸方向力となりその値は小さくなるので，小さな軸方向力の値で変動する．隅柱は梁のせん断力そのままの値が軸方向力の値となるので変動は大きい（図 7･5 参照）.

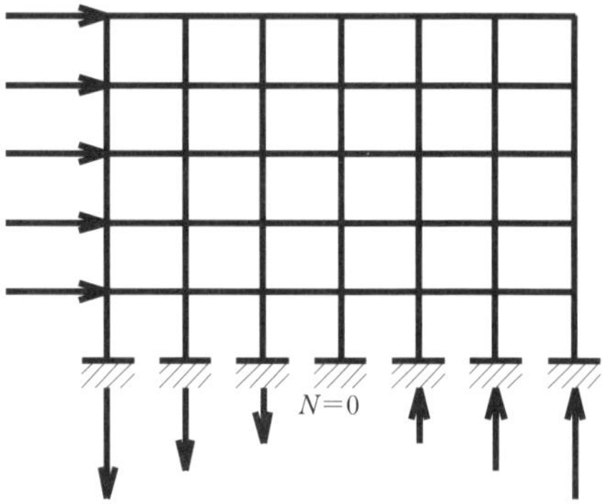

図 7･5　柱の軸方向力

(2) 基本計画

(a) エキスパンションジョイント

①エキスパンションジョイントは, 不整形な建築物を整形な建築物に分割する際に有利であり，温度応力やコンクリートの乾燥収縮等に対応する際にも効果を発揮する（図 7･6 参照）.

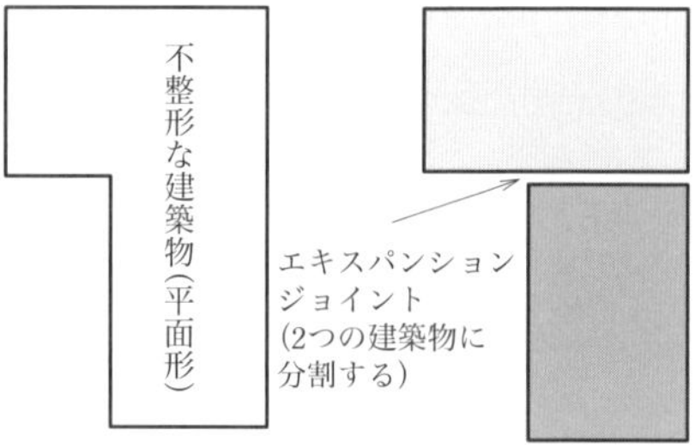

図 7･6　エキスパンションジョイント

②全長が長く，外部に露出している鉄骨架構などにおいて，温度変化による伸縮に対応するため，架構の中間にエキスパンションジョイントを設けるとよい.

③構造形式が異なる建築物の接続部や固有周期の異なる複数の建築物を接続するに当たっては，地震時の挙動が異なるので，エキスパンションジョイントを設け，構造的に分離し，それぞれ別々に設計する.

④鉄筋コンクリート造などの建築物において，エキスパンションジョイントを設ける場合に，地上高さを考慮して，地震時にその頂部が衝突しないように間隔（クリアランス）を設ける計画としなければならない（図 7･7 参照）.

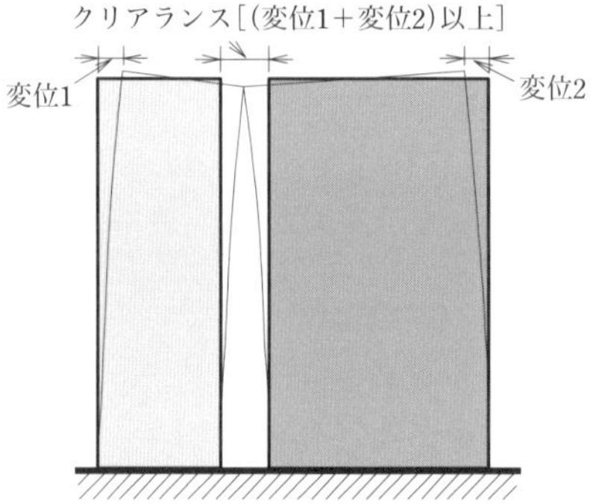

図 7･7　クリアランス

(b) 剛心と重心及び剛性

①構造耐力上主要な部分は，建築物に作用する水平力に耐えるように，つり合いよく配置する．すなわち，耐震壁をバランスよく配置して剛心と重心がなるべく離れないよ

うな計画とする．偏心の大きい建築物は，地震時に建築物の隅部で過大な変形を強いられる部材が生じ，それらの部材に損傷が生じることがある(図 7･8 参照)．

②建築物のねじり剛性を大きくするためには，耐力壁や筋かいなどの耐震要素を平面上の中心部に配置するより，外周部につり合いよく配置するほうが有利となる．

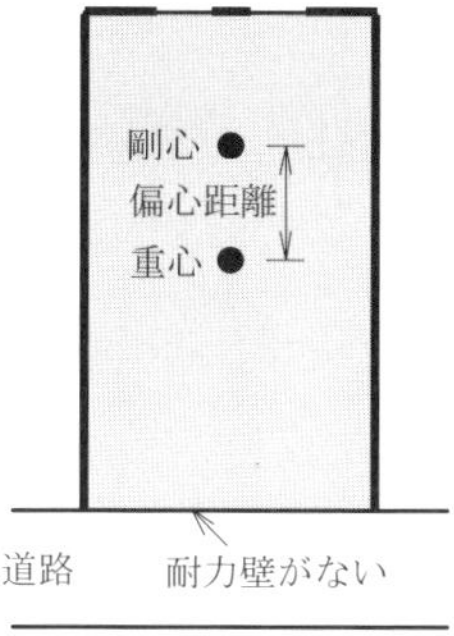
剛心
偏心距離
重心
道路
耐力壁がない
道路に面した商店などでは，道路側には出入口やショーウィンドーを配置し，ほとんど耐力壁を設置していない．裏側は，開口部があり，耐力壁も取れているから，剛心は重心より後方にある．このとき，偏心が大きくなると，道路側が大きく振られて，損傷が生じる．

図 7･8　剛心と重心

☞**必ず覚える！選択肢例**

建築物のねじり剛性を高めるためには，主たる耐震要素としてのコア部分を，平面の長手方向の両端に分散させるより重心位置に集中させるほうが効果的である．

⇨解答例：建築物のねじり剛性を高めるためには主たる耐震要素としてのコア部分を，平面の長手方向の両端に分散させるのが効果的である．重心位置に集中させると重心からコア部分までの距離が短くなり，効果は減少する．よって，誤った記述である．

③建築物の各階ごとの剛性に大きな差があると，地震時に剛性の小さい階に変形や損傷が集中しやすいので注意が必要である．

④偏心率や剛性率の算定に用いる耐力壁の剛性は，大地震動時に剛性低下することが明らかな場合を除いて，剛性低下率を用いて低減してはならない．また，偏心率，剛性率の算定に当たっては，耐力壁，袖壁，腰壁，垂れ壁などの剛性は，弾性剛性に基づいた値として計算する．

(c) 床面の水平剛性

①床スラブは，鉛直方向の荷重を支えると同時に，地震時などの水平力を柱や耐力壁に伝達する働きがあるため，面内方向の十分な剛性及び耐力を確保する必要がある．

②耐力壁や筋かいを耐震要素として有効に働かせるためには，床に十分な面内剛性と耐力を確保する必要がある．また，構造的に双方が緊結されていなければならない．

③耐力壁周辺の床スラブには，水平剛性及び水平耐力が特に必要なので，開口部を設けないようにしなければならない．

(3) 構造計画

(a) 木構造の計画

①大断面木造建築物は，高さ 13m を超える大スパンの架構としても計画することができる．

②木製の筋かいを有する木質構造の靭性を確保するため，筋かい端部の接合部が破壊する前に，筋かいに座屈や引張破断が生じないように設計する．

(b)鉄骨造の計画

①鉄骨構造の筋かいとして単一の山形鋼を用いた場合，その筋かいの引張耐力は，突出脚の一部を無視した断面を用いて算定する．

②鉄骨構造の一般的な露出形式の柱脚を含む骨組の応力解析においては，アンカーボルトの配置に応じて，柱脚の固定度を考慮しなければならない．

③水平力を受ける鉄骨純ラーメン構造において，その塑性変形能力は，柱に作用している軸力が大きいほど小さくなる．

☞必ず覚える！選択肢例

冷間成形角形鋼管の柱を用いたラーメン架構の塑性ヒンジを設定する場合，大梁に接続する柱の全塑性モーメントの値を，大梁の全塑性モーメントの値よりも小さくなるようにした．

⇨解答例：冷間成形角形鋼管の柱を用いたラーメン架構の塑性ヒンジを設定する場合，柱の全塑性モーメントの値を，大梁の全塑性モーメントの値より大きく設定するのが一般的である．よって，誤った記述である．

(c)鉄筋コンクリート造の計画

(ⅰ)柱，短柱

①鉄筋コンクリート造の柱は，せん断補強筋量が一定の場合，一般に，主筋が多いほど剛性は増すが，変形能力は低下する．

②ピロティ部分の柱の設計に当たっては，直上の耐力壁がピロティ部分の柱に先行して崩壊メカニズムを形成するようにするのがよい．

③鉄筋コンクリート造の建築物における垂れ壁や腰壁の付いた柱は，変形が拘束されるため，地震時には，一般に，同じ階の垂れ壁や腰壁の付かない柱に比べて先に破壊しやすい．

④垂れ壁や腰壁が付く鉄筋コンクリート構造の柱（短柱）が多い場合には，その対策として，その柱およびその階の耐力を大きくして崩壊を防ぐのがよい．

⑤鉄筋コンクリート構造の建築物において，柱・梁と同一構面内の腰壁や袖壁が，建築物の耐震性能を低下させる場合がある．

⑥水平力を受ける鉄筋コンクリート構造の柱は，軸方向圧縮力が大きくなるほど，変形能力が小さくなるので注意が必要である．

⑦１階がピロティで，２階以上に連層壁を有する場合，転倒モーメントにより，連層壁下部の１階のピロティ部分の柱に大きな軸力が作用するので，柱に十分な耐力をもたせる必要がある．

(ⅱ)耐力壁

①連層耐力壁に接続する鉄筋コンクリート構造の大梁（境界梁）には，地震時に大きな塑性変形能力が得られるようにするため，梁が曲げ降伏する前にせん断破壊しないように，せん断補強筋の量を多くして設計する（図７･10(b)･(c)参照）．

②細長い連層耐力壁に接続する梁（境界梁）は，耐震壁の回転による基礎の浮き上がりを抑える効果がある．

③地震力を受ける耐力壁の耐力は，基礎が浮き上がることによって決まる場合がある．したがって，耐力壁の剛性および耐力の評価をする場合において，基礎の浮き上がりによって生じる回転を無視することはできない．

④鉄筋コンクリート造の耐力壁の基礎の浮き上がりを無視すると，建築物の保有水平耐力を過大評価することがある．

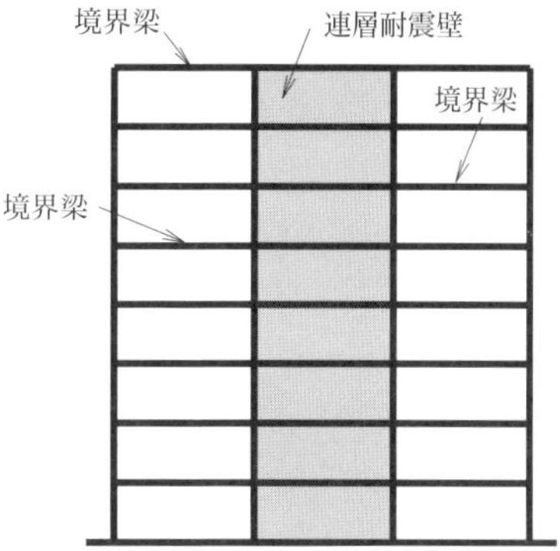

図 7·9　連層耐震壁と境界梁

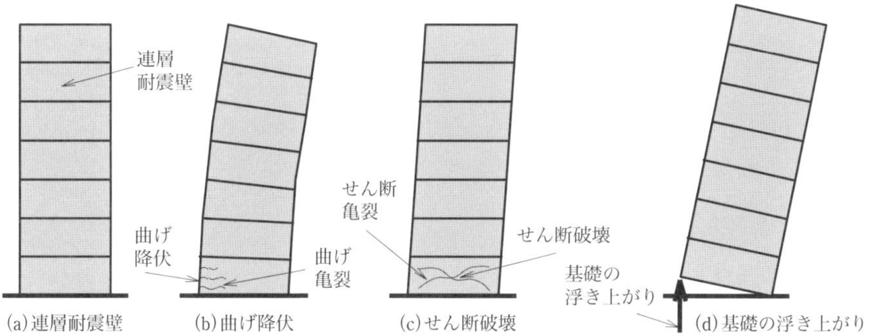

図 7·10

☞**必ず覚える！選択肢例**

鉄筋コンクリート構造の建築物において，保有水平耐力を大きくするために耐力壁を多く配置すると，必要保有水平耐力も大きくなる場合がある．

⇨解答例：耐力壁を多く配置すると，耐力壁の水平力の負担割合が大きくなり，構造特性係数 D_S の値が大きくなって，必要保有水平耐力 Q_{un} $(= D_S \cdot F_{es} \cdot Q_{ud})$ も大きくなる．よって，正しい記述である．

⑤多スパンラーメン架構の１スパンに連層耐力壁を設ける場合，転倒に対する抵抗性を高めるためには，架構内の最外端部に配置するより中央部に配置するほうが有効である．

⑥最上階から基礎まで連続していない壁でも，力の流れを考慮した設計によって，その壁を耐力壁とすることができる．

⑦耐力壁に接続する大梁（境界梁）の曲げ及びせん断力を大きくすることは，一般に，地震力に対してこの耐力壁を有効に働かせる効果がある．

(iii)梁, 床スラブ

①床構造の鉛直方向の固有振動数が小さい場合には，鉛直方向の振動によって居住性へ

の障害が生じないように，曲げ剛性を高めるなどの検討を行う．一般に，固有振動数は10Hz以上とするのがよい．

②床スラブは，水平力を柱や壁に伝達する機能を有しているので，「上下階で耐震壁の位置が異なる場合」や「平面的にくびれがある場合」は，床面内の水平剛性や強度を検討する．

③耐力壁や筋かいにつながる床スラブについては，鉛直荷重を支えるとともに水平力を伝達するため，面内方向の剛性と耐力の確保が重要である．

④大スパンの建築物においては，梁や床スラブの上下方向の振動による応力と変形を考慮する必要がある．

☞必ず覚える！選択肢例

建築物のたわみや振動による使用上の支障が起こらないことを確認するために，梁及びスラブの断面の応力度を検討する方法を採用した．

⇨解答例：建築物のたわみや振動の確認を行うには，梁やスラブの断面の応力度の検討をするのではなくて，曲げ剛性（ヤング係数Eや断面二次モーメントI）の値をチェックすることが重要である．よって，誤った記述である．

⑤大梁の端部に降伏ヒンジを設定する場合，この大梁に接続する柱の曲げ降伏モーメントの値を，大梁のそれよりも大きくするように設計するのが一般的である．

⑥耐力壁周辺の床スラブには，水平剛性および水平耐力が特に必要なので，開口部を設けない設計とすることが重要である．

(iv)鉄骨鉄筋コンクリート造の計画

鉄骨鉄筋コンクリート構造の柱脚を非埋込み形とした場合，その柱脚の終局耐力は，「アンカーボルト」，「ベースプレート直下のコンクリート」及び「ベースプレート周囲の鉄筋コンクリート」の部分の終局耐力を累加することによって算定する．

(v)塔状建築物の計画

①水平力を受ける塔状の高層建築物の水平変位を計算する場合には，柱の伸縮によって生じる変形も考慮する必要がある．

②超高層建築物においては，地震力より風圧力によって，部材断面が決定されることがある．

(vi)崩壊機構に関する計画

①設定する崩壊機構は，各層の梁の端部及び1階の柱脚に降伏ヒンジが生ずるような全体崩壊形とするのがよい．

②降伏ヒンジを想定する部位に対しては，必要な強度を確保するとともに，十分な靭性を保証するように設計する．

☞**必ず覚える！選択肢例**

冷間成形角形鋼管を柱に使用したラーメン構造は，梁崩壊型又はパネル崩壊型となるより，柱崩壊型となるように計画することが望ましい．

⇨解答例：冷間成形角形鋼管を柱に使用したラーメン構造は，柱崩壊型となるより，梁崩壊型またはパネル崩壊型となるように計画することが望ましい．すなわち，一般に，柱崩壊型となるような計画は望ましくない．よって，誤った記述である．

(vii)構造の混用

①大きいスパンの建築物の計画に当たり，柱を鉄筋コンクリート構造，梁を鉄骨構造とすることがある．

②鉄筋コンクリート構造と鉄骨構造を混用する場合は，剛性や耐力の連続性に留意する．

③上層階を鉄筋コンクリート構造，下層階を鉄骨鉄筋コンクリート構造とする計画において，鉄骨鉄筋コンクリート構造の柱内の鉄骨を鉄筋コンクリート構造の始まる階の柱の中間部まで延長する．

④プレストレストコンクリート構造は，一般に，鉄筋コンクリート構造に比べて大きなスパンが可能である．

⑤地上2階建の建築物において，1階を鉄筋コンクリート造，2階を木造とした場合，各階がそれぞれの構造に関する規定を満足するようにする．

☞**必ず覚える！選択肢例**

鉄筋コンクリート造の場合，大スパンの架構においては，柱にプレストレストコンクリート部材を，梁に鉄筋コンクリート部材を用いるほうが合理的である．

⇨解答例：鉄筋コンクリート造の場合，大スパンの架構を構築するには，柱には鉄筋コンクリート部材を用い，梁には長期鉛直荷重による大きな曲げモーメントが生じるので，プレストレストコンクリート部材を用いるのが合理的である．よって，誤った記述である．

(viii)骨組の形式

①鉄骨造の建築物の計画において，長辺方向を純ラーメン構造，短辺方向をブレース構造としている．

②中層の集合住宅の計画において，廊下側となる長辺方向を鉄骨鉄筋コンクリート造，住戸の界壁がある短辺方向を鉄筋コンクリート造としている．

③中高層壁式ラーメン鉄筋コンクリート造は，けた行方向における偏平な壁状の柱と梁からなる壁式ラーメン構造と，張り間方向における連層の独立耐力壁とによって構成されている．

④地上階の鉄骨の断面は，柱及びブレースについては，それぞれ組立箱形断面及びH形断面とし，梁については組立H形断面としている．

☞**必ず覚える！選択肢例**

地上階の使用材料のうち，柱の鋼材は，下層部ではSS400を，上層部ではSM490を主として用いている．

⇨解答例：一般に，建築物では，下層部になるほど応力は大きくなる．したがって，強度の大きいSM490を下層部に，強度の小さいSS400を上層部に用いるのが一般的である．よって，誤った記述である．

⑤鉄筋コンクリート造において，壁式構造は，ラーメン構造に比べて変形能力が小さく，強度によって耐震性を確保する構造である．

⑥地上5階建の中層型枠コンクリートブロック造の建築物において，軒高15m，階高3mの計画とする．

⑦コンクリート充填鋼管（CFT）柱を用いた構造は，耐力や塑性変形能力・耐火性能を高めた構造形式である．

⑧柱の断面は，短期軸方向力をその柱の断面積で除した値が，コンクリートの設計基準強度の1/3以下となるように設定するのが望ましい．

(ix)その他の計画

①フラットスラブ構造については，一般に，地震力のすべてを負担させるべきではなく，通常のラーメン構造や耐震壁を併用する．

②鉄筋コンクリート造ラーメン構造の大梁の断面算定に当たっては，一般に，地震荷重時の応力として柱面位置での曲げモーメントを，断面検討に用いることができる．

③地盤沈下が予想される地盤において，不同沈下に対する配慮を十分に行ったうえで，地盤とともに建築物が沈下しても障害が生じないように設計する手法がある．

④圧密沈下が生じる可能性がある地盤において，不同沈下による障害を制御するために，独立フーチング基礎の基礎梁を剛強にするとよい．

⑤建築物の固有周期は，地盤の卓越周期と一致しないようにするのが望ましい．

⑥建築物の一次固有周期は，同じ構造形式の場合，建築物の高さが高いものほど長くなる．

4 免震構造・制振構造

①積層ゴムアイソレータを用いた免震構造は，地震時において，建築物に作用する水平力を小さくするが，地盤と建築物との相対変位は大きくなる．

②地震時に大きな水平加速度が建築物に直接作用しにくいようにするには，積層ゴム支承などの機構を設け免震構造とするのがよい．

③制振構造や免震構造において用いるダンパーについては，地震時の挙動だけでなく，風による影響も考慮する．

④建築物に設ける鋼材ダンパーについては，一般に，建築物の減衰性を高めることによ

り，大地震時の建築物の揺れを低減する効果がある.

⑤塔状建築物においては，強風時の揺れを低減するため，制振装置を設置することが多い.

出題例 33 建築物の構造計画に関する次の記述のうち，最も不適当なものはどれか.

1. 粘性土地盤上の基礎の計画において，計画の荷重が不均等なので，杭打ち基礎とした.
2. 構造体の強度・靱性が同じ場合，一般に，建築物の全体の軽量化は，耐震性を向上させる.
3. 鉄筋コンクリート構造の梁は，地震時に大きな塑性変形能力が得られるよう，梁が曲げ降伏する前にせん断破壊しないように，せん断補強筋の量を多くして設計する.
4. 垂れ壁や腰壁の付いた鉄筋コンクリート構造の柱（短柱）は，一般に，それらの付かない柱に比べて，地震時の塑性変形能力が大きく，破壊しにくい.

解答例

1. 粘性土地盤上の基礎の計画において，計画の荷重が不均等であると，摩擦杭にした場合，不同沈下のおそれが生じるので，支持杭とするほうが望ましい.
2. 建築物の耐震性を向上させる有効な方法には，構造体の強度を大きくする，構造体の靱性を高める，建築物全体を軽量化する，などがあり，構造体の強度・靱性が同じならば，建築物の全体の軽量化は有効な手段である.
3. 梁が地震時に大きな塑性変形能力が得られるためには，曲げ降伏する前に，脆性的な破壊形式であるせん断破壊しないようにせん断補強筋の量を多く入れて設計するのがよい.
4. 腰壁や垂れ壁の付いた短柱は，長柱に比べて，変形が拘束されて剛性が大きくなり，過大なせん断力を負担することにより，それらの付かない同一構面内の柱に比べて，地震時の塑性変形能力が小さくなって脆性破壊を起こしやすく，先に破壊することになる.

よって，4. が正解である.

出題例 34 建築物の構造計画に関する次の記述のうち，最も不適当なものはどれか.

1. 鉄筋コンクリート造において，壁式構造は，ラーメン構造に比べて変形能力が小さく，強度によって耐震性を確保する構造である.
2. 連層耐力壁付きのラーメン構造とした場合，耐力壁下の基礎に浮上がり回転が生ずるように設計した.
3. 木製の筋かいを有する木質構造の靱性を確保するため，筋かいに座屈や引張破断が生じる前に，筋かい端部の接合部が破壊しないように設計する．

4. 梁およびスラブの断面の各部の剛性を検討することにより，構造部材の振動による使用上の支障が起こらないことを確認する．

解答例

1. 壁式構造は，変形能力が小さく，強度によって耐震性を確保する構造であり，ラーメン構造は，塑性変形能力が大きく，靭性によって耐震性を確保する構造である．
2. 連層耐力壁付きのラーメン構造とした場合，耐力壁下の基礎に浮上がり回転が生ずるように設計する手法がある．
3. 木製の筋かいを有する木質構造の靭性を確保するため，筋かい端部の接合部が破壊する前に，筋かいに座屈や引張破断が生じないように設計する．すなわち，筋かいに座屈や引張破断が生じると構造体は崩壊し，靭性の確保にはならない．
4. 構造部材の振動による使用上の支障の確認は，部材断面の各部の剛性を検討する．すなわち，ヤング係数や断面二次モーメントを検討することになる．

よって，3. が正解である．

第 8 章　木構造の設計

木構造の設計に関する出題は，10 年間で 2 ～ 3 問と少ないが，最近では，側端部分や壁量充足率・壁率比などに関する出題が増えてきている．壁量充足率が 1 を超える場合や，偏心率が 0.3 以下の確認を行った場合は，壁率比の確認は必要なくなる．したがって，これらの計算が理解できるよう問題例で習得するとよい．

また，地震力や風圧力に対する必要壁量の求め方も確実に覚えておく必要がある．

本章では，用語とともに壁率比や必要壁量の解き方を重点的に解説した．

1 壁率比に関する用語

①**側端部分**—地震時等におけるねじれによる被害を防ぐため，建築物の張り間方向にあってはけた行方向の，けた行方向にあっては張り間方向の両端からそれぞれ **1/4 の部分**をいう（図 8･1 参照）．

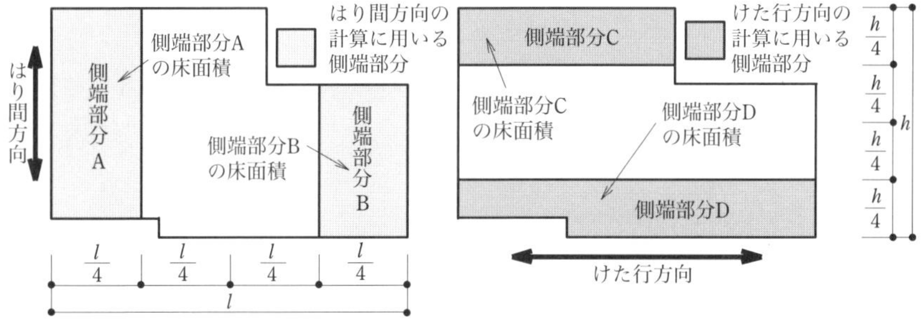

図 8･1　壁率比計算のための側端部分

出題例 35　図のような L 形平面を有する木造平家建ての建築物（けた行方向 16.0m，張り間方向 12.0m）について，「壁を設けまたは筋かいを入れた軸組がつり合い良く配置されていること」を確認する場合の計算に用いる側端部分を示す図として，正しいものは，次のうちどれか．ただし，図中における寸法の単位は m とする．

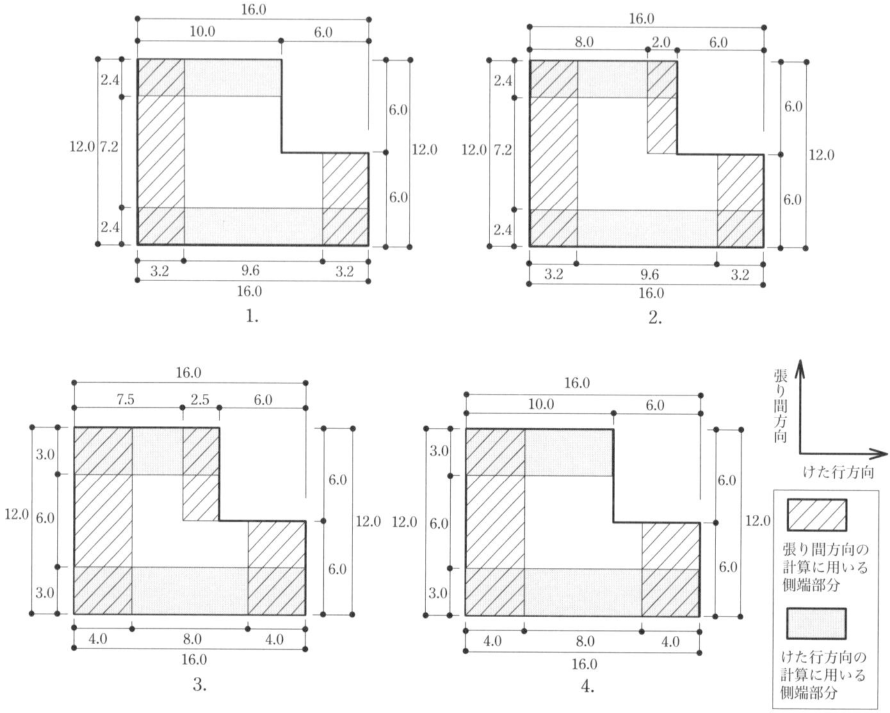

（解答例）

側端部分とは，けた行方向にあっては張り間方向の両端から 1/4 の部分をいい，張り間方向にあってはけた行方向の両端から 1/4 の部分をいう．したがって，けた行方向の計算に用いる側端部分は，12/4 ＝ 3m（網掛け部分）となり，張り間方向の計算に用いる側端部分は，16/4 ＝ 4m（ハッチング部分）となる．

なお，設問のようなＬ形平面などの不整形な場合であっても，側端部分は，最外端から **1/4 の距離**を取る．

よって，4. が正解である．

②**存在壁量**—Σ｛側端部分の軸組の長さ(m)×表 8･1 に示す数値｝

③**必要壁量**—側端部分の床面積(m^2)×表 8･2 に示す数値（cm/m^2）

④**壁倍率**—壁の面内方向の水平力に対する変形と耐力に関係する値

⑤**壁量充足率**—存在壁量を必要壁量で除して求めた値をいう．

⑥**壁率比**—「壁量充足率の小さいほうの値」を「壁量充足率の大きいほうの値」で除して求めた値をいう．壁率比は **0.5 以上**とし，各階の張り間方向及びけた行方向のそれぞれについて求める．

表 8･1　軸組の種類に応じた壁倍率

	軸組の種類	倍率
(1)	土壁塗または木ずりなどを柱および間柱の片面に打ち付けた壁を設けた軸組	0.5
(2)	木ずりなどを柱および間柱の両面に打ち付けた壁を設けた軸組	1.0
	厚さ 1.5cm 以上で幅 9cm 以上の木材または 9mm 以上の鉄筋の筋かいを入れた軸組	
(3)	厚さ 3cm 以上で幅 9cm 以上の木材の筋かいを入れた軸組	1.5
(4)	厚さ 4.5cm 以上で幅 9cm 以上の木材の筋かいを入れた軸組	2.0
(5)	9cm 角以上の木材の筋かいを入れた軸組	3.0
(6)	(2)～(4)までの筋かいをたすき掛けに入れた軸組	(2)～(4)の数値の 2 倍
(7)	(5)の筋かいをたすき掛けに入れた軸組	5.0
(8)	その他(1)～(7)までの軸組と同等以上の耐力を有するものとして国土交通大臣が定めた構造方法を用いるものまたは国土交通大臣の認定を受けたもの	0.5 から 5 までの範囲内において国土交通大臣が定める数値
(9)	(1)または(2)の壁と(2)～(6)までの筋かいとを併用した軸組	(1)または(2)のそれぞれの数値と(2)～(6)までのそれぞれの数値との和

表 8･2　単位面積当たりの必要軸組長さ

		階の床面積に乗ずる数値（cm/m²）					
		平家建	2 階建の 1 階	2 階建の 2 階	3 階建の 1 階	3 階建の 2 階	3 階建の 3 階
(1)	土蔵造りなど重い壁のある建築物および重い材料で屋根を葺いた建築物	15	33	21	50	39	24
(2)	(1)以外で屋根を金属板や石綿スレートなどの軽い材料で葺いた建築物	11	29	15	46	34	18

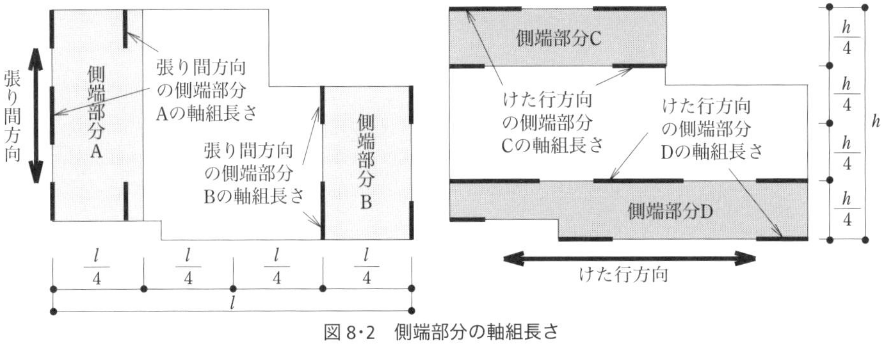

図 8･2　側端部分の軸組長さ

❷ 壁率比の規定および計算方法

(1) 壁率比の規定

ⅰ）各階の張り間方向及びけた行方向の偏心率が **0.3 以下**であることを所定の計算により確認した場合は，壁率比の計算は必要ない．

ⅱ）壁量充足率を計算し，その値が **1.0 を超えていれば**壁量がつり合いよく配置されているとみなし，壁率比の確認は必要ない．壁量充足率が **1.0 以下**の場合は，壁率比が **0.5 以上**となるように壁や筋かいの配置を変更する．

☞必ず覚える！選択肢例

偏心率を確認しない場合，けた行方向の側端部分の壁量充足率が，いずれも 0.8 であったので，壁率比が 0.4 となるように軸組の設置箇所を変更した．

⇨解答例：偏心率を確認しない場合，けた行方向の側端部分の壁量充足率がいずれも 1.0 以下である場合は，地震時に建築物がねじれなどによって被害を受けることを防ぐために，壁率比が 0.5 以上となるように壁や筋かいを変更して設けなければならない．

$$壁率比 = \frac{壁量充足率の小さい方の値}{壁量充足率の大きい方の値} = \frac{0.8}{0.8} = 1.0 > 0.5 \quad \text{O.K.}$$

したがって，壁率比が 0.4 となるような軸組の設置箇所の変更はしてはならない．よって，誤った記述である．

出題例 36 木造 2 階建の建築物において，建築基準法による「木造建築物の軸組の設置の基準」に関する次の記述のうち，最も不適当なものはどれか．

1. 各階の張り間方向およびけた行方向の偏心率が 0.3 以下であることを所定の計算により確認したうえで，軸組を設置した．
2. 壁量充足率の算定において，側端部分は，建築物の張り間方向にあってはけた行方向の，けた行方向にあっては張り間方向の両端からそれぞれ 1/4 の部分とした．
3. 各側端部分のそれぞれについて，存在壁量を必要壁量で除して壁量充足率を求めた．
4. 各階の張り間方向およびけた行方向のそれぞれについて，「壁量充足率の大きい方」を「壁量充足率の小さい方」で除して壁率比を求めた．

解答例

壁率比は，各階の張り間方向およびけた行方向のそれぞれについて，「壁量充足率の小さい方」を「壁量充足率の大きい方」で除して求める．なお，壁率比は，地震時等におけるねじれによる被害を防ぐため，0.5 以上となるように壁や筋かいを配置するとよい．

よって，4. が正解．

(2) 計算方法

問題例 図 8･3 に示した耐力壁の図により，軸組のバランスの検討を行う．ただし，屋根は瓦葺きとする（重い屋根）．また，図のグリッド間隔は，1,000 とする．

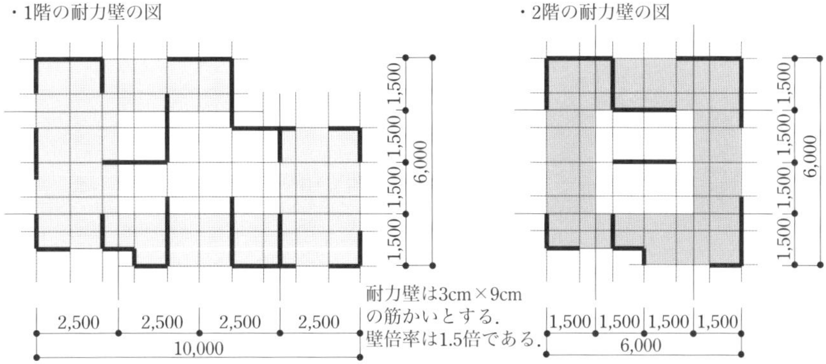

図 8･3

(解答例)

・1 階張り間方向

左側端部分の存在壁量 5.5m × 1.5 倍＝ 8.25m

右側端部分の存在壁量 4.5m × 1.5 倍＝ 6.75m

左側端部分の必要壁量（2.5m × 5.5m）× 33cm/m^2 ＝ 453.75cm ＝ 4.54m

右側端部分の必要壁量（2.5m × 4m）× 33cm/m^2 ＝ 330cm ＝ 3.30m

左側端部分の充足率 8.25 ÷ 4.54 ＝ 1.82

右側端部分の充足率 6.75 ÷ 3.30 ＝ 2.05

充足率は，左側も右側もともに 1.0 を超えているので，壁はつり合いよく配置されている．

・1 階けた行方向

上側端部分の存在壁量 4.0m × 1.5 倍＝ 6.00m

下側端部分の存在壁量 6.0m × 1.5 倍＝ 9.00m

上側端部分の必要壁量（1.5m × 6m）× 33cm/m^2 ＝ 297cm ＝ 2.97m

下側端部分の必要壁量（1.5m × 10m － 0.5m × 3m）× 33cm/m^2 ＝ 445.5cm ＝ 4.46m

上側端部分の充足率 6.00 ÷ 2.97 ＝ 2.02

下側端部分の充足率 9.00 ÷ 4.46 ＝ 2.02

充足率は，上側も下側もともに 1.0 を超えているので，壁はつり合いよく配置されている．

・2 階張り間方向

左側端部分の存在壁量 2.5m × 1.5 倍＝ 3.75m

右側端部分の存在壁量 4.0m × 1.5 倍＝ 6.00m

左側端部分の必要壁量（1.5m × 5.5m）× 21cm/m^2 = 173.25cm = 1.73m

右側端部分の必要壁量（1.5m × 6m）× 21cm/m^2 = 189cm = 1.89m

左側端部分の充足率 3.75 ÷ 1.73 = 2.17

右側端部分の充足率 6.00 ÷ 1.89 = 3.17

充足率は，左側も右側もともに 1.0 を超えているので，壁はつり合いよく配置されている．

・2 階けた行方向

上側端部分の存在壁量 6.0m × 1.5 倍＝ 9.00m

下側端部分の存在壁量 3.0m × 1.5 倍＝ 4.50m

上側端部分の必要壁量（1.5m × 6m）× 21cm/m^2 = 189cm = 1.89m

下側端部分の必要壁量（1.5m × 6m − 0.5 × 3）× 21cm/m^2 = 157.5cm = 1.58m

上側端部分の充足率 9.00 ÷ 1.89 = 4.76

下側端部分の充足率 4.50 ÷ 1.58 = 2.85

充足率は，上側も下側もともに 1.0 を超えているので，壁はつり合いよく配置されている．

出題例 37 図のような木造の在来軸組工法による平家建ての建築物（屋根は日本瓦とする.）において，建築基準法に基づく「木造建築物の軸組の設置の基準」による壁率比の組合せとして，最も適当なものは，次のうちどれか．ただし，図中の太線は耐力壁を示し，その倍率（壁倍率）は 1 とする．なお，壁率比は，壁量充足率の小さい方を壁量充足率の大きい方で除した数値である．

	壁率比	
	X 方向	Y 方向
1.	0.5	0.8
2.	0.6	0.8
3.	0.8	0.6
4.	0.8	0.5

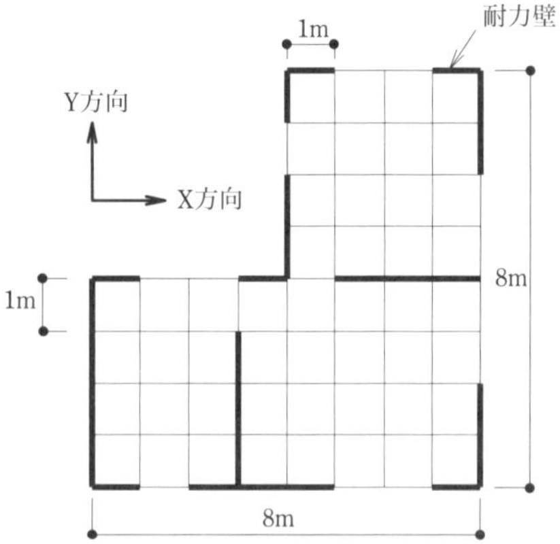

解答例

必要壁量の計算に用いる表の値が未知なのでαとおく.

・X 方向（けた行方向）

上側存在壁量（1 + 1）× 1 = 2m

下側存在壁量（1 + 3 + 1）× 1 = 5m

上側必要壁量 2 × 4 × α = 8 α m

下側必要壁量 2 × 8 × α = 16 α m

上側充足率 2 ÷ 8 α = 0.25/ α

下側充足率 5 ÷ 16 α = 0.3125/ α

$$壁率比 = \frac{\frac{0.25}{\alpha}}{\frac{0.3125}{\alpha}} = 0.80$$

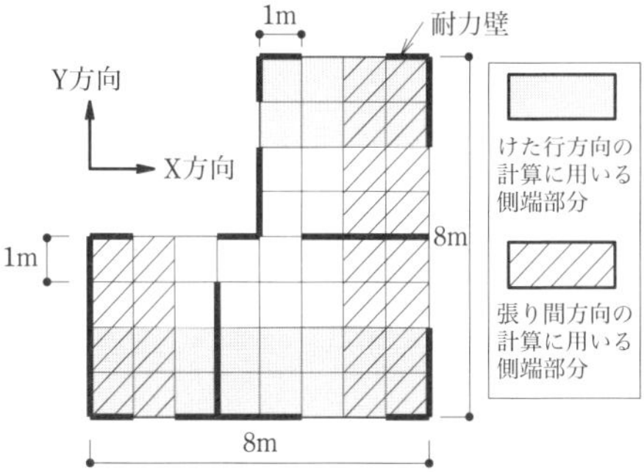

・Y 方向（張り間方向）

左側存在壁量 4 × 1 = 4m

右側存在壁量（2 + 2）× 1 = 4m

左側必要壁量（2 × 4）× α = 8 α m

右側必要壁量（2 × 8）× α = 16 α m

$$左側充足率 = 4 \div 8\alpha = \frac{0.5}{\alpha}$$

$$右側充足率 = 4 \div 16\alpha = \frac{0.25}{\alpha}$$

$$壁率比 = \frac{\frac{0.25}{\alpha}}{\frac{0.5}{\alpha}} = 0.50$$

よって，4. が正解.

3 軸組長さの検討

①階数が 2 以上または延べ面積が 50m² を超える木造建築物の軸組は，軸組長さの検討を行わなければならない.

②軸組長さの検討は，次のような手順で確認する.

i）次式により地震力に対する各階の耐力壁の**所要軸組長さ（必要壁量）**を求める.

所要軸組長さ=（その階の床面積）×（その階に応じた表 8･2 の数値）

ii）次式により風圧力に対する各階の耐力壁の**所要軸組長さ（必要壁量）**を，張り間方向およびけた行方向のそれぞれについて求める.

所要軸組長さ=（その階の見付面積）×（区域に応じた表 8･3 の数値）

表 8･3　単位見付面積当たりの必要軸組長さ

	区域	
(1)	特定行政庁が指定する強い風が吹く区域	50 を超え 75 以下で特定行政庁が定める数値
(2)	(1) 以外の区域	50

iii）ｉ）とii）で求めた各階の張り間方向およびけた行方向の必要軸組長さのうち**大きい方**を，その階のその方向の**所要軸組長さ（必要壁量）**とする．

iv）各階の張り間方向とけた行方向について，

軸組長さ＝（軸組長さの実長）×（軸組の種類に応じた表 8･1 の倍率）の合計

を求める．

ｖ）**軸組長さ≧所要軸組長さ（必要壁量）**を確認する．

③地震力に対する耐力壁の所要有効長さ（必要壁量）は，建築物の**床面積**から計算するので，一般に，張り間方向とけた行方向とは**同じ値**となる．

④風圧力に対する耐力壁の所要有効長さ（必要壁量）は，建築物の**見付面積**から計算するので，一般に，張り間方向とけた行方向とは**異なる値**となる．これは，風圧力に対する受圧面積が異なるためである．

⑤2 階建の建築物において，地盤が著しく軟弱な場合，地震力に対する耐力壁の所要有効長さは，通常の場合の 1.5 倍とする．

☞必ず覚える！選択肢例

在来軸組工法の木造建築物の風圧力に対する設計において，1 階の必要壁量を計算するための見付面積として，2 階の床面から上部の見付面積を用いた．

⇨解答例：木造建築物の風圧力に対する設計において，1 階の必要壁量を計算するための見付面積は，1 階の床面から 1.35m 以上の壁面の面積とする．なお，2 階の見付面積は，2 階床面から 1.35m 以上の壁面の面積とする．よって，誤った記述である．

出題例 38　木構造の建築物に関する次の記述のうち，最も不適当なものはどれか．

1. 地震時等におけるねじれによる被害を防ぐため，壁率比が 0.5 以上となるように壁や筋かいを配置した．
2. 地盤が著しく軟弱な区域として指定する区域内において，許容応力度計算を行う場合，標準せん断力係数 C_0 は，0.3 とした．
3. 地震力に対する耐力壁の所要有効長さ（必要壁量）は，枠組壁工法の場合，一般に多雪区域における値のほうが，その他の区域における値より小さい．
4. 合板等を用いた耐力壁は，一般に，大きなせん断耐力を有しているので，柱・横架材接合部には，大きな引抜き力が作用する可能性がある．

解答例

1. 壁量充足率を計算した結果が 1.0 以下の場合は，壁率比が 0.5 以上となるように壁や筋かいを配置する．
2. 地盤が著しく軟弱な区域として指定された区域内の木造建築物において，許容応力度計算を行う場合，標準せん断力係数 C_0 は，0.3 以上とする．

3. 地震力に対する耐力壁の所要有効長さ（必要壁量）は，枠組壁工法の場合，多雪区域における値のほうが，その他の区域における値より大きい．

4. 合板等を用いた耐力壁には，大きな壁倍率が与えられている．このため，大きな水平荷重に耐えられるが，耐力壁には大きなせん断耐力が生じることによる曲げモーメントが発生し，この曲げモーメントにより柱・横架材接合部には，大きな引抜き力が作用することになる．

よって，3. が正解である．

4 許容応力度等

(1)許容応力度

①木材の繊維方向の許容応力度を，表 8･4 に示す．

表 8･4　木材の繊維方向の許容応力度

長期許容応力度（N/mm²）				短期許容応力度（N/mm²）			
圧縮	引張	曲げ	せん断	圧縮	引張	曲げ	せん断
$\frac{1.1F_C}{3}$	$\frac{1.1F_t}{3}$	$\frac{1.1F_b}{3}$	$\frac{1.1F_s}{3}$	短期許容応力度は，長期許容応力度の 2/1.1 倍である．			

注)F_cは圧縮の，F_tは引張の，F_bは曲げの，F_sはせん断の基準強度を表している．基準強度の大小関係は，**曲げ＞圧縮＞引張＞せん断**の順である．

②木材の繊維方向の許容応力度の大小関係は，**曲げ＞圧縮＞引張＞せん断**の順である．

③木材は，繊維に直角方向の許容圧縮応力度は，繊維方向の許容圧縮応力度よりも小さい．

④木材の繊維方向の短期許容応力度は，積雪時の構造計算以外の場合，長期許容応力度の **2/1.1 倍**としている．

⑤荷重継続時間を 3 か月程度と想定した積雪荷重を検討する場合，木材の繊維方向の許容応力度は，通常の長期許容応力度の **1.3 倍**とする．

長期許容応力度$\frac{1.1F}{3}\times1.3=\frac{1.43F}{3}$（中長期）：荷重継続時間は 3 か月程度

⑥荷重継続時間を 3 日程度と想定した積雪荷重を検討する場合，木材の繊維方向の許容応力度は，通常の短期許容応力度の **0.8 倍**とする．

短期許容応力度$\frac{2.0F}{3}\times0.8=\frac{1.6F}{3}$（中短期）：荷重継続時間は 3 日程度

⑦木材が常時湿潤状態にある場合，強度にかかわる**含水率影響係数**K_mは，含水率が繊維飽和点以上に達することを想定して **0.7**（70％）とし，断続的に湿潤状態となる場合は，$K_m=0.8$（80％）として許容応力度を低減する．

⑧根太，垂木などの並列材に面材を張った場合，強度のばらつきが大きいと，強度の大

きい材に大きな荷重が作用して平均強度が高くなると考えられる．よって，許容曲げ応力度を**システム係数** K_s で割増することができる．構造用集成材のようにばらつきが小さい材は，割増することができない．

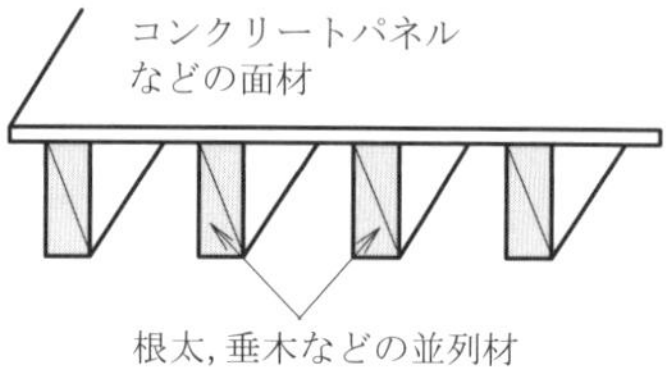

図 8・4　並列材の割増

☞必ず覚える！選択肢例

木材の繊維方向の材料強度は，一般に，圧縮強度に比べて，引張強度のほうが大きい．

⇨解答例：表 8・4 の注意事項からわかるように，木材の基準強度は，圧縮強度＞引張強度であるから，圧縮強度のほうが大きい．よって，誤った記述である．

☞必ず覚える！選択肢例

並列材では，曲げによる許容応力度をシステム係数 K_s で割増することができるが，その大きさは，普通構造材より構造用集成材のほうが大きい．

⇨解答例：システム係数 K_s で割増することができるのは，並列材において木材の強度のばらつきが大きい材料である．構造用集成材はばらつきが少ない材料であるから割増することができない．したがって，構造用集成材より普通構造材のほうが割増は大きい．よって，誤った記述である．

(2) 木材のヤング係数

①木材のヤング係数は，繊維に直角方向より繊維方向のほうが大きい．その大きさは，繊維に直角方向が繊維方向の 1/25 倍である．

②構造用材料の弾性係数（ヤング係数）は，繊維飽和点以下の場合，含水率の低下に伴って増大する．

(3) クリープ

①クリープとは，木材に，ある限度以上の一定荷重を継続して載荷しておくと，時間とともに変形が増大する現象をいう．

②木材を用いた建築物の設計においては，クリープを考慮する必要がある．

③木材のクリープによる変形は，木材に一定の継続荷重が長期間作用する場合，初期変形に対して，気乾状態では約 2 倍，湿潤状態では約 3 倍になるものとして設計する．したがって，木材のクリープによる変形は，一般に，気乾状態に比べて，湿潤状態のほうが大きい．

5 部材の設計

(1) 引張材と圧縮材

①引張材の断面計算において，材縁における切欠きがある場合は，材の引張強度を著しく低下させるので，その材の有効断面積は，全断面積から断面欠損の総和を控除した

正味断面積について，切欠きの欠損の状況に応じて適切に低減した値とする．
②圧縮力を受けるトラス部材の座屈長さは，一般に，「構面内の座屈」に対しては部材の節点間の距離とし，「構面外の座屈」に対しては筋かい，母屋，方づえ等によって側方への移動がないように支承した支点間の距離とする．

(2) 曲げ材

①和小屋の小屋梁に生じる主要な力は，曲げモーメントである．
②梁は，曲げモーメントに対して安全であっても，たわみによって建築物の使用上，支障を生ずることがある．
③曲げ材において，せいが高い場合は，許容曲げ応力度を低減する．
④高さ15mの大断面木造建築物の柱及び梁において，30分耐火の性能が要求される場合では，25mmの燃えしろを除いた断面に生じる長期応力度が，短期許容応力度を超えないことを確認する．

(3) 柱

①構造計算によらない場合，3階建の建築物の1階の柱の小径は，13.5cmとする．
②柱の小径を，構造計算によらない場合，横架材の相互間の垂直距離の1/20～1/33とする．
③圧縮力を負担する構造耐力上主要な部分である柱の有効細長比は，150以下とする．
④大断面木造建築物の柱の断面を，150mm × 200mmとすることができる．

出題例 39　木構造の建築物に関する次の記述のうち，最も不適当なものはどれか．

1. 木材の繊維方向の長期許容応力度は，積雪時の構造計算以外の場合，木材の繊維方向の基準強度の2/3倍の数値とする．
2. 長期の積雪荷重を検討する場合，木材の繊維方向の長期許容応力度は，通常の長期許容応力度の1.3倍の数値とする．
3. 木材を常時湿潤状態にある部分に使用する場合，繊維方向の許容応力度は，所定の数値の70%に相当する数値とする．
4. 垂木，根太等の並列材に構造用合板等を張り，荷重・外力を支持する場合，曲げに対する基準強度は，割増の係数を乗じた数値とすることができる．

解答例

1. 木材の繊維方向の長期許容応力度は，積雪時の構造計算以外の場合，木材の繊維方向の基準強度 F の1.1/3倍の数値とする．
2. 長期許容応力度は50年を想定しているが，荷重継続時間を3か月程度と想定した長期の積雪荷重を検討する場合，木材の繊維方向の許容応力度は，通常の長期許容応力度の**1.3倍**とする．

3. 木材が常時湿潤状態にある場合，強度にかかわる**含水率影響係数** K_m は，含水率が繊維飽和点以上に達することを想定して0.7（70%）とする．すなわち，所定の数値の70%に相当する数値としている．
4. 根太，垂木などの並列材に構造用合板等の面材を張った場合，強度のばらつきが大きいと，強度の大きい材に大きな荷重が作用して平均強度が高くなると考えられるので，許容曲げ応力度を**システム係数** K_s で割増することができる．

よって，1. が正解である．

出題例 40 木構造の建築物に関する次の記述のうち，最も不適当なものはどれか．

1. 構造用材料のヤング係数は，繊維飽和点以下の場合，含水率の低下に伴って減少する．
2. 木材に，ある限度以上の一定荷重を継続して載荷しておくと，時間とともに変形が増大する．
3. 合板等を用いた耐力壁は，一般に，大きなせん断耐力を有しているので，柱・横架材接合部には，大きな引抜き力が作用する可能性がある．
4. 柱の小径については，所定の構造計算を行わない場合，構造耐力上主要な部分である横架材の相互間の垂直距離の1/30とした．

解答例

1. 構造用材料のヤング係数は，繊維飽和点以下の場合，含水率の低下に伴って増大する．
2. 木材に，ある限度以上の一定荷重を継続して載荷しておくと，時間とともに変形が増大する．この現象をクリープ現象という．
3. 合板等を張った耐力壁は，大きなせん断力に耐えられるので，柱と梁の接合部には，耐力壁が回転することによって大きな引抜き力が作用する可能性がある．
4. 柱の小径については，所定の構造計算を行わない場合，構造耐力上主要な部分である横架材の相互間の垂直距離の1/33～1/20としなければならない．やや細いが1/30ならば所定の範囲内である．

よって，1. が正解である．

第9章　鉄筋コンクリート構造の設計

鉄筋コンクリート構造の構造計算に関する問題は，10年間に5問程度の出題であるが，構造計算偽装問題発覚後は徐々に増加傾向にある．特に，配筋に関する問題（鉄筋量の最小規定，あばら筋・帯筋の収まり，配筋規定など）が多く出題されている．今後の出題傾向を示すものと考えられる．

終局曲げモーメント，軸方向力を計算によって求める問題は，計算方法を十分に理解すれば解くことができる問題が多いので，出題例を参考に理解を深めてほしい．また，構造計算規定に関する出題も多いので，これをしっかりと覚えることが重要である．

1 鉄筋コンクリート構造の原理

①鉄筋コンクリート構造は，コンクリートに引張力が生じる部分に，引張に強い鉄筋を配置して補強した構造である．鉄筋コンクリート構造をRC造と略すのは，Reinforced Concrete Construc-tion（補強されたコンクリート構造）の頭文字を用いたもので，引張力に弱いコンクリートの弱点を引張力に強い鉄筋で補った構造である．

②コンクリートのかぶり厚さによって，鉄筋を酸化防止と火害から守る．鉄筋に対するコンクリートのかぶり厚さを確保すれば，コンクリートのアルカリ性によって鉄筋の酸化を防止するとともに，火災の際の温度上昇による鉄筋の軟化を妨げる．

③コンクリートと鉄筋の付着を確保すれば，両者の一体性が保証される．鉄筋による補強効果を十分に発揮させるには，コンクリートに作用する引張力を鉄筋へスムーズに伝達させなければならない．この力の伝達を可能にしているのが両者の付着である．付着は，コンクリートと鉄筋との一体性を保証する重要な要素である．

④コンクリートと鉄筋の線膨張係数が等しい．コンクリートと鉄筋の線膨張係数が異なれば，長期間寒暖の差による膨張・収縮を繰り返しているうちに付着力が低下し，応力を伝達できなくなってしまう．したがって，両者の線膨張係数がほぼ等しいことは，鉄筋コンクリート構造を可能にし，一体性を保つ上で重要な要素となる．

☞**必ず覚える！選択肢例**

鉄筋に対するコンクリートのかぶり厚さとは，鉄筋表面とこれを覆うコンクリート表面までの最短距離のことである．

⇨解答例：最外端の鉄筋（あばら筋，帯筋など）表面からこれを覆うコンクリート表面までの最短距離のことである．なお，かぶり厚さについては，鉄筋の耐火被覆，コンクリートの中性化速度，主筋の応力伝達機構等を考慮して決定する．よって，正しい記述である．

❷ 鉄筋コンクリート構造の材料

(1) コンクリートの基準強度

①**設計基準強度** F_C とは，構造計算において基準としたコンクリートの圧縮強度をいう．

②**耐久設計基準強度** F_d とは，構造物の設計時に定めた耐久性を確保するために必要な強度をいい，「計画共用期間の級」に応じて定められている．

③**品質基準強度**とは，設計基準強度と耐久設計基準強度のうち大きい方の値に $3N/mm^2$ を加えた強度をいう．

④**調合強度**とは，調合を定める時に目標とする強度をいう．

(2) コンクリートの種類と材料の定数

①コンクリートの種類と気乾単位容積質量を表 9･1 に示す．

表 9･1　コンクリートの種類と気乾単位容積質量

コンクリートの種類		設計基準強度 F_C (N/mm^2)	使用骨材		気乾単位容積質量 (t/m^3)
			粗骨材	細骨材	
普通コンクリート		18 ～ 36 ～ 60 (高強度)	砂利，砕石，高炉スラグ砕石	砂，砕砂，スラグ砂	2.2 ～ 2.4
軽量コンクリート	1 種	18 ～ 36	人工軽量骨材	砂，砕砂，スラグ砂	1.7 ～ 2.1
	2 種	18 ～ 27	人工軽量骨材	人工軽量骨材又は一部を砂，砕砂，スラグ砂に置き換えたもの	1.4 ～ 1.7

②ヤング係数，線膨張係数などの材料の定数を表 9･2 に示す．

表 9･2　材料の定数

材料	ヤング係数 (N/mm^2)	ポアソン比	線膨張係数 (/℃)
コンクリート	$3.35\times10^4\times\left(\frac{\gamma}{24}\right)^2\times\left(\frac{F_C}{60}\right)^{\frac{1}{3}}$	0.2	1×10^{-5}
鉄筋	2.05×10^5	―	1×10^{-5}

注）γ：コンクリートの気乾単位容積重量 (kN/m^3)．特に調査しない場合は，次の値とする．普通コンクリート：23，23.5，24．1 種軽量コンクリート：19，21．2 種軽量コンクリート：17 とする．F_C：設計基準強度 (N/mm^2)．

☞**必ず覚える！選択肢例**

コンクリートのヤング係数は，コンクリートの圧縮強度にかかわらず一定である．

⇨解答例：コンクリートのヤング係数は，$E=3.35\times10^4\times\left(\frac{\gamma}{24}\right)^2\times\left(\frac{F_C}{60}\right)^{\frac{1}{3}}$ から求める値で，一定値ではなく，コンクリートの圧縮強度 F_C の値によって変化する．すなわち，コンクリートの圧縮強度 F_C が大きくなるほど，また，コンクリートの気乾単位容積重量 γ が大きくなるほど，ヤング係数は大きくなる．よって，誤った記述である．

☞**必ず覚える！選択肢例**

コンクリートの単位容積重量が同じで設計基準強度が2倍になると，コンクリートのヤング係数もほぼ2倍となる．

⇨解答例：コンクリートのヤング係数は，$E=3.35\times10^4\times\left(\frac{\gamma}{24}\right)^2\times\left(\frac{F_C}{60}\right)^{\frac{1}{3}}$から求める値で，コンクリートの単位容積重量$\gamma$が同じで，設計基準強度$F_C$が2倍になっても，ヤング係数$E$は2倍とはならない．よって，誤った記述である．

③コンクリートのせん断弾性係数は，一般に，ヤング係数の**0.4倍**程度である．

$$\text{せん断弾性係数}G=\frac{E}{2(1+\nu)}=\frac{E}{2\left(1+\frac{1}{6}\right)}\fallingdotseq0.43E$$

(3) 鉄筋の種類

①異形鉄筋の規格を表9･3に示す．

表9･3　異形鉄筋の規格（降伏点と引張強さ）

記号	降伏点 (N/mm^2)	引張強さ (N/mm^2)
SD295A	295以上	440～600
SD295B	295～390	440以上
SD345	345～440	490以上
SD390	390～510	560以上
SD490	490～625	620以上

②表9･3から，SDは**異形鉄筋**を表す．

③SD295，SD345など，295，345の数字は，**降伏点の下限値**を表す．

④SD295Aは，降伏点の下限値のみが規定されている．SD295B以上の鉄筋では，降伏点の下限値および**上限値**が規定されている．上限値が規定されることにより，塑性変形能力が確保される．

☞**必ず覚える！選択肢例**

鉄筋コンクリート用棒鋼SD345の「降伏点または0.2%オフセット耐力」は，345～440 (N/mm^2) である．

⇨解答例：表9･3より，正しい記述である．なお，**0.2%オフセット耐力**とは，降伏点がはっきりしない材料の降伏点強度として，ひずみ度0.2%から，ヤング係数の勾配を取ったときの交点の応力度が0.2%オフセット耐力である．

⑤**鉄筋は，ほとんどクリープ変形をしない**．コンクリートは，クリープ変形を起こす．

このことにより，柱では圧縮鉄筋量を増加させることによって，クリープによるコンクリートの縮み量を減らすことができる．ただし，鉄筋の圧縮応力は，徐々に増大する．

☞**必ず覚える！選択肢例**

鉄筋コンクリート構造の梁の圧縮鉄筋は，一般に，「クリープによるたわみの抑制」に効果がある．
⇨解答例：梁においては，圧縮側の鉄筋が多くの圧縮力を受け持つことにより，コンクリートに加わる圧縮力を減少させる．このことによって，コンクリートのクリープ変形が小さくなり，クリープによるたわみを抑制する効果が出る．よって，正しい記述である．

⑥梁の圧縮鉄筋は，圧縮側のコンクリートに加わる圧縮力を減少させることにより，曲げによる圧縮縁のコンクリートの圧壊を遅らせ，脆性破壊を防ぐ役割を持つ．このことは，「地震に対する靱性の確保」に効果があるといえる．

出題例41 鉄筋コンクリート構造に用いる鉄筋に関する次の記述のうち，最も不適当なものはどれか．

1. 鉄筋コンクリートに用いられる径が28mm以下の異形鉄筋の長期許容引張応力度は，基準強度の2/3より小さい場合がある．
2. JISにおける異形棒鋼SD295Bは，引張強さの下限値が440N/mm²であり，降伏点の範囲が決められている．
3. JISにおける異形棒鋼SD295Aは，降伏点の下限値が295N/mm²であり，上限値は決められていない．
4. SD345の鉄筋の一般定着の長さは，コンクリートの設計基準強度を24N/mm²から36N/mm²に変更したので長くした．

解答例

1. 鉄筋コンクリート用に用いられる径が28mm以下の異形鉄筋SD345の許容引張応力度は220N/mm²であり，基準強度は345N/mm²であるから，2/3（$345 \times 2/3 = 230$N/mm²）の値より小さくなる．
2. SD295Bは，引張強さの下限値が440N/mm²であり，降伏点の範囲は295～390N/mm²と決められている．
3. SD295Aは，降伏点の下限値が295N/mm²であり，上限値は決められていない．
4. 鉄筋の定着長さは，コンクリートの設計基準強度Fcが大きくなれば，コンクリートの付着力が大きくなるので，定着長さは短くてよい．

よって，4.が正解である．

3 許容応力度

(1)コンクリート

①コンクリートの許容応力度を表9･4に示す．

表 9·4　コンクリートの許容応力度（N/mm²）

<table>
<tr><th rowspan="2"></th><th colspan="3">長期</th><th colspan="3">短期</th></tr>
<tr><th>圧縮</th><th>引張</th><th>せん断</th><th>圧縮</th><th>引張</th><th>せん断</th></tr>
<tr><td>普通コンクリート</td><td rowspan="2">$\frac{1}{3}F_C$</td><td rowspan="2">—</td><td>$\frac{F_C}{30}$かつ$0.5+\frac{F_C}{100}$以下</td><td rowspan="2">長期に対する値の 2 倍</td><td rowspan="2">—</td><td rowspan="2">長期に対する値の 1.5 倍</td></tr>
<tr><td>1 種及び 2 種
軽量コンクリート</td><td>普通コンクリートに対する値の 0.9 倍</td></tr>
</table>

②長期許容圧縮応力度は，設計基準強度の 1/3 である．

③短期許容圧縮応力度は，長期の値の **2 倍**である．したがって，設計基準強度 F_C の **2/3 倍**である．

④短期許容せん断応力度は，長期の値の **1.5 倍**である．

⑤コンクリートの引張強度は，圧縮強度の **1/10 程度**であるが，曲げ材の引張側では引張強度は無視するため，許容引張応力度は規定されていない．これは，ひび割れの発生を考慮してのことである．

☞**必ず覚える！選択肢例**

軽量コンクリート 1 種の許容せん断応力度は，長期・短期ともに，同じ設計基準強度の普通コンクリートの許容せん断応力度と等しい．

⇨解答例：軽量コンクリート 1 種及び 2 種の許容せん断応力度は，長期・短期ともに，同じ設計基準強度の普通コンクリートの許容せん断応力度の値の **0.9 倍**である．よって，誤った記述である．

(2) 鉄筋

鉄筋の許容応力度を表 9·5 に示す．

表 9·5　鉄筋の許容応力度（N/mm²）

種類	長期		短期	
	引張及び圧縮	せん断補強	引張及び圧縮	せん断補強
SR235	160	160	235	235
SR295	160	200	295	295
SD295A	200	200	295	295
SD295B	200	200	295	295
SD345	220（200）	200	345	345
SD390	220（200）	200	390	390
溶接金網	200	200	—	295

注）D29 以上の太さの鉄筋に対しては（　）内の値とする．

(3)鉄筋のコンクリートに対する許容付着応力度

①鉄筋のコンクリートに対する許容付着応力度を表 9･6 に示す.

表 9･6　異形鉄筋のコンクリートに対する許容付着応力度

	長期		短期
	上端筋	その他の鉄筋	
普通コンクリート	$0.8\times\left(\frac{F_C}{60}+0.6\right)$	$\left(\frac{F_C}{60}+0.6\right)$	長期に対する値の 1.5 倍

②上端筋とは，曲げ材にあって，その鉄筋の下に 300mm 以上のコンクリートが打ち込まれる場合の水平鉄筋（大梁，小梁，壁梁などの上端筋など）をいう.

③その他の鉄筋には，柱筋，スラブ筋，梁下端筋などがある.

④軽量コンクリートでは，表 9･6 の値に 0.8 を乗じる.

☞**必ず覚える！選択肢例**

梁部材における鉄筋のコンクリートに対する許容付着応力度は，下端筋より上端筋のほうが大きい.

⇨解答例：梁部材における鉄筋のコンクリートに対する許容付着応力度は，下端筋より上端筋のほうが小さい．上端筋は，右図のように，ブリージングによってコンクリートが沈降し，鉄筋の下側に隙間ができて付着が阻害されるから値は小さくなる．よって，誤った記述である.

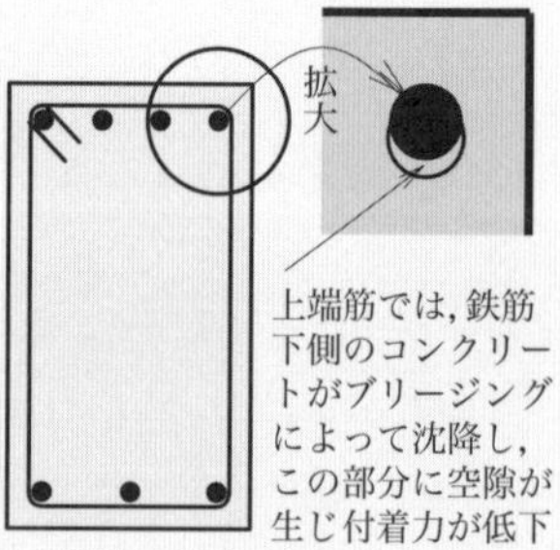

拡大
上端筋では，鉄筋下側のコンクリートがブリージングによって沈降し，この部分に空隙が生じ付着力が低下する.

上端筋の付着

4 断面算定上の基本事項

(1)応力及び変形に用いる仮定

①応力及び変形の算定は，部材の弾性剛性に立脚した計算による.

②弾性剛性を算定するに当たっては，断面二次モーメントは全断面について求める．ただし，剛比の計算には，鉄筋の影響を無視することができる.

☞**必ず覚える！公式 35**

剛度 K とは，その部材の中央の断面二次モーメントを材長で除した値である.

$$剛度K=\frac{断面二次モーメントI}{材長l}(\mathrm{mm}^3) \qquad (9\cdot1)$$

剛比 k とは，その部材の剛度を標準剛度で除した値である.

$$剛比k=\frac{その部材の剛度K}{標準剛度K_0} \qquad (9\cdot2)$$

標準剛度 K_0 には，剛度の中で最も小さい値を用いることが多い.

③大地震動時など，コンクリートのひび割れや部材の塑性変形などの影響により剛性が低下することが明らかな場合を除いて，偏心率や剛性率の算定に当たっては，耐力壁，

そで壁，腰壁，垂れ壁などの剛性は，弾性剛性に基づいた値とし，剛性低下率を用いて低減してはならない．

☞**必ず覚える！選択肢例**

鉄筋コンクリート構造の剛性率・偏心率を算定する場合，腰壁や垂れ壁などについては，コンクリート打設後の収縮亀裂などを考慮して，その剛性を1/3に低減することができる．

⇨解答例：剛性率・偏心率を算定する場合，腰壁や垂れ壁の剛性を低減して計算すると，せん断破壊に対して危険側の評価となることがあるので，その剛性をそのまま考慮して，決して低減してはならない．よって，誤った記述である．

④鉄筋コンクリート構造の建築物において，腰壁と柱との接合部に適切なスリットを設けた場合，梁の剛性及び応力の算定については，腰壁部分の影響を考慮する．

(2) 断面算定上の仮定

①コンクリートの引張強度は，無視する．

②曲げ材の材軸に直角な断面は，変形後も平面を保ち，材軸に直角とする．

③コンクリートの圧縮応力度は，弾性範囲内においては，中立軸からの距離に比例し，直線分布とする．

④コンクリートに対する鉄筋のヤング係数比 n は，表9·7に示す値とする．

☞**必ず覚える！公式36**

$$\text{ヤング係数比}n = \frac{\text{鉄筋のヤング係数}E_S}{\text{コンクリートのヤング係数}E_C} \quad (9\cdot3)$$

⑤鉄筋のヤング係数 E_S は一定値である．コンクリートのヤング係数 E_C は設計基準強度 F_C が大きくなるほど大きくなる．よって，ヤング係数比は，**コンクリートの設計基準強度が高くなるほど，小さくなる**（表9·7参照）．

表9·7　コンクリートに対する鉄筋のヤング係数比

コンクリートの設計基準強度 F_C (N/mm²)	ヤング係数比 n
$F_C \leqq 27$	15
$27 < F_C \leqq 36$	13
$36 < F_C \leqq 48$	11
$48 < F_C \leqq 60$	9

⑥鉄筋は，引張に対して有効に働くとともに，**圧縮にも有効**である．

⑦鉄筋コンクリートは，鉄筋とコンクリートとの間の付着応力によって一体となって変形するものとみなす．

5 梁の設計

(1) 梁断面の算定

①鉄筋コンクリートの梁に荷重が作用して梁が曲げを受けるとき，引張力は鉄筋が負担し，圧縮力は鉄筋とコンクリートがともに負担する（図9·1参照）．

②この梁が終局耐力に近づくと，引張側の鉄筋が降伏し，その後，圧縮側のコンクリー

トが圧壊して破壊する．このような破壊形式は，塑性変形能力が大きく，脆性破壊することなく大きな変形まで耐えることができる形式である．

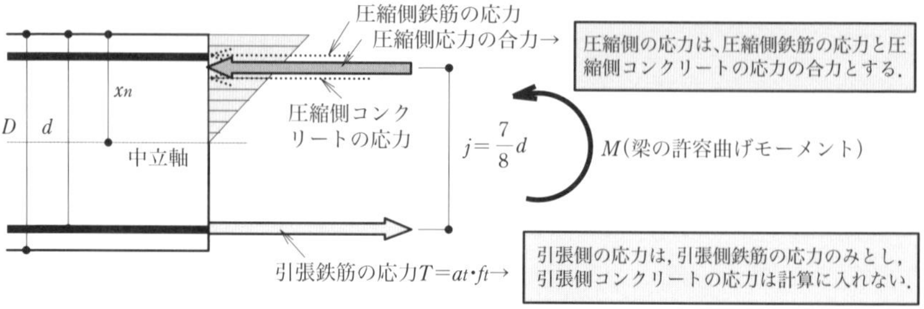

図 9･1　梁断面の応力

③長方形梁の設計では，鉄筋に生ずる引張応力度σ_tが許容引張応力度f_t以下，コンクリートに生ずる圧縮応力度σ_cが許容圧縮応力度f_c以下となるように設計する．

鉄筋：引張応力度σ_t≦許容引張応力度f_t

コンクリート：圧縮応力度σ_c≦許容圧縮応力度f_c

④長方形梁に荷重が作用しているとき，応力度と許容応力度との関係には次のような三つの場合が考えられる（図 9･2 参照）．

ｉ）引張鉄筋の量が少ないとき

→引張鉄筋の応力度${}_s\sigma_t$が圧縮側コンクリートより先に許容引張応力度f_tに達する．

ii）引張鉄筋の量が多いか，コンクリートの強度が小さいとき

→圧縮側コンクリートの応力度${}_c\sigma_c$が引張鉄筋より先に許容圧縮応力度f_cに達する．

iii）引張鉄筋量とコンクリート強度があるバランスがとれたとき

→引張鉄筋の応力度${}_s\sigma_t$と圧縮側コンクリートの応力度${}_c\sigma_c$が同時に許容応力度f_t，f_cに達する．

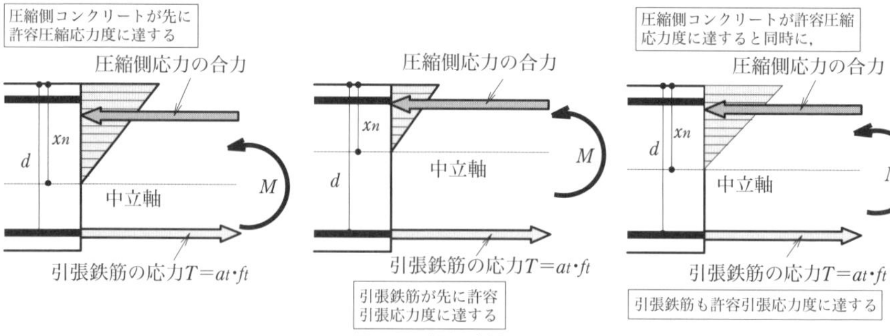

図 9･2　梁の破壊の形式

⑤**引張鉄筋比p_t**とは，引張鉄筋断面積a_tを梁断面bdで除した鉄筋比をいう．

☞必ず覚える！公式 37

$$\text{引張鉄筋比}\,p_t=\frac{a_t}{bd}\times 100(\%) \qquad (9\cdot 4)$$

⑥**つり合い鉄筋比** p_{tb} とは，引張鉄筋比の一種で，④のⅲ）のように，引張鉄筋の応力度 ${}_s\sigma_t$ と圧縮側コンクリートの応力度 ${}_c\sigma_c$ が同時に許容応力度に達する場合の鉄筋比をいう（図 9･3 参照）.

⑦つり合い鉄筋比以下の場合，C_2 すなわち引張側の鉄筋から主筋量が決まるから，
$T = a_t \cdot f_t$ より，次式が成り立つ.

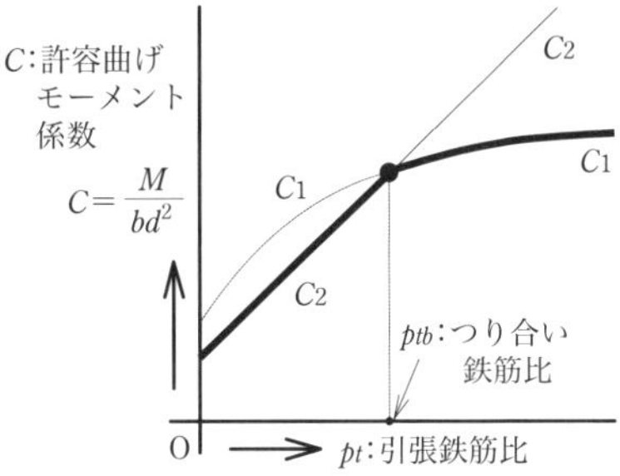

図 9･3　長方形梁の断面計算図表

☞必ず覚える！公式 38

許容曲げモーメント $M = a_t \cdot f_t \cdot j$　(9･5)

応力中心距離 $j = \frac{7}{8}d$　(9･6)

a_t：引張鉄筋の断面積　j：応力中心距離
f_t：鉄筋の許容引張応力度　d：有効せい

⑧T 形梁は，スラブの有効幅 B が大きいので，鉄筋比を計算すると，ほとんどの場合，つり合い鉄筋比以下となる．したがって，主筋量は式 (9･5) を用いて算定することができる (図 9･4 参照).

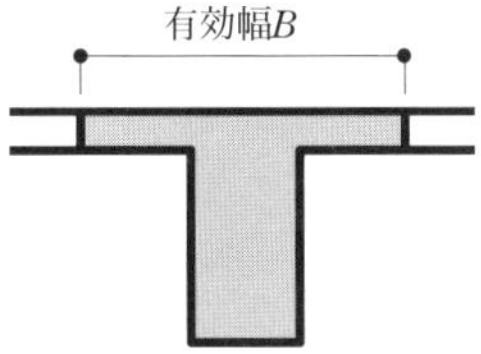

図 9･4　T 形梁

☞必ず覚える！選択肢例

梁の曲げに対する断面算定では，梁の引張鉄筋比がつり合い鉄筋比以下の場合，梁の許容曲げモーメントは，a_t(引張鉄筋の断面積) × f_t(鉄筋の許容引張応力度) × j（曲げ材の応力中心距離）により求めることができる.

⇨解答例：梁の引張鉄筋比がつり合い鉄筋比以下の場合，梁の曲げに対する断面算定では，式 (9･5) より，許容曲げモーメント $M = a_t \cdot f_t \cdot j$ で求めることができる．よって，正しい記述である.

(2) 梁設計上の注意

①梁において，長期荷重時に正負最大曲げモーメントを受ける断面の最小引張鉄筋比については，「0.4%」または「存在応力によって必要とされる量の 4/3 倍」のうち，**小さいほうの値以上**とする.

②主要な梁は，全スパンにわたって**複筋梁**とする．このとき，引張側主筋の断面積 a_t と圧縮側主筋の断面積 a_c との比（a_c/a_t）を**複筋比** γ といい，0.5 ～ 0.6 程度としている．鉄筋軽量コンクリート梁では **0.4 以上**とする.

③主筋径は，**D13 以上**とする.

④主筋のあきは，**25mm 以上**，かつ，異形鉄筋の径の **1.5 倍以上**とする.

⑤主筋の配置は，特別の場合を除き，**2 段以下**とする.

(3)梁に関するその他の事項

①梁せいが，梁内法スパンの1/10以下の場合には，長期変形を計算して，使用上の支障が起こらないことを検証する必要がある．

②耐震壁の付帯ラーメン（耐震壁の四周のラーメン）の梁の主筋の算定においては，床スラブ部分を除く梁のコンクリート全断面積に対する主筋全断面積の割合は，**0.8%以上**とする．

③梁に設ける設備用の貫通孔の径は，梁せいの**1/3以下**とする．

④極太径の異形鉄筋を主筋に使用する場合，鉄筋のコンクリートに対する許容付着応力度は，かぶり厚さと鉄筋径の比に応じて低減する．

⑤中柱を貫通して梁筋を通し配筋するとき，柱幅が定着長さに満たないと耐震性能が低下する．

⑥剛節架構の柱梁接合部内に通し配筋する大梁において，地震時に曲げヒンジを想定する梁部材の主筋強度が高い場合，梁主筋の定着性能を確保するために，柱幅を大きくする．

⑦鉄筋コンクリート造の梁のクリープによるたわみを小さくするためには，圧縮側の鉄筋量を多くする．

⑧倉庫など，積載荷重の変動がある場合の連続梁の断面設計では，曲げモーメントの変動のうち，最大の値で配筋を決める．

☞**必ず覚える！選択肢例**

剛節架構の柱・梁接合部内に通し配筋する大梁において，地震時に曲げヒンジを想定する梁部材の主筋強度が高い場合，梁主筋の定着性能を確保するために，柱せいを大きくした．

⇨解答例：主筋強度が高いと，梁主筋に大きな引張力が作用するので，定着性能を確保するためには，通し配筋とする柱のせいを大きくする必要がある．よって，正しい記述である．

6 柱の設計

(1)柱断面算定の基本的な考え方

①柱は，梁とともにラーメン構造を構成する部材で，鉛直荷重及び水平荷重に抵抗し，曲げモーメントM，軸方向力N及びせん断力Qを受ける．

②柱は，地震力などの水平荷重を左右から受け，曲げモーメントは正負交互に生じるので，重心軸に対して**対称配筋**（複筋比$\gamma = 1$）とする．

③柱に軸方向力Nと曲げモーメントMが同時に生じる場合は，重心から偏心距離eだけずれた位置に軸方向力Nが作用した場合と同じであると考える．このときの応力度分布は，軸方向力Nと曲げモーメントMの大きさにより，次の二つのパターンが考えられる（図9･5参照）．

・Mが小さく，Nが大きい場合（中立軸は断面の外）

・Nが小さく，Mが大きい場合（中立軸は断面の内）

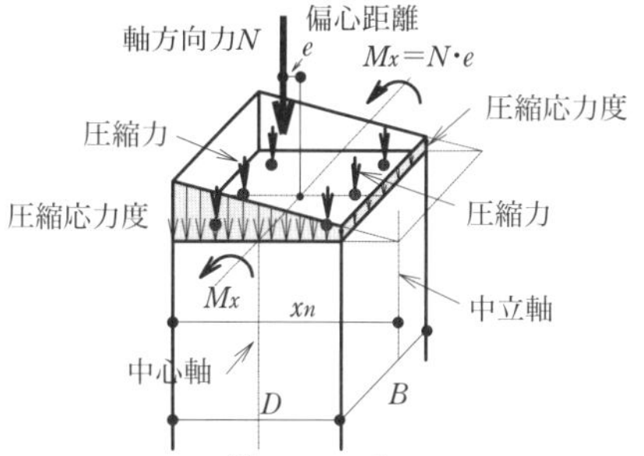

(a) $\dfrac{M_x}{N}=e<\dfrac{D}{6}$ の場合

全断面圧縮応力度となり，
鉄筋にも圧縮力が働く．
中立軸は断面の外に出る．

(b) $\dfrac{M_x}{N}=\mathrm{e}>\dfrac{D}{6}$ の場合

断面内に引張応力度が生じ，
鉄筋に引張力が働く．
コンクリートにも引張力が生じる．
中立軸は断面内にある．

図 9･5　柱断面の応力度分布①

(2)柱断面の算定

①鉄筋コンクリートの柱に荷重が作用して柱が軸方向力 N と曲げモーメント M を受けるとき，引張鉄筋で決まる場合と，圧縮側コンクリートで決まる場合とがある．このとき後者には，中立軸が断面外にある場合と断面内にある場合とに分けられる（図 9･6 参照）．

②長方形柱に荷重が作用しているとき，応力度と許容応力度との関係には次のような三つの場合が考えられる（図 9･6 参照）．

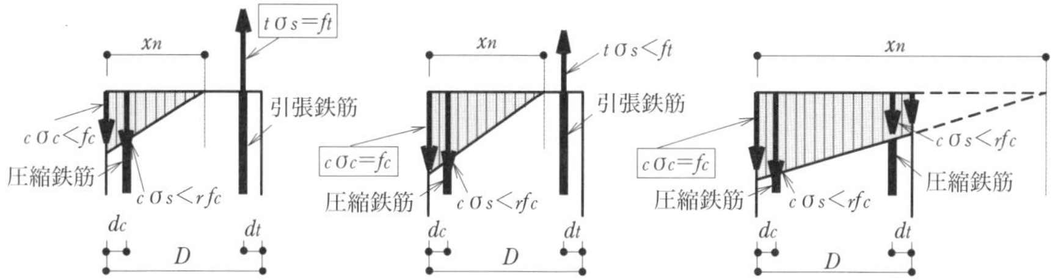

(a)引張側鉄筋で決まる　(b)圧縮側コンクリートで決まる（中立軸は断面内）　(c)圧縮側コンクリートで決まる（中立軸は断面外）

図 9･6　柱断面の応力度分布②

ⅰ）鉄筋量が少ないとき，または引張応力度が大きいとき

→引張側鉄筋の応力度 $_t\sigma_s$ が圧縮側コンクリートより先に許容引張応力度 f_t に達する．このとき，引張応力度は鉄筋が負担する（図 a 参照）．

ⅱ）鉄筋量が多いとき

→圧縮側コンクリートの端部の応力度 $_c\sigma_c$ が鉄筋より先に許容圧縮応力度 f_c に達する（図 b 参

照).

iii) 柱の全断面に圧縮応力度が生じているとき

→圧縮側コンクリートの応力度 $c\sigma c$ が先に許容圧縮応力度 f_c に達する(図 c 参照).

③長方形柱の設計では，X 方向・Y 方向それぞれについて，N/bD, M/bD^2 の値を計算し，図 9·7 のような図表を用いて引張鉄筋比 p_t を求め，次に，$a_t = p_t \cdot b \cdot D$ から引張側鉄筋の所要断面積を算出する．そして，使用鉄筋 1 本の断面積 a_1 を用いて，a_t/a_1 より必要本数を決める．

④図 9·7 において，(a)の領域は，引張鉄筋の許容応力度で決まる．(b)の領域は，圧縮側コンクリートの許容応力度で決まり，中立軸は**断面内**にある．(c)の領域は，圧縮側コンクリートの許容応力度で決まり，中立軸は**断面外**に出る．

⑤図 9·7 の A 点は，梁と同様に，圧縮側コンクリートと引張側鉄筋が同時に許容応力度に達する点である．この点は，中立軸比によって決まる．図から，鉄筋量がある程度多くなるとつり合い状態における許容曲げモーメントが最大になる．

⑥このとき，(a)の領域では，軸方向力の大きい方が許容曲げモーメントが大きくなり，軸方向力を大きく見積もると，**許容曲げモーメントを大きく計算する**ことになり，安全側になるとは限らないので注意を要する．

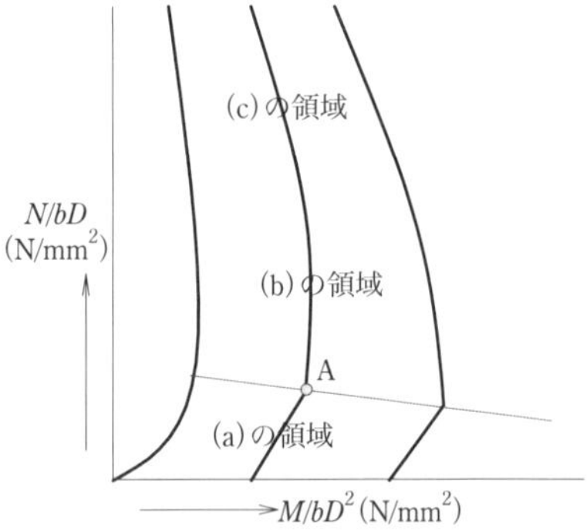

図 9·7　柱の計算図表

⑦引張側鉄筋の量が多い(引張鉄筋比が大きい)と，付着割裂破壊が生じやすくなる．したがって，引張鉄筋比があまり大きくならないように主筋の算定を行う．

⑧**付着割裂破壊**は，柱が大きな力を受けると鉄筋とコンクリートの間にすべりが生じ，付着が取れ，鉄筋に沿って付着割裂ひび割れが発生し，かぶり厚さがはがれることによって生じる脆性的な破壊形式である．

⑨付着割裂破壊は，柱の断面の隅角部に径の大きい鉄筋を配置したり，一辺に多くの鉄筋を配置したりすることによって生じることが多い．

⑩柱の断面の隅角部に太い鉄筋を配置する場合は，脆性的な破壊形式である付着割裂破壊の検討を行う．

⑪柱は，地震力によって曲げモーメントを正負交互に受けるから，圧縮側にも引張側と同じ本数の鉄筋量を対称に入れる．

☞**必ず覚える！選択肢例**

異形鉄筋を主筋とする柱では，脆性的な破壊形式である付着割裂破壊を避けるため，柱の断面の隅角部に径の大きい鉄筋を配置することが望ましい．

⇨解答例：柱の断面の隅角部に径の大きい鉄筋を配置すると，脆性的な破壊形式である付着割裂破壊のおそれが生じるため，配置することは望ましくない．よって，誤った記述である．

☞**必ず覚える！選択肢例**

必要保有水平耐力の計算に当たり，付着割裂破壊する柱の部材種別をFB材として構造特性係数 Ds を算定した．

⇨解答例：表5･6より，鉄筋コンクリート造においては，必要保有水平耐力の計算に当たっては，柱の内法高さ/柱の幅，軸方向応力度，引張鉄筋比，コンクリートの設計基準強度などの要因において規定値を満足する場合はFA材，FB材，FC材の部材種別を考えるが，付着割裂破壊やせん断破壊などの脆性的な破壊形式となる場合では，部材種別はその他の場合に区分し，FD材として算定する．よって，誤った記述である．

(3) 柱設計上の注意

①柱の最小径とその主要支点間距離の比は，所定の構造計算を行わない場合，普通コンクリートを使用した場合は構造耐力上主要な支点間の距離の**1/15以上**とし，軽量コンクリート使用の場合は**1/10以上**とする．

②地震時に曲げモーメントがとくに増大するおそれがある柱では，短期軸方向力を柱のコンクリート全断面積で除した値は，柱の靭性を確保するために設計基準強度 F_C の**1/3以下**となることが望ましい．

③主筋径は，**D13以上**，かつ，**4本以上**とする．

④柱主筋全断面積は，コンクリート全断面積の**0.8%以上**とする．

⑤主筋のあきは，**25mm以上**，かつ，異形鉄筋の径の**1.5倍以上**とする．

☞**必ず覚える！選択肢例**

柱のコンクリート全断面積に対する主筋全断面積の割合は，所定の構造計算を行わない場合，コンクリートの断面積を必要以上に増大しなかったので，0.4%とした．

⇨解答例：所定の構造計算を行わない場合は，（柱の主筋の全断面積/柱のコンクリートの全断面積）× 100 = **0.8%以上**とする．よって，誤った記述である．

(4) 柱に関するその他の事項

①柱及び梁の靭性を確保するために，部材がせん断破壊する以前に曲げ降伏するように設計する．

②地震時に曲げ降伏する可能性がある柱の靭性を確保するためには，軸方向力による圧縮応力度が低くなるように設計する．

③コンクリートは，引張力に弱く圧縮力に強いが，大きな軸圧縮力を受ける柱ほど地震時の粘り強さが減少する．

④水平力を受ける柱では，軸圧縮力が大きくなると変形能力が小さくなり，脆性破壊の

危険性が高くなる．
⑤柱の靭性は，圧縮軸力が増大するほど低下する．
⑥軸圧縮力を受ける柱では，鉄筋の圧縮応力が，コンクリートのクリープによって徐々に増大する．
⑦柱は，一般に，その高さに対する断面のせいが大きくなるほど，曲げ強度やせん断強度は大きくなるが，粘り強さは小さくなる．
⑧腰壁が取り付くことにより，柱が短柱になるのを防止するため，柱と腰壁の取り合い部に，十分なクリアランスを有する完全スリットを設ける．
⑨地震時に水平力を受ける柱の曲げひび割れは，一般に，柱頭及び柱脚に発生しやすい．
⑩柱は，主筋を増すと強度は大きくなるが，粘り強さは小さくなる．
⑪柱主筋の継手位置は，部材応力と作業性を考慮して，柱の内法高さの下から1/4程度の位置に設けるのがよい．
⑫柱の出隅部分に使用される異形鉄筋の末端部に，フックを付ける．

7 せん断補強

鉄筋コンクリート構造においては，曲げ破壊よりもせん断破壊に対して粘りの少ない急激な破壊（脆性破壊）を起こすことが多い．したがって，せん断破壊を起こさないように，次の二式を用いて，せん断補強筋量を算定する．

長期設計用せん断力 $_LQ_D$ ≦**長期許容せん断力** $_LQ_A$ (9･7)

短期設計用せん断力 $_SQ_D$ ≦**短期許容せん断力** $_SQ_A$ (9･8)

(1)梁のせん断補強

①梁の許容せん断力 Q_A は，次式から計算する．

☞**必ず覚える！公式39**

長期：$_LQ_A = bj\{\alpha \cdot {_Lf_s} + 0.5\,{_{LW}f_t}(p_w - 0.002)\}$ (9･9)

短期：$_SQ_A = bj\{\alpha \cdot {_Sf_s} + 0.5\,{_{SW}f_t}(p_w - 0.002)\}$ (9･10)

ただし，$\alpha = \dfrac{4}{\dfrac{M}{Q \cdot d}+1}$，かつ，$1 \leqq \alpha \leqq 2$ (9･11)

b：梁幅(mm)，j：梁の応力中心間距離$\left(j = \dfrac{7}{8}d\right)$ (mm)

$_Lf_s$，$_Sf_s$：コンクリートの長期および短期許容せん断応力度(N/mm²)

$_{LW}f_t$，$_{SW}f_t$：あばら筋の長期および短期のせん断補強用許容引張応力度(N/mm²)

p_w：あばら筋比$(p_w = a_w / b \cdot x)$ (%)，ただし，$0.002 \leqq p_w \leqq 0.012$

②式（9･9），(9･10）の第1項$\alpha \cdot f_s bj$はコンクリートの許容せん断力を，第2項はあばら筋が負担するせん断力を示している．すなわち，許容せん断力は，コンクリートの抵

抗分と補強筋の効果を加え合わせた大きさとしている.

③あばら筋比は，**0.2%以上**とし，次式から計算する.

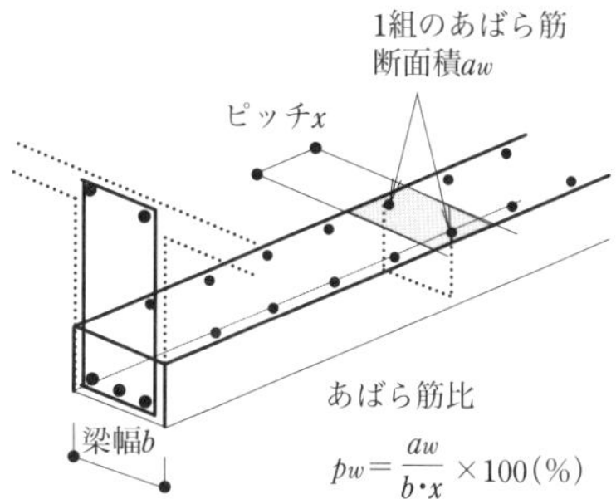

図 9・8　あばら筋比

☞必ず覚える！公式 40

あばら筋比 $p_w = \frac{a_w}{b \cdot x} \times 100(\%)$　(9・12)

a_w:1 組のあばら筋断面積（mm^2），通常は，2 本 1 組とすることが多い（図 9・8 参照）.

b: 梁幅(mm)，x: あばら筋間隔(mm)

④せん断スパン比 $\frac{M}{Q \cdot d}$ は，スパン l と梁せい d の関係を表したもので，端部集中荷重の片持梁では，梁の長さ l をせい d で除したものに等しい. ラーメンの場合では，梁は両端固定として，図 9・9 のように考える.

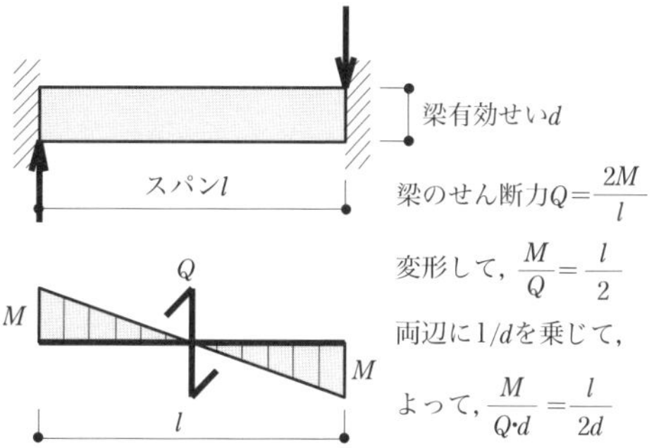

図 9・9　せん断スパン比

⑤**せん断スパン比が大きくなると，靱性は高くなり，粘り強くなる.**

⑥梁せい d が大きくなると，せん断スパン比は小さくなり，許容せん断力 Q は大きくなる（靱性は小さくなる）.

⑦設計用せん断力 Q_D は，次式で計算する.

☞必ず覚える！公式 41

長期荷重時：$_LQ_D = Q_L$　(9・13)

短期荷重時：$_SQ_D = Q_L + n \cdot Q_E$　(9・14)

または

$_SQ_D = Q_0 + Q_y$　(9・15)

n：1.5 倍以上（ルート 2 では 2.0 倍以上）

Q_0：単純支持の梁の長期荷重によるせん断力

Q_y：梁の両端が曲げ降伏するときのせん断力

$$Q_y = \sum \frac{M_y}{l'}$$

M_y：両端降伏時のモーメント

l'　：梁の内法スパン

⑧せん断補強筋は，コンクリートを拘束し，主筋の座屈防止に効果を発揮するとともに，せん断耐力と靱性の確保に寄与している.

(2)柱のせん断補強

①柱の許容せん断力 Q_A は，次式から計算する．

☞**必ず覚える！公式 42**

長期：$_LQ_A = \alpha \cdot {}_Lf_s bj$ (9・16)

短期：$_SQ_A = bj\{\alpha \cdot {}_Sf_s + 0.5{}_Sw f_t(p_w - 0.002)\}$ (9・17)

②長期許容せん断力 $_LQ_A$ は，長期荷重による**せん断ひび割れの発生を許さない**ので，帯筋の補強効果を考慮しない．よって，式（9・16）より算定する．

③短期許容せん断力 $_sQ_A$ は，帯筋の補強効果を考慮するが，短柱では粘り強さが小さく，脆性破壊が生じやすくなるから，せん断スパン比による割増を考えず，**$\alpha = 1$** として算定する．算定式は，（9・17）による．

④帯筋比は，**0.2%以上**とし，次式から計算する．

☞**必ず覚える！公式 43**

帯筋比 $p_w = \dfrac{a_w}{b \cdot x} \times 100(\%)$ (9・18)

a_w:1 組の帯筋断面積（mm²），通常は，**2 本 1 組**とすることが多い．

b: 柱幅(mm)，x: 帯筋間隔(mm)

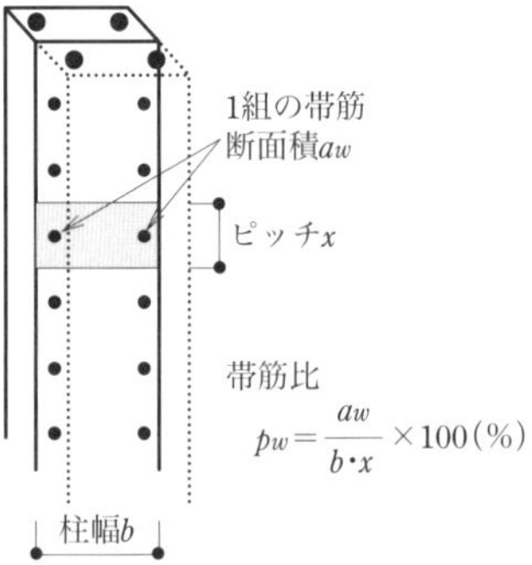

図 9・10　帯筋比

⑤柱の脆性破壊を防止するため，帯筋に高強度鉄筋を用いるとよい．

⑥柱の帯筋は，せん断補強のほかに，帯筋で囲んだコンクリートの拘束と主筋の座屈防止に有効である．

⑦柱の帯筋は，その間隔を密にすることにより，主筋の座屈を防止し，柱の粘り強さを増すことができる．

⑧柱の断面が同じ場合，一般に，柱の内法の高さが短いほど，せん断強度は大きくなるが，粘り強さは小さくなる．

⑨地震時に水平力を受ける短柱やそで壁付きの柱は，長柱に比べて，せん断ひび割れが発生しやすい．

⑩柱の帯筋の端部については，帯筋の両端を溶接することにより，帯筋端部にフックを設けない設計としてもよい．

☞**必ず覚える！選択肢例**

柱断面の長期許容せん断力の計算において，コンクリートの許容せん断力に帯筋による効果を加算した．

⇨解答例：式（9・16）より，長期荷重によるせん断ひび割れの発生を許さない設計とするので，コンクリートの許容せん断力のみとし，軸圧縮応力度の効果および帯筋の補強効果を加算することはしない．よって，誤った記述である．

☞必ず覚える！選択肢例

地震時の柱の靱性を確保するためには，帯筋を多く入れるよりも主筋を多く入れるほうが効果がある．

⇨解答例：地震時の柱の靱性を確保するためには，せん断補強筋を増やす必要がある．すなわち，帯筋を多く入れることにより，せん断耐力を高め，せん断破壊するより先に曲げ降伏するような設計とする．主筋を多く入れると，強度が増大し，大きな曲げモーメントや軸方向力には耐えられるが，靱性を確保することにはならない．よって，誤った記述である．

(3)柱・梁接合部（柱と梁が交差する部分）のせん断補強

①純ラーメン部分の柱・梁接合部内において，**帯筋量を増やしても，接合部のせん断強度を高める効果はない**．

②柱・梁接合部のせん断補強筋は，その間隔は 150mm 以下，かつ，隣接する柱のせん断補強筋間隔の 1.5 **倍以下**とし，せん断補強筋比を 0.2%**以上**とする．

③外柱の柱・梁接合部においては，一般に，靱性を確保するため，梁の下端筋は，上向きに定着させ，梁の上端筋及び下端筋の柱・梁接合部内における水平定着長さを十分にとる．特に，梁主筋の水平投影長さは，柱せいの 0.75 **倍以上**とする．

④変形能力のある建築物とするために，柱・梁接合部に脆性的な破壊が生じないことを確認する．

⑤曲げ降伏する梁の引張鉄筋量を増やすと，柱と梁との接合部への入力せん断力が大きくなる．

⑥柱・梁の接合部は，地震時に大きなせん断力を受け，そこが破壊すると建築物全体が大変形し，崩壊につながることがある．

⑦柱・梁の接合部の強度，靱性の確保は，柱や梁の部材の強度，靱性の確保と同様に重要である．

8 床スラブの設計

(1)床スラブの算定

①床スラブの主筋の算定は，つり合い鉄筋比以下となる単位幅の梁と考えて，$M = a_t f_t j$ の略算式により計算する．

②単位幅に対する設計用曲げモーメントは，次式による（図 9･11 参照）．

☞**必ず覚える！公式 44**

短辺周辺部：

$$Mx_1 = -\frac{1}{12} w_x \cdot lx^2 \qquad (9\cdot19)$$

短辺中央部：

$$Mx_2 = \frac{1}{18} w_x \cdot lx^2 \qquad (9\cdot20)$$

長辺周辺部：

$$My_1 = -\frac{1}{24} w \cdot lx^2 \qquad (9\cdot21)$$

長辺中央部：

$$My_2 = \frac{1}{36} w \cdot lx^2 \qquad (9\cdot22)$$

ただし，w_xは，次式による．

$$w_x = \frac{ly^4}{lx^4 + ly^4} \cdot w \qquad (9\cdot23)$$

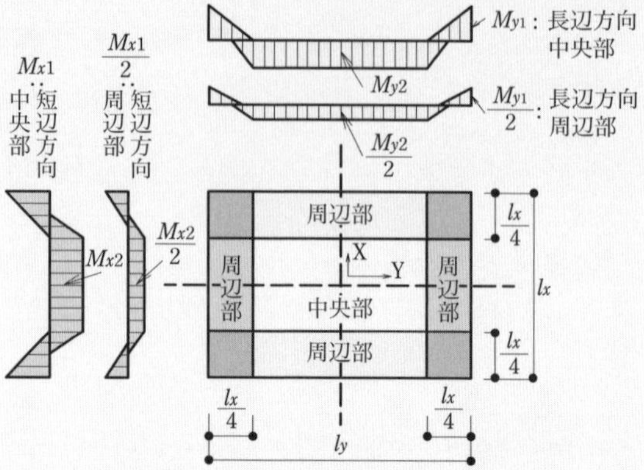

図 9･11　スラブの設計用曲げモーメント

(2)スラブ設計上の注意事項

①床スラブの鉄筋間隔は，表 9･8 による．

表 9･8　床スラブの鉄筋間隔

	鉄筋普通コンクリート	鉄筋軽量コンクリート
短辺方向	200mm 以下 径 9mm 未満の溶接金網では 150mm 以下	200mm 以下 径 9mm 未満の溶接金網では 150mm 以下
長辺方向	300mm 以下，かつスラブ厚さの 3 倍以下 径 9mm 未満の溶接金網では 200mm 以下	250mm 以下 径 9mm 未満の溶接金網では 200mm 以下

②床スラブの厚さは，**80mm 以上**，かつ，短辺方向における有効スパンの **1/40 以上**とする．

③片持スラブの支持端部の厚さは，持ち出し長さの **1/10 以上**とする．

④スラブ各方向の全幅について，コンクリート全断面積に対する鉄筋全断面積の割合は，**0.2%以上**とする．

⑤四辺固定スラブにおいて，スラブ厚 t ＞短辺有効スパン $l_x/30$，片持スラブでは，スラブ厚 t ＞短辺有効スパン $l_x/10$ とするが，スラブ厚 t ＜短辺有効スパン $l_x/30$，片持スラブでは，スラブ厚 t ＜短辺有効スパン $l_x/10$ の場合には，クリープの影響を考慮した変形の計算を行い，使用上の支障が起こらないことを検証する．

(3)スラブに関するその他の事項

①床スラブの**ひび割れを制御**するためには，鉄筋全断面積のコンクリート全断面積に対する割合を **0.4%以上**として設計する．

②温度応力及び収縮応力が生じる床スラブの配筋については，床スラブのコンクリート全断面積に対する鉄筋全断面積の割合を，**0.2%以上**として設計する．

③床スラブの設計においては，鉛直荷重に対する強度を確保するとともに，過大なたわみ・ひび割れや，振動障害が生じないことを確認する．

④小梁付き床スラブについては，小梁の過大なたわみ及び大梁に沿った床スラブの過大なひび割れを防止するため，小梁に十分な曲げ剛性を確保する．

⑤鉄線の径が 6mm の溶接金網は，床スラブの引張鉄筋として用いることができる．

⑥床スラブの長期たわみは，乾燥収縮，ひび割れ及びクリープの影響により増大する．クリープたわみなどの長期たわみは，l_x/250 以内に抑える．

出題例 42 等分布荷重を受ける周辺固定の鉄筋コンクリート造の図のような長方形スラブにおいて，設計用曲げモーメントの値を M_{x1}，M_{x2}，M_{y1}，M_{y2} としたとき，最も大きい値と最も小さい値の組合せとして，正しいものは，次のうちどれか．ただし，$l_y > l_x$ とする．なお，図では便宜的に $M_{x1} = M_{x2} = M_{y1} = M_{y2}$ として描いている．

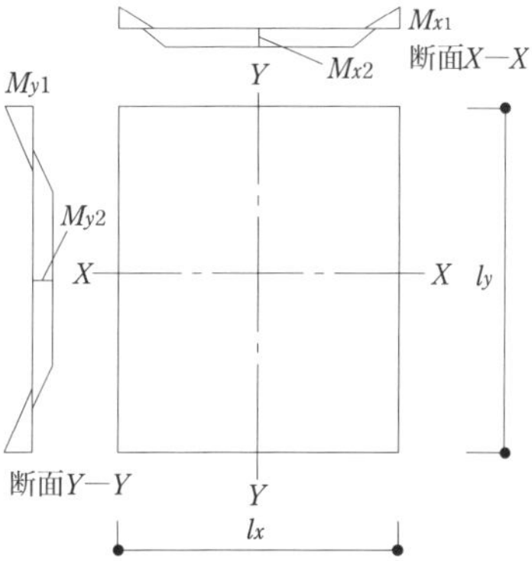

	最も大きい値	最も小さい値
1.	M_{x1}	M_{y2}
2.	M_{x2}	M_{y1}
3.	M_{y2}	M_{y2}
4.	M_{y1}	M_{x1}

解答例

等分布荷重を受ける周辺が固定された鉄筋コンクリート造の図のような長方形スラブの設計用曲げモーメントの値は，図 9・11 及び式(9・19)，(9・22)より，短辺方向の周辺部の値 M_{x1} が最も大きく，長辺方向の中央部の値 M_{y2} が最も小さい．よって，1. が正解．

9 耐震壁の設計

(1)許容せん断力 Q

①耐震壁の許容せん断力 Q は，次式の Q_1，Q_2 のうち**大きい方の値**を用いる．

② Q_1 は，壁にせん断ひび割れを生じさせない条件から求めた許容値．

③ Q_2 は，壁にせん断力ひび割れが生じた後，壁と柱が共同してせん断力に抵抗する条件から求めた許容値．

☞必ず覚える！公式 45

$$Q_1 = \gamma_2 t l f_S \quad (9\cdot24)$$

$$Q_2 = \gamma_2 (Q_w + \Sigma Q_c) \quad (9\cdot25)$$

γ_2：開口に対するせん断耐力の低減率.

$\gamma_{2\text{-}1}$, $\gamma_{2\text{-}2}$, $\gamma_{2\text{-}3}$ のうち最も小さい値とする.

$$\gamma_{2-1} = 1 - \frac{l_0}{l} \quad (9\cdot26)$$

$$\gamma_{2-2} = 1 - \frac{h_0}{h} \quad (9\cdot27)$$

$$\gamma_{2-3} = 1 - \sqrt{\frac{h_0 \cdot l_0}{h \cdot l}} \quad (9\cdot28)$$

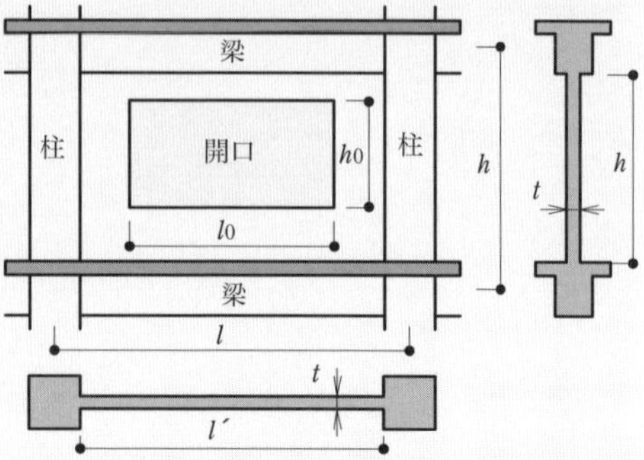

図 9・12　耐震壁

ただし，開口周比 $\gamma_0 = \sqrt{\dfrac{\text{開口面積}}{\text{壁体面積}}}$

$$= \sqrt{\frac{h_0 \cdot l_0}{h \cdot l}} \leqq 0.4 \quad (9\cdot29)$$

☞必ず覚える！公式 46

開口に対するせん断剛性の低減率 $\gamma_1 = 1 - 1.25\,\gamma_0$ (9・30)

l, l', l_0, h, h', h_0 は，図 9・12 による.

f_S：コンクリートの短期許容せん断応力度（N/mm²）

Q_w：無開口の壁筋が負担できる許容せん断力

Q_c：壁周辺の柱 1 本が負担できる許容せん断力

☞必ず覚える！選択肢例

図に示す壁について，開口周比 γ_0 が 0.4 以下であることから無開口耐力壁のせん断剛性およびせん断耐力に，開口周比 γ_0 を乗じて低減を行った.

⇨解答例：せん断耐力に乗じる開口に対する低減率は γ_2 であり，せん断剛性に乗じる開口に対する低減率は γ_1 である．γ_2 は，式 (9・26)，(9・27)，(9・28) から求める $\gamma_{2\text{-}1}$，$\gamma_{2\text{-}2}$，$\gamma_{2\text{-}3}$ のうち最も小さい方の値とし，γ_1 は，式 (9・30) から求める値とする．したがって，せん断耐力およびせん断剛性に乗じるのは，開口周比 γ_0 ではない．よって，誤った記述である.

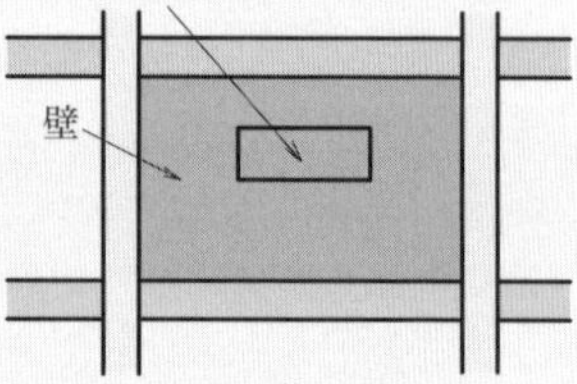

図 9・13　耐震壁

(2) 耐震壁設計上の注意事項

①構造耐力上主要な部分である耐力壁の厚さは，一般に，**120mm 以上**，かつ，壁板の内法高さの **1/30 以上**とする.

②壁板のせん断補強筋比は，直交する各方向に関し，それぞれ **0.25％以上**とする.

③壁板の厚さが 200mm 以上ある場合は，壁筋を複筋配置（ダブル配筋）とする.

④壁筋は，D10 以上の異形鉄筋，あるいは ϕ 6 以上の溶接金網を用い，見付面に対する間隔は **300mm 以下**（千鳥配筋の場合は片面の間隔は 450mm 以下）とする.

⑤耐震壁の開口周囲の補強筋には，**D13 以上**，かつ，その耐震壁の壁筋と同径以上の異

形鉄筋を使用する.

⑥耐震壁の付帯ラーメン（耐震壁の四周のラーメン）の梁の主筋の算定においては，床スラブ部分を除く梁のコンクリート全断面積に対する主筋全断面積の割合を，**0.8%以上**とする.

⑦付帯ラーメンの柱の主筋の全断面積は，柱のコンクリートの全断面積の**0.8%以上**とする.

(3) 耐震壁に関するその他の事項

①耐震壁の付帯ラーメン（耐震壁の四隅のラーメン）は，壁板を拘束してひび割れを分散させたり，ひび割れの貫通を防止し，耐力や靱性を増大させる効果がある.

②付帯ラーメンの梁のせん断補強筋比は，**0.2%以上**とする.

③変形性能を高めるために，耐力壁の破壊形式は，基礎浮き上がり型になってもやむを得ない．特に，壁にX型のひび割れが入る脆性破壊は避けるべきである.

④図9·14に示すように，開口部の上端が上部梁に，下端が床版に接していると，各階共1枚の耐力壁としては扱うことができない.

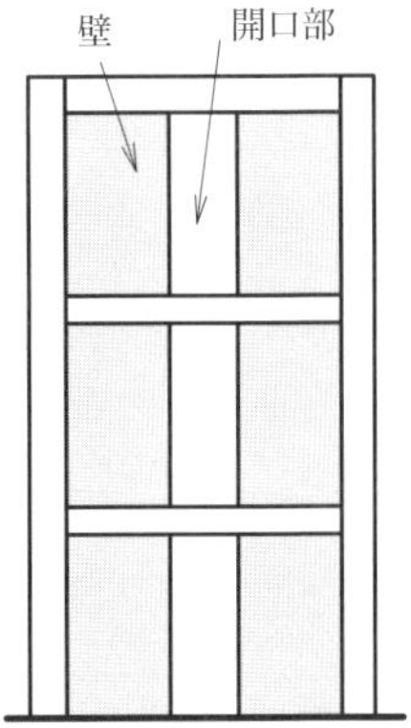

図9·14　耐震壁と開口部

⑤「耐震計算ルート1」の適用を受ける建築物の場合，耐力壁のせん断設計用せん断力は，一次設計用地震力により耐力壁に生じるせん断力の**2倍以上**の値とする.

出題例 43　表は，鉄筋コンクリート構造における梁端部，柱及び耐力壁の断面及び配筋を示したものである．㈳日本建築学会「鉄筋コンクリート構造計算基準」における鉄筋量の最小規定を満たしていないものは，次のうちどれか．ただし，鉄筋1本の断面積は，「D10：0.7cm²」，「D13：1.3cm²」，「D25：5.0cm²」とする.

<table>
<tr><th></th><th>梁端部</th><th>柱</th><th>耐力壁</th></tr>
<tr><td>断面（単位cm）</td><td>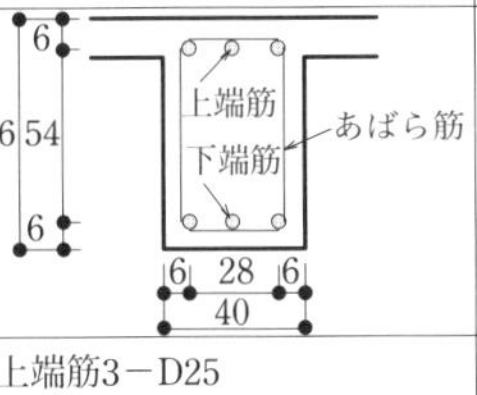
</td><td>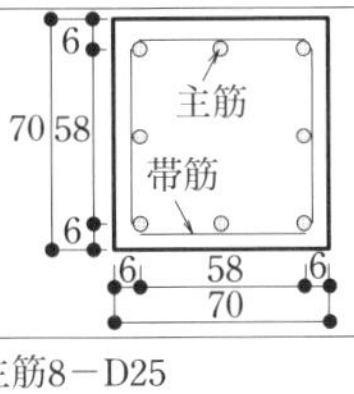
</td><td>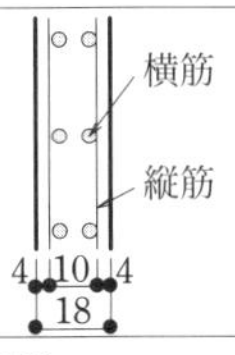
</td></tr>
<tr><td>配筋</td><td>上端筋3－D25
下端筋3－D25
あばら筋D10@20cm</td><td>主筋8－D25
帯筋D13@10cm</td><td>縦筋D10@20cm
横筋D10@20cm</td></tr>
</table>

1. 梁端部の引張鉄筋量　　2. 梁端部のせん断補強筋量
3. 柱の全主筋量　　4. 耐力壁のせん断補強筋量

解答例

1. 梁端部の引張鉄筋量

$a_t = 0.004bd = 0.004 \times 40 \times 60 = 9.6\text{cm}^2$

鉄筋 D25　3 本：$a_t = 5.0 \times 3 = 15.0\text{cm}^2 > 9.6\text{cm}^2$　O.K

2. 梁端部にせん断補強筋比（あばら筋比）

$$p_w = \frac{a_w}{b \cdot x} \times 100 = \frac{2 \times 0.7}{40 \times 20} \times 100 = 0.175\% < 0.2\% \quad \text{N.G}$$

3. 柱の全主筋量

$$\text{コンクリート全断面積} A_C = 70 \times 70 \times \frac{0.8}{100} = 39.2\text{cm}^2$$

鉄筋 D25　8 本：$a_t = 5.0 \times 8 = 40.0\text{cm}^2 > 39.2\text{cm}^2$　O.K

4. 耐力壁のせん断補強筋比

$$p_w = \frac{a_w}{t \cdot x} \times 100 = \frac{2 \times 0.7}{18 \times 20} \times 100 = 0.389\% > 0.25\% \quad \text{O.K}$$

よって，2. が正解である．

10 鉄筋コンクリート部材の終局耐力

①梁の終局耐力は，次式から求める．

☞必ず覚える！公式 47

終局耐力 $Mu = a_t \cdot \sigma_y \cdot j = 0.9 \cdot a_t \cdot \sigma_y \cdot d$　(9･31)

応力中心間距離 $j = 0.9d$　(9･32)

②式（9･31）を用いられるのは，次の条件を満たすときである．

1）引張側鉄筋が先に降伏して，終局耐力に達する場合．

2）圧縮側応力度の分布が求められない場合．

圧縮側コンクリートの応力度分布は，中立軸がわからないと，その値を求められない．したがって，略算する．

③このとき，応力中心間距離 j は，0.9d と略算する．

出題例 44　図－1のような水平力 P を受ける鉄筋コンクリートラーメン架構において，全長にわたり図－2のような断面の梁の場合，梁の引張鉄筋の降伏が圧縮コンクリートの破壊より先行して生じた．このときの A 点における終局曲げモーメント M_u の値に最も近いものは，次のうちどれか．ただし，条件はイ～ニのとおりとする．

条件　イ．鉄筋の材料強度 σ_y：350N/mm²

ロ．コンクリートの圧縮強度 F_C：24N/mm²

ハ．主筋（D25）1 本当たりの断面積：500mm²

ニ．梁の自重は無視するものとする．

1．200kN･m
2．300kN･m
3．400kN･m
4．500kN･m

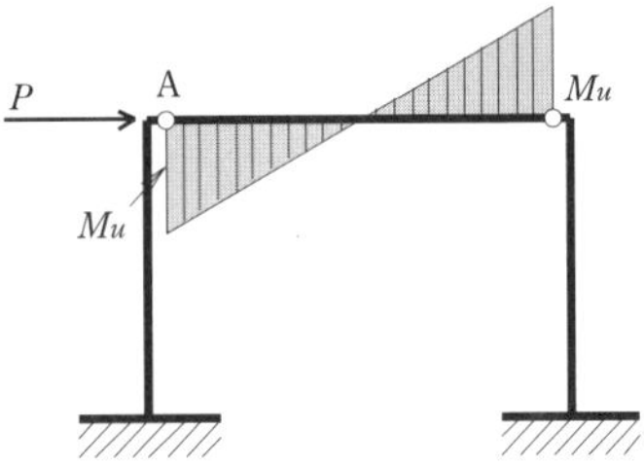

図-1

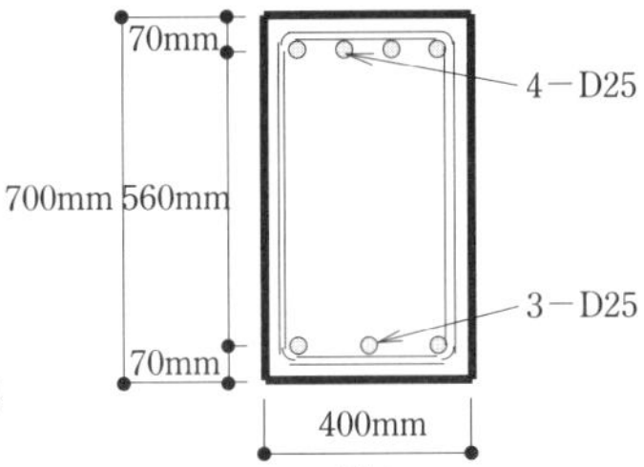

図-2

解答例

下側引張鉄筋断面積 $a_t = 500 \times 3 = 1{,}500\text{mm}^2$

鉄筋の材料強度 $\sigma_y = 350\text{N/mm}^2$

梁の有効せい $d = 700 - 70 = 630\text{mm}$

このときの終局曲げモーメント M_u は，式（9･31）より求める．

$$M_u = 0.9 \cdot a_t \cdot \sigma_y \cdot d = 0.9 \times 1{,}500 \times 350 \times 630 = 297{,}675{,}000\text{N} \cdot \text{mm}$$

$$= 297.675\text{kN} \cdot \text{m} \fallingdotseq 300\text{kN} \cdot \text{m}$$

よって，2. が正解である．

出題例45 図－1のような断面の鉄筋コンクリート造の梁における曲げ終局強度時の応力度分布を図－2のように仮定したとき，その梁の終局曲げモーメントの値として，正しいものは，次のうちどれか．ただし，圧縮縁から中立軸までの距離は 50mm で，コンクリートの圧縮強度 F_C を 24N/mm²，鉄筋の降伏応力度 σ_y を 300N/mm²，引張鉄筋の全断面積 a_t を 1600mm² とし，圧縮側のコンクリートに生ずる応力度は，F_C に等しい一様分布とする．

1．228kN･m　　2．240kN･m
3．252kN･m　　4．264kN･m

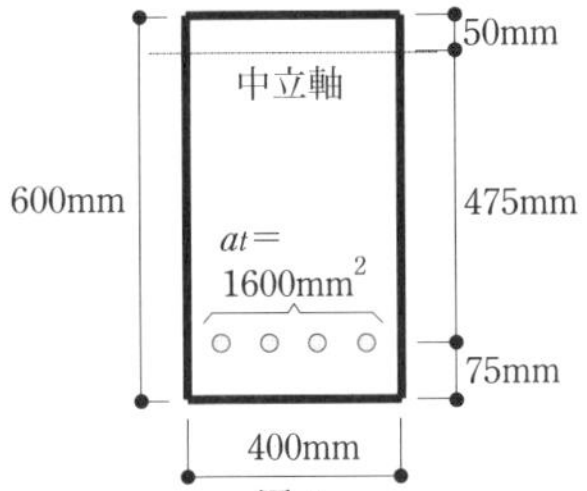

図-1

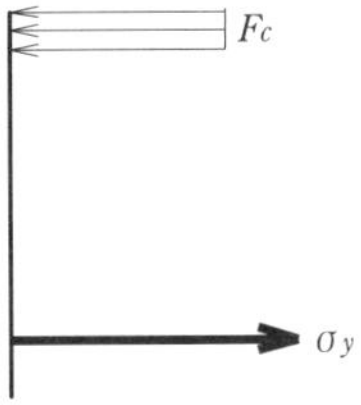

図-2

解答例

鉄筋に生ずる引張応力

$$T = \sigma_y \times a_t = 300 \times 1600$$

$$= 480{,}000\text{N} = 480\text{kN}$$

コンクリートに生ずる圧縮応力

$$C = 24 \times 400 \times 50 = 480{,}000\text{N} = 480\text{kN}$$

応力中心間距離は，$j = 475 + 25 = 500\text{mm}$

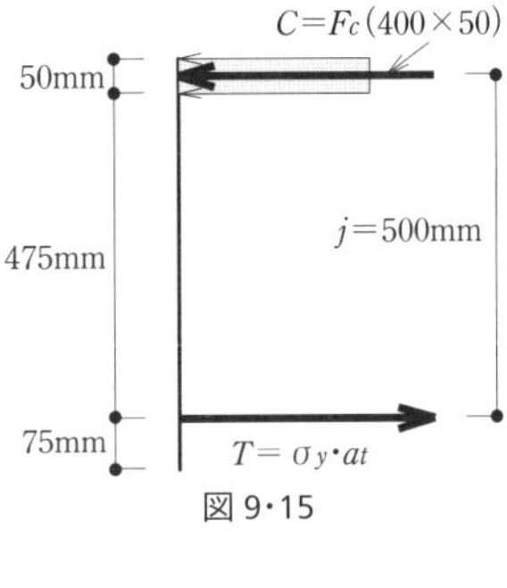

図 9･15

したがって，このときの終局曲げモーメントは，

$$M_u = T \times j = C \times j = 480 \times 500$$
$$= 240000\text{kN·mm} = 240\text{kN·m}$$

よって，2.が正解である．

出題例 46 図－1のような断面をもつ鉄筋コンクリート構造の柱に曲げモーメントMと軸力Nが作用した場合，この柱のひずみ度分布が図－2であるときの軸力Nに最も近いものは，次のうちどれか．ただし，条件は，イ～トのとおりである．

条件　イ．軸力は，柱の中心に作用する．

ロ．主筋（4 － D25）の断面積の和 a_g：2,028mm^2

ハ．主筋の降伏応力度 σ_y：345N/mm^2

ニ．コンクリートの圧縮強度 σ_c：30N/mm^2

ホ．コンクリート及び主筋の「応力度－ひずみ度」の関係は，図－3とする．

へ．コンクリートの終局ひずみ度 ε_u は，主筋の降伏ひずみ度 ε_y の2倍とする．

ト．コンクリートは圧縮力のみを，主筋は圧縮力及び引張力を負担する．

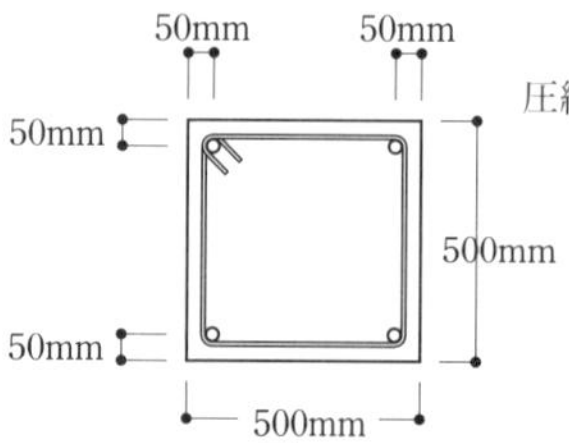

図－1

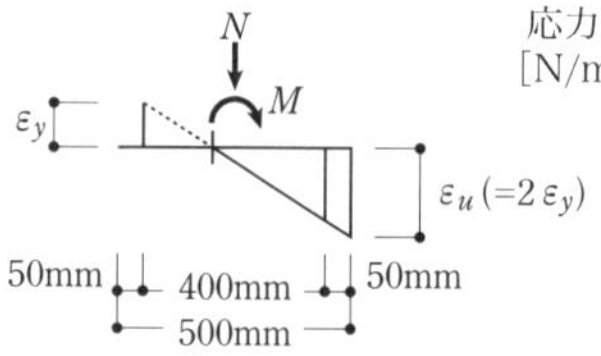

図－2

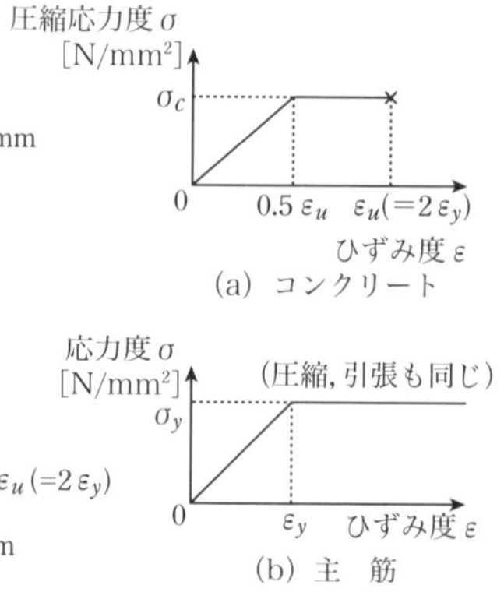

図－3

1. 2,250kN
2. 2,575kN
3. 3,375kN
4. 4,070kN

解答例

図－2のひずみ度分布より，

引張主筋のひずみ度＝ ε_y.

圧縮コンクリートの縁のひずみ度＝ 2 ε_y.

したがって，このときの中立軸の位置及び距離の関係は，図9·16のようになる．

図－3(a)のコンクリートの「応力度－ひずみ度」の関係より，コンクリートの応力度分布は，図9·17のようになる．

図－3(b)の主筋の「応力度－ひずみ度」の関係より，引張側主筋も圧縮側主筋も応力度は，σ_y = 345N/mm^2 となる．

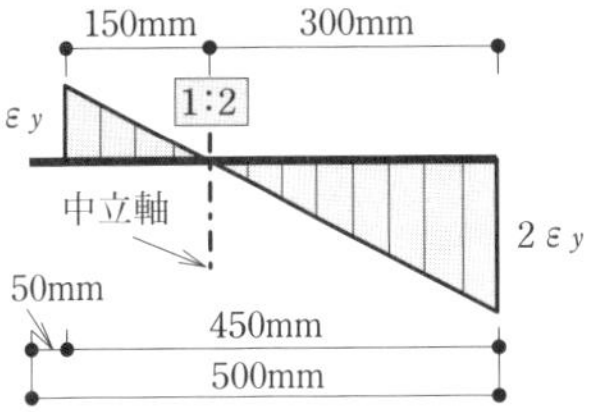

図 9·16　ひずみ度分布

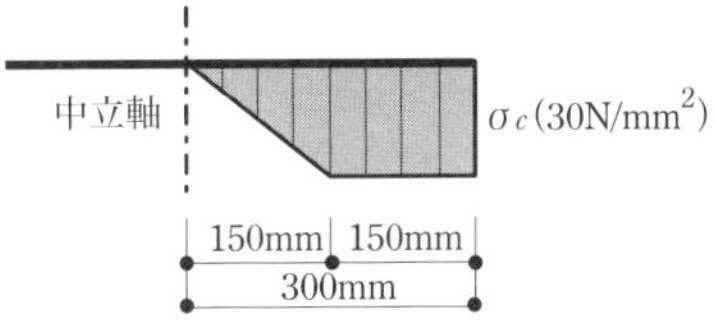

図 9·17　コンクリートの応力度分布

以上，柱断面の応力度分布をまとめると，図 9·18 のようになる．

軸力 N の大きさは，次のように考える．

主筋は，引張側の応力と圧縮側の応力が等しく，お互いに打ち消し合うから，軸力としては考えなくてよい．したがって，コンクリートの圧縮応力度の合力を求めれば，それが軸力 N となる．軸力 N は，図 9·18 において，コンクリートの応力度分布の合力，すなわち，ここでは応力度分布図の体積の大きさと同じになる．

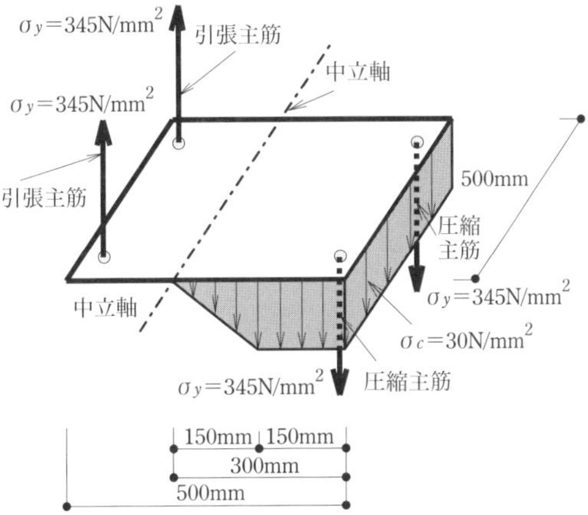

図 9·18　柱断面の応力度分布

$$\text{軸力}\ N = \left(\text{三角形部分}\ \frac{150 \times 30 \times 500}{2}\right) + \text{四辺形部分}\ 150 \times 30 \times 500$$

$$= 1{,}125{,}000 + 2{,}250{,}000$$

$$= 3{,}375{,}000\text{N} = 3{,}375\text{kN}$$

よって，3. が正解である．

出題例 47　鉄筋コンクリート構造における柱の帯筋・副帯筋および梁のあばら筋・副あばら筋の納まりを示す図として，最も不適当なものは，次のうちどれか．

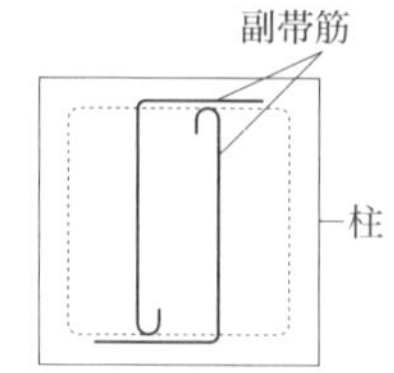

1. 柱の副帯筋

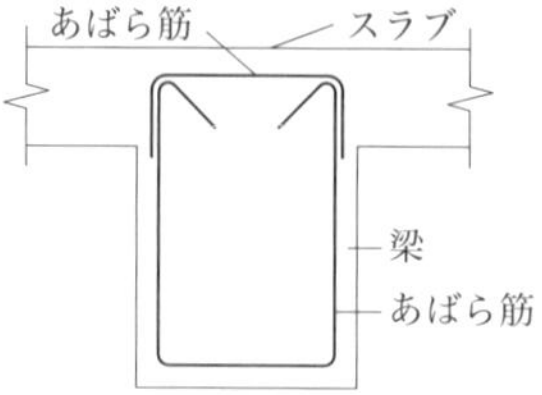

2. 梁のあばら筋

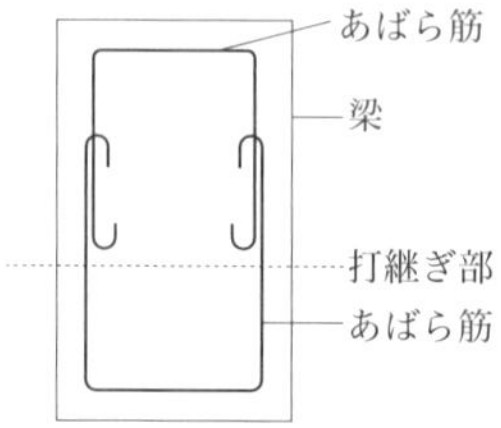

3. せいの大きな梁のあばら筋

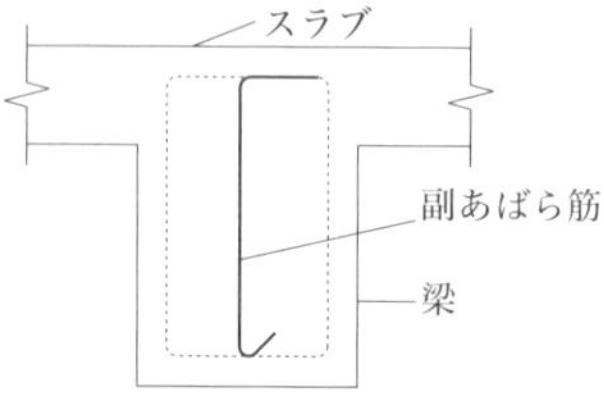

4. 梁の副あばら筋

解答例

1. 柱の副帯筋が間違っている．副帯筋では，帯筋と併用する場合などでは 90° フックとすることもできるが，問題の図では，フックがないため間違いとなる．なお，帯筋やあばら筋では 135° 以上のフックが必要である．

よって，1. が正解.

出題例 48 鉄筋コンクリート構造における鉄筋の定着・納まりを示す図として，最も最も不適当なものは，次のうちどれか.

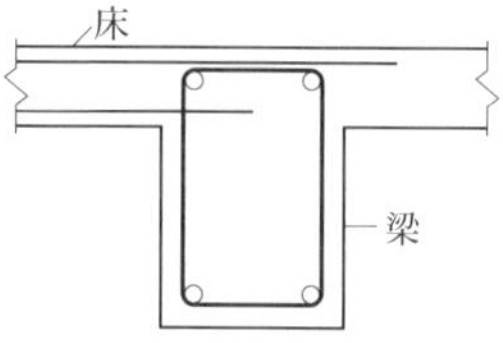

1. 両側スラブの場合のスラブ筋端部の定着

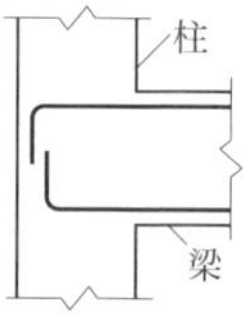

2. 一般階の梁主筋端部の定着

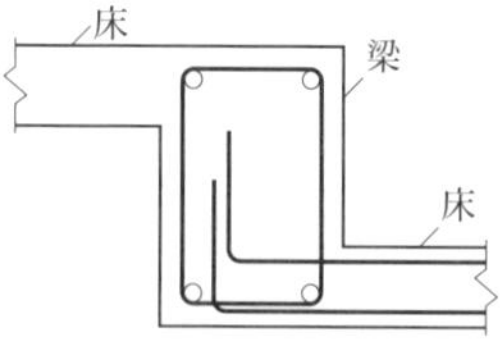

3. 逆スラブの場合のスラブ筋端部の定着

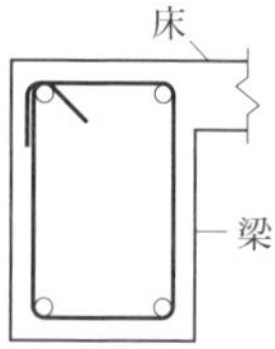

4. 片側スラブの場合のあばら筋末端部の収まり

解答例

4. 床スラブのない側のあばら筋は，135° 以上のフックが必要である．床スラブのある側のあばら筋は，90° フックでもよい．

よって，4. が正解.

第10章　鉄骨構造の設計

鉄骨構造は，鉄筋コンクリート構造とともに重要な構造であり，鉄骨鉄筋コンクリート構造にも関係する．したがって，鉄骨構造に関する問題は，通常，毎年3問出題されている．その中で，鉄骨構造の構造設計に関する計算問題は，10年間に2問程度の出題であるが，構造設計に関する選択肢は数多く出題されている．特に，鋼材の規格，接合，座屈，曲げ，幅厚比，保有耐力接合など幅広く出題されているので，出題例や出題選択肢例を参考に理解を深めていくことが重要である．

1 鋼材

(1)鋼材の規格

①構造用鋼材は，JIS規格で材質が規定されている表10･1のような種類がある．

表10･1　構造用鋼材の規格

種別	記号	F値 (N/mm^2)	降伏点 (N/mm^2)	引張強さ (N/mm^2)	備考
建築構造用圧延鋼材	SN400A	235	235以上	400～510	溶接：不可．小梁に使用．
	SN400B, SN400C		235～355		降伏点の上限値を規定
	SN490B, SN490C	325	325～445	490～610	降伏点の上限値を規定
一般構造用圧延鋼材	SS400	235	235以上	400～510	溶接継目の応力負担：可
	SS490	275	275以上	490～610	溶接継目の応力負担：不可
	SS540	375	390以上	540以上	溶接継目の応力負担：不可
溶接構造用圧延鋼材	SM400A SM400B, SM400C	235	235以上	400～510	溶接性：良好
	SM490A, SM490B, SM490C	325	315以上	490～610	溶接性：良好
	SM520B, SM520C	355	355以上	520～640	溶接性：良好

☞**必ず覚える！選択肢例**

ラーメン構造において，柱及び梁にSN400Bを用い，小梁にSN400Aを用いた．

⇨解答例：SN400B材は，塑性変形能力を確保した材であり，溶接性がよい材料であるが，SN400A材は，塑性変形能力をあまり期待しない材であり，接合には溶接を用いないで，高力ボルトなどを用いる材料である．したがって，SN400A材は小梁などに用いる．よって，正しい記述である．

②鋼材の記号の数字は，**引張強さの下限値**を示している．

③建築構造用鋼材（SN材）のB種（厚さ12mm以上），C種については，降伏点の**下限値だけでなく，上限値も規定**されている．

④一般構造用圧延鋼材（SS材）及び溶接構造用圧延鋼材（SM材）は，降伏点の下限値は規定されているが，**上限値は規定されていない**．

⑤建築構造用鋼材（SN材）には，A種，B種，C種の3種類がある．

A種は，弾性範囲内で使用し，接合には溶接を使用しない種類である．

B種は，溶接に最も適した種類で，耐震上主要な構造部分に使用する．

C種は，B種の性能に板厚方向の性能をプラスした種類で，通しダイアフラムなどに使用する．

☞**必ず覚える！選択肢例**

SN材を使用して柱を設計する場合，溶接加工時を含めて，板厚方向に大きな引張力を受ける部材にB種を使用した．

⇨解答例：板厚方向に大きな引張力を受ける部材には，B種の性能に**板厚方向の性能**を強化したC種を用いる．よって，誤った記述である．

⑥溶接構造用鋼材（SM材）にもA種，B種，C種の3種類があるが，SN材とは意味合いが異なり，A種にはシャルピー吸収エネルギーの規定がなく，B種，C種は規定されている．B種は27J（ジュール）以上であり，C種は47J以上である．

☞**必ず覚える！選択肢例**

シャルピー衝撃試験の吸収エネルギーが大きい鋼材を使用することは，溶接部の脆性破壊を起こしやすくなる．

⇨解答例：シャルピー衝撃試験の吸収エネルギーが大きい鋼材を使用することは，溶接部などの脆性的破壊を防ぐのに有利である．したがって，シャルピー衝撃値が大きくなるほど脆性破壊を起こしにくくなる．また，鋼材は，ビッカース硬さが大きいほど，もろくて硬い性質をもつ．よって，誤った記述である．

(2)鋼材に関するその他の事項

①SN490Bについては，降伏点又は耐力は板厚が**40mmを超えると低下**するが，引張強さは，板厚が100mm以下まで同じである．

②建築構造用圧延鋼材SN400Bは，降伏後の**変形能力**と**溶接性**が保証された鋼材である．

③SN400材の**引張強さの下限値**は，400N/mm^{2}である．

④SS490材及びSS540材の溶接継目は，応力を負担することができない．

⑤ SM材は，鋼材中の炭素を減らしてマンガン，ケイ素等の含有量を調整したもので，SS材に比べて**溶接作業性に優れた鋼材**である．

(3)鋼材の機械的性質
(a)降伏点
①普通鋼材の応力度とひずみ度の関係において，a点の比例限度までは直線であり，応力度とひずみ度は比例する．b点の弾性限度までは荷重を取り除けばひずみはなくなり，元の長さに戻る．弾性限度を過ぎて最初の降伏点は c 点の**上降伏点**であり，その後，d 点の**下降伏点**に至る．その後，不安定な状態が続き，伸びが進行して e 点の引張強さでピークを向かえ，応力度が低下して f 点の破断点に至る．

a：比例限度
b：弾性限度
c：上降伏点
d：下降伏点
e：引張強さ
f：破壊強さ

$$\tan\theta \frac{\sigma}{\varepsilon} = E(\text{ヤング係数})$$

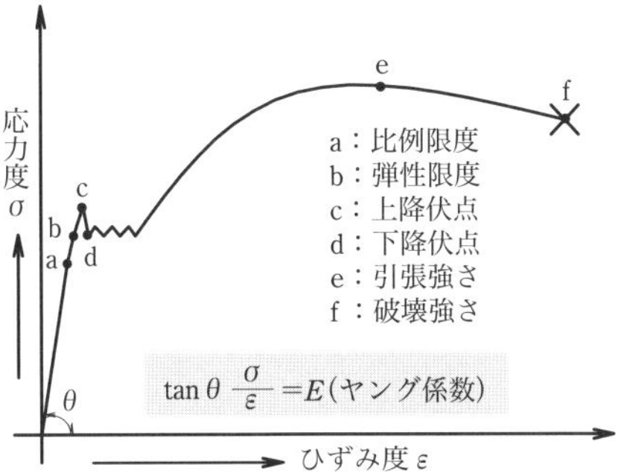

図 10・1　応力度—ひずみ度曲線

②同じ鋼塊から圧延された鋼材の降伏点は，一般に，**板厚の薄いもの**のほうが板厚の厚いものに比べて**高くなる**．
③鋼材の降伏点は，**温度の上昇とともに，その値は低下する**．
④建築構造用耐火鋼（FR 鋼）は，高温時の耐力に優れており，600℃における降伏点が常温時の規格値の 2/3 以上となるように定められている．

> ☞必ず覚える！選択肢例
> 　圧縮力を受ける場合の鋼材の降伏点は，引張力を受ける場合の降伏点の約 1/2 である．
> ⇨解答例：鋼材では，圧縮を受ける場合も，引張を受ける場合も，降伏点の値は同じと考えてよい．よって，誤った記述である．

(b)降伏比
①軟鋼の引張試験から得られる応力度—ひずみ度曲線は，図 10・1 のようになる．
②降伏比は，降伏点を引張強さで除して，次式から計算する．

> ☞必ず覚える！公式 48
> $$\text{降伏比} = \frac{\text{降伏点}}{\text{引張強さ}} \tag{10・1}$$

③**降伏比が小さいほど，塑性化領域は拡大し，部材の塑性変形性能が向上する．**
④反対に，鋼材の降伏比が大きくなると，降伏点に達すると直ちに引張強さに達し，塑性化領域は減少し，部材の変形能力は低下する．
⑤一般構造用圧延鋼材 SS400 の降伏比（降伏点/引張強度）は，0.6〜0.7 程度である．

☞**必ず覚える！選択肢例**

降伏比（降伏点／引張強さ）の小さい鋼材を用いた鉄骨部材は，一般に，塑性変形能力が小さく，耐震性能が低い．

⇨解答例：降伏比が小さいと降伏点を過ぎてから最大強度（引張強さ）までの強度差が大きく，伸びの余裕もあり，粘り強い鋼材といえる．したがって，降伏比が小さい鋼材は**塑性変形能力が大きく，耐震性能が高い**．よって，誤った記述である．

☞**必ず覚える！選択肢例**

降伏点が 240N/mm²，引張強さが 420N/mm² である鋼材の降伏比は，1.75 である．

⇨解答例：$降伏比=\dfrac{降伏点}{引張強さ}$で表される．したがって，$降伏比=\dfrac{240}{420}=0.57$となる．よって，誤った記述である．

⑥ SN400 材（厚さ 12mm 以上）の B 種・C 種および SN490 材（厚さ 16mm 以上）の B 種・C 種は，降伏点および降伏比の**上限が規定**されている．しかし，SN400 材の A 種および SS 材，SM 材にはその規定はない．

☞**必ず覚える！選択肢例**

SS400 材は，降伏比の上限を規定した炭素鋼であり，SN400B 材に比べて，塑性変形能力が優れている．

⇨解答例：SN400B 材の厚さ 12mm 以上の鋼材は，降伏比の上限が規定されている．また，塑性変形能力は，SS400 材より SN400B 材のほうが優れている．よって，誤った記述である．

⑦塑性化が予想される部位については，降伏比の小さい鋼材を使用することにより，骨組の変形能力を高めることができる．

⑧一般に，高強度の鋼材は，降伏点が高くなるとともに，降伏比も大きくなる．

(c)ヤング係数

①鋼材のヤング係数は，次式およびその値を覚える．

☞**必ず覚える！公式 49**

$$E=\frac{\sigma}{\varepsilon}=2.05\times10^5\mathrm{N/mm^2}：\textbf{一定値}である. \quad (10\cdot2)$$

②応力が許容応力度以下となった小梁のたわみを小さくするため，同じ断面寸法で降伏強度の大きい材料に変更しても効果はない．

③ラーメン構造の梁において，曲げ剛性に余裕がある場合は，断面のせいを小さくするために，SN400B 材を用いる代わりに，強度の大きい SN490B 材を用いて設計するとよい．

④小梁の設計において，たわみによって断面が決定された場合，SN490B 材を用いる代わりに，SN400A 材を用いて設計してもよい．

☞**必ず覚える！選択肢例**

ラーメン構造において，弾性変形を小さくするために SS400 材を用いる代わりに，同一断面の SM490 材を用いた．

⇨解答例：ラーメン構造において弾性変形を小さくするためにはヤング係数を大きくするのが有効であるが，鋼材のヤング係数は**一定値**であるから，SS400 材を用いる代わりに SM490 材を用いても弾性変形を小さくする効果はない．弾性変形を小さくするには，断面を大きくするか材長を短かくするのが有効である．よって，誤った記述である．

⑤ステンレス鋼 SUS304 の「応力度ーひずみ度曲線」には，明確な降伏点がないので，ヤング係数は，**0.2%オフセット耐力**時の勾配から求め，$E = 1.93 \times 10^5 \mathrm{N/mm^2}$ として計算する．

☞**必ず覚える！選択肢例**

建築構造用ステンレス鋼材 SUS304A については，ヤング係数は SN400B より小さいが，基準強度は板厚が 40mm 以下の SN400B と同じである．

⇨解答例：構造用ステンレス鋼材 SUS304A のヤング係数は 193kN/mm² であり，普通鋼 SN400B は 205kN/mm² であるから，鋼材より小さいが，基準強度 F_C は 235kN/mm²（**0.1%オフセット耐力時**）で，SN400B（235kN/mm²）と同じである．よって，正しい記述である．

⑥線膨張係数は，普通鋼である SS400 材は，$1.04 \sim 1.17 \times 10^{-5}$/℃ 程度であり，SUS304 ステンレス鋼は 1.73×10^{-5}/℃ 程度である．．

⑦アルミニウムのヤング係数は，**70.5kN/mm²** であり，一般構造用圧延鋼材は **205kN/mm²** である．

❷ 鋼材の許容応力度

(1) 基準強度 *F*

①鋼材の基準強度 *F* の値は，次のように決められている．

☞**必ず覚える！重要事項**

鋼材の**降伏点**の値と
引張強さの 70%の値のうち，
小さいほうの値としている．

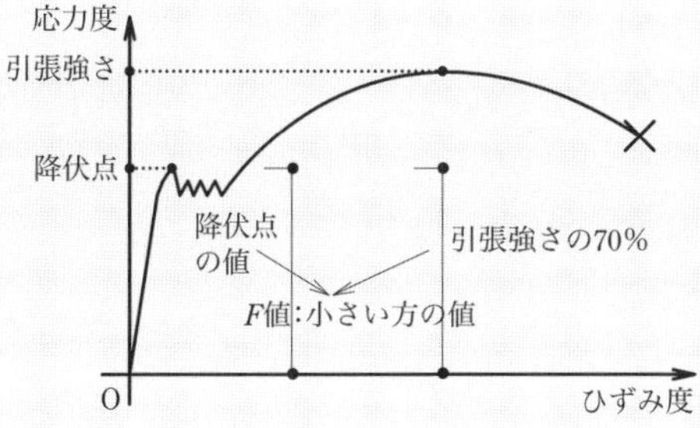

②鋼材の基準強度 *F* の数値を，次表に示す．

表 10・2　鋼材の F 値

厚さ ＼ 鋼材種別		建築構造用		一般構造用		溶接構造用	
		SN400 (A, B, C)	SN490 (B, C)	SS400	SS490	SM400	SM490
F 値	厚さ 40mm 以下	235	325	235	275	235	325
	厚さ 40mm を超え 100mm 以下	215	295	215	255	215	295

②建築構造用鋼材 SN490 の許容応力度の基準強度 F は，厚さが 40mm を超える場合，295N/mm^2 である．

③同じ鋼塊（インゴット）から圧延された鋼材の基準強度 F は，板厚の薄いものより板厚の厚いもののほうが低くなる．

(2)許容応力度

①鋼材の許容応力度を，表 10・3 に示す．

表 10・3　鋼材の許容応力度

長期に生ずる力に対する許容応力度					短期に生ずる力に対する許容応力度				
圧縮	引張	曲げ	せん断	支圧	圧縮	引張	曲げ	せん断	支圧
$\frac{F}{1.5}$	$\frac{F}{1.5}$	$\frac{F}{1.5}$	$\frac{F}{1.5\sqrt{3}}$	$1.25F$	長期に対するそれぞれの数値の 1.5 倍				

②長期許容引張応力度は，$f_t=\dfrac{F}{1.5}$から求める．

③長期許容せん断応力度は，$f_s=\dfrac{F}{1.5\sqrt{3}}$から求める．

④鋼材の許容せん断応力度は，許容引張応力度の$\dfrac{1}{\sqrt{3}}$である．

⑤鋼材の許容支圧応力度は，許容引張応力度に比べて大きい．

⑥ SN 材の材料強度については，基準強度 F に基づいて，圧縮，引張および曲げに対しては F とし，せん断に対しては$\dfrac{F}{\sqrt{3}}$とする．

☞**必ず覚える！選択肢例**

鋼材の許容せん断応力度は，許容引張応力度の$\frac{1}{3}$である．

⇨解答例：鋼材の許容せん断応力度は$\frac{F}{1.5\sqrt{3}}$，許容引張応力度は$\frac{F}{1.5}$である．したがって，許容せん断応力度は許容引張応力度の$\frac{1}{\sqrt{3}}$となる．よって，誤った記述である．

⑦繰返し応力を受ける部材において，繰返し回数が **10^4 回**を超える場合には，疲労の検討を行う．

⑧柱・梁に使用する材料として日本工業規格（JIS）に適合する炭素鋼の構造用鋼材を用いたので，終局耐力算定用の材料強度については，その鋼材の基準強度の **1.1 倍**の数値とする．

❸ 接合

(1)高力ボルト接合

①高力ボルト摩擦接合は，高力ボルト軸部の締付け力によって生じる母材間の**摩擦力**によって応力伝達を行う設計である．

②水平力を受ける筋かいの接合部において高力ボルト摩擦接合を用いる場合，接合部の**終局破断耐力**の検討に当たっては，高力ボルト**軸部のせん断力と母材の支圧力**により応力が伝達される，として設計する．

☞**必ず覚える！選択肢例**

高力ボルト摩擦接合は，短期荷重に対して，ボルト軸部のせん断力と母材の支圧力によって応力を伝達する接合方法である．

⇨解答例：上記②のような終局耐力の場合は，ボルト軸部せん断力と母材の支圧力によって応力を伝達させるが，通常の場合の高力ボルト摩擦接合は，高力ボルト軸部の締付け力によって生じる母材間の摩擦力によって応力伝達を行う接合方法である．よって，誤った記述である．

③二面せん断は，一面せん断の **2 倍の許容耐力**がある（図 10・2 参照）．したがって，F10T の高力ボルト摩擦接合において，使用する高力ボルトが同一径の場合，1 面摩擦接合 4 本締めの許容耐力は，2 面摩擦接合 2 本締めの場合と同じである．

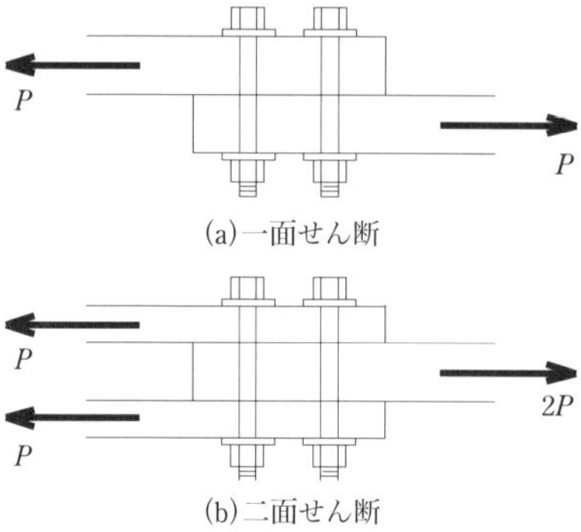

一面せん断の許容せん断力

$$Rs = \frac{\pi d^2}{4} \cdot fs$$

二面せん断の許容せん断力

$$Rs = \frac{\pi d^2}{2} \cdot fs$$

・高力ボルトの軸断面に対する許容せん断応力度
・一面せん断の場合
長期許容せん断応力度
$fs = 0.3T_0$
短期許容せん断応力度
$fs = 0.45T_0$
T_0：基本張力
F10Tの場合
$T_0 = 500\mathrm{N/mm^2}$

図 10・2　一面せん断と二面せん断

④ H 形鋼の梁の現場接合部には，強度が高く**遅れ破壊**が生じにくい F10T の高力ボルトを用いる．**F11T の高力ボルトは，遅れ破壊を起こすおそれがある．**

⑤高力ボルト摩擦接合部（浮き錆を除去した赤錆面）の 1 面せん断の短期許容せん断応力度は，高力ボルトの基準張力の **0.45 倍**である（図 10・2 参照）．

⑥高力ボルト 1 本当たりの摩擦接合部の長期許容せん断耐力 Rs は，すべり係数を **0.45** として定められている．短期の値は，長期の **1.5 倍**である．

☞必ず覚える！公式 50

$$\text{許容せん断耐力} R_s = \frac{n\mu N}{\nu} \qquad (10\cdot3)$$

n：摩擦面の数．μ：すべり係数．$\mu = 0.45$（溶融亜鉛メッキの場合 $\mu = 0.40$）．
ν：安全率，$\nu = 1.5$.

$$N\text{：設計ボルト張力（}N\text{），} N = \frac{\pi d^2}{4} \cdot T_0 \qquad (10\cdot4)$$

⑦高力ボルト摩擦接合部においては，一般に，すべり耐力以下の繰返し応力であれば，ボルト張力の低下，摩擦面の状態の変化を考慮する必要はない．

⑧高力ボルトに導入された締付け力は繰返し応力による影響を受けにくいので，許容せん断力の低減はしなくてもよい．

⑨せん断力のみを受ける高力ボルト摩擦接合部の設計において，繰返し応力の効果は考慮しなくてよい．

☞必ず覚える！選択肢例

高力ボルト摩擦接合部におけるボルト 1 本当たりのすべり耐力は，接合面の状態によらず，せん断面の数と初期導入軸力から求めた．

⇨解答例：高力ボルト摩擦接合におけるせん断耐力の計算には，接合面のすべり係数が関係する．その摩擦面は，黒皮・塗料・油・塵埃を除去し，浮き錆にならない赤錆程度とするのがよい．なお，すべり係数は $\mu = 0.45$ とする．よって，誤った記述である．

⑩せん断力と引張力とを同時に受ける接合部に高力ボルトを使用する場合には，引張力の大きさに応じて，高力ボルトの軸断面に対する許容せん断応力度を低減する．

☞**必ず覚える！選択肢例**

高力ボルトにせん断力と引張力が同時に作用する場合，作用する応力の方向が異なるので，高力ボルトの許容せん断応力度は低減しなくてよい．

⇨解答例：高力ボルトにせん断力と引張力が同時に作用した場合，作用する応力の方向に関係なく，高力ボルトの許容応せん断力度は，引張力の大きさに応じて低減させる．よって，誤った記述である．

(2)溶接

①溶接継目の許容耐力は，次式で計算する．

☞**必ず覚える！公式 51**

溶接継目の許容耐力＝溶接継目の有効断面積 A ×溶接継目の許容応力度 f_w

＝溶接継目の**有効長さ** l ×有効**のど厚** a ×許容応力度 f_w　(10･5)

②溶接継目の許容応力度を表 10･4 に示す．

表 10･4　溶接継目の許容応力度

溶接継目の形式	長期に生ずる力に対する許容応力度				短期に生ずる力に対する許容応力度			
	圧縮	引張	曲げ	せん断	圧縮	引張	曲げ	せん断
突合せ	$\frac{F}{1.5}$			$\frac{F}{1.5\sqrt{3}}$	長期に対するそれぞれの数値の 1.5 倍とする．			
突合せ以外のもの	$\frac{F}{1.5\sqrt{3}}$			$\frac{F}{1.5\sqrt{3}}$				

③許容応力度等計算において，突合せ溶接及びすみ肉溶接におけるそれぞれの溶接継目ののど断面に対する**許容せん断応力度は等しい**．

④完全溶込み溶接におけるのど断面の許容応力度は，高度の品質が確保できる場合，**母材と同一の値**とすることができる．

⑤すみ肉溶接継目ののど断面に対する短期許容応力度は，高度の品質が確保できる場合には，接合される**母材の短期許容せん断応力度に等しい値**とすることができる．

⑥すみ肉溶接のサイズは，母材の厚さが異なる場合，一般に，**薄いほうの母材の厚さ以下**とする．

⑦すみ肉溶接の有効長さは，まわし溶接を含めた溶接の全長から，**すみ肉のサイズの 2 倍**を減じたものとする．

⑧溶接継目ののど断面の長期応力に対する許容応力度は，異種鋼材の溶接の場合，接合される母材の許容応力度のうち，**小さい方の値**とする．

⑨鋼材の溶接材料には，一般に，降伏点（又は 0.2％耐力）及び引張強さが，それぞれ接合する母材の値以上となるものを用いる．

⑩溶接線と直角方向に引張力が作用する場合及び溶接線を軸とする曲げが作用する場合，

それらの部分をいずれも**部分溶込み溶接**として設計することはできない.

⑪部分溶込み溶接ののど断面に対する許容せん断応力度は，完全溶込み（突合せ）溶接の場合と**同じ値**とすることができる.

⑫箱形断面の柱にH形鋼の梁を剛接合する場合には，梁の**フランジは突合せ溶接**とし，**ウェブはすみ肉溶接**とする.

☞**必ず覚える！選択肢例**

すみ肉溶接ののど断面に対する短期許容応力度は，接合される鋼材の溶接部の基準強度に等しい値とした.

⇨解答例：すみ肉溶接ののど断面に対する短期許容応力度は，表10･4より，基準強度Fの$\frac{1}{\sqrt{3}}$であるから，接合される鋼材の溶接部の基準強度Fに等しい値とはいえない．よって，誤った記述である.

(3)併用継手

①一つの継手の中に高力ボルトと溶接とを併用する場合，**溶接より先に施工**する高力ボルト接合の部分については，高力ボルトにも**応力を分担**させることができる.

②一つの継手の中に高力ボルトと溶接とを併用する場合，施工の順序によっては，双方の耐力を加算することができない場合がある.

③一つの継手に高力ボルト接合とボルト接合が施工される場合，一般に，高力ボルトに全応力を分担させる.

❹ 引張材の設計

①引張材の算定は，引張力N_tを有効断面積A_nで除して，次式で算定する.

☞**必ず覚える！公式52**

$$\text{引張応力度}\,\sigma_t=\frac{N_t}{A_n}\leqq\text{許容引張応力度}\,f_t\ (\mathrm{N/mm^2}) \qquad (10\cdot6)$$

②有効断面積A_nは，全断面積Aからファスナー孔断面積による欠損断面積を差し引いて算出する.

③山形鋼や溝形鋼をガセットプレートの片側のみに接合するときは，偏心の影響が大きいので，二次曲げモーメントについても考慮する.

④山形鋼を用いた筋かい材の有効断面積の計算において，筋かい材の断面積からファスナー孔による欠損部分および突出脚の無効部分の断面積を差し引いて計算する.

⑤山形鋼を用いた筋かい材を材軸方向に配置された一列の高力ボルトによりガセットプレートに接合する場合，筋かい材の有効断面積は，高力ボルトの本数が多いほど，大きくすることができる.

❺ 圧縮材の設計

(1) 局部座屈と幅厚比の制限

①圧縮材では，全体の座屈のほか，部分的にフランジやウェブにしわがよるように変形する局部座屈が生じる．

②局部座屈を防ぐには，板材としての，板幅 b と板厚 t の比を小さくするとよい．この板幅 b と板厚 t の比 (b/t) を**幅厚比**といい，**小さくすると局部座屈が生じにくくなり**，大きくすると局部座屈を起こしやすくなり，局部破壊するおそれが出てくる．

③圧縮材の幅厚比および鋼管の径厚比の制限を表 10･5 に示す．

表 10･5　幅厚比と径厚比

柱及び梁の種別	柱または圧縮材		梁材		鋼管の径厚比
	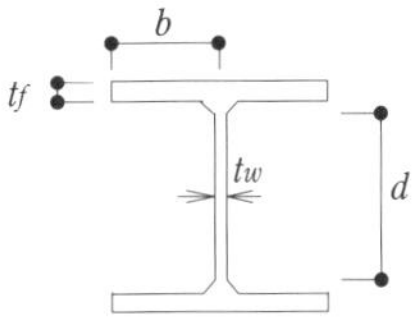		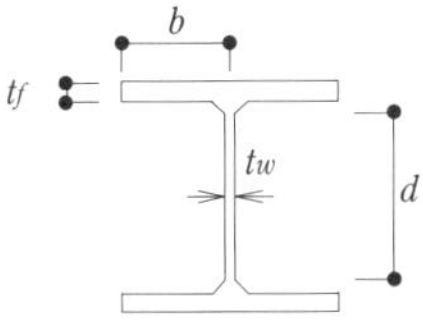		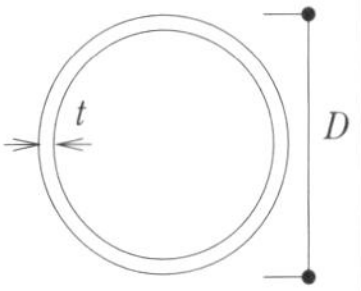
	フランジ	ウェブ	フランジ	ウェブ	
FA	$\frac{b}{t_f} \leqq 9.5\sqrt{\frac{235}{F}}$	$\frac{d}{t_w} \leqq 43\sqrt{\frac{235}{F}}$	$\frac{b}{t_f} \leqq 9\sqrt{\frac{235}{F}}$	$\frac{d}{t_w} \leqq 60\sqrt{\frac{235}{F}}$	$\frac{D}{t} \leqq 50\left(\frac{235}{F}\right)$
FB	$\frac{b}{t_f} \leqq 12\sqrt{\frac{235}{F}}$	$\frac{d}{t_w} \leqq 45\sqrt{\frac{235}{F}}$	$\frac{b}{t_f} \leqq 11\sqrt{\frac{235}{F}}$	$\frac{d}{t_w} \leqq 65\sqrt{\frac{235}{F}}$	$\frac{D}{t} \leqq 70\left(\frac{235}{F}\right)$
FC	$\frac{b}{t_f} \leqq 15.5\sqrt{\frac{235}{F}}$	$\frac{d}{t_w} \leqq 48\sqrt{\frac{235}{F}}$	$\frac{b}{t_f} \leqq 15.5\sqrt{\frac{235}{F}}$	$\frac{d}{t_w} \leqq 71\sqrt{\frac{235}{F}}$	$\frac{D}{t} \leqq 100\left(\frac{235}{F}\right)$
FD	FA，FB，FC のいずれにも該当しない場合				

④ラーメン構造において，靭性を高めるために，塑性化が予想される柱又は梁については，断面の**幅厚比の小さい部材**を用いる．

⑤鉄骨部材の幅厚比の制限は，**材料の基準強度 F が大きくなるほど厳しくなる**．すなわち，400N/mm^2 級の鋼材より，490N/mm^2 級の鋼材のほうが制限が厳しくなる．

⑥構造特性係数 D_S を算出するための部材種別が FA 材である H 形鋼（炭素鋼）の梁について，幅厚比の規定値は，フランジよりウェブのほうが大きくなる（表 10･5 参照）．

☞**必ず覚える！選択肢例**

柱に用いる鋼材の幅厚比の制限値は，梁に用いる場合と同じである．

⇨解答例：表 10･5 より，フランジにおいては，柱に用いる鋼材の幅厚比の制限値は，梁に用いる場合とほぼ同じである．しかし，FA 材の H 形鋼のウェブにおいては，柱では $43\sqrt{\frac{235}{F}}$ であり，梁では $60\sqrt{\frac{235}{F}}$ であるから制限値は異なる．比較すれば，柱の方が厳しくなっている．よって，誤った記述である．

(2) 圧縮材の算定

圧縮材の算定は，圧縮力 N_c を全断面積 A で除して，次式で算定する．

☞**必ず覚える！公式 53**

圧縮応力度 $\sigma_c = \dfrac{N_c}{A} \leqq$ 許容圧縮応力度 f_c $(\mathrm{N/mm^2})$　(10·7)

(3) 許容圧縮応力度 f_c

①圧縮材の座屈の許容応力度 f_c は，図 10·3 のように，有効細長比 λ に応じて求める．

②図 10·3 より，有効細長比 λ が大きくなるほど，座屈の許容応力度 f_c は小さくなる．

③細長比 λ は，次式から求める．

☞**必ず覚える！公式 54**

細長比 $\lambda = \dfrac{l_k}{i}$　(10·8)

l_k：座屈長さ，i：断面二次半径

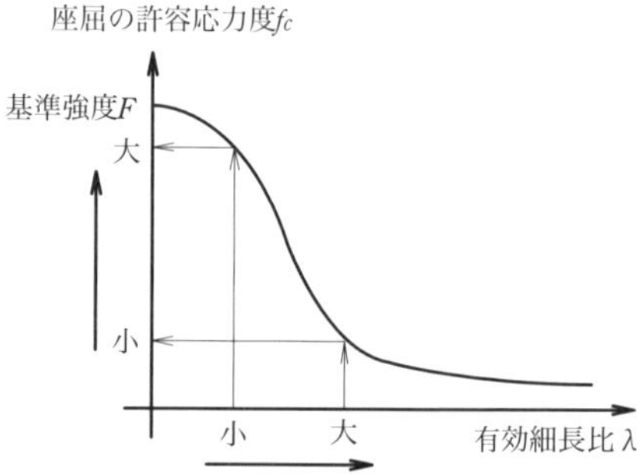

図 10·3　座屈の許容応力度

④式（10·8）を計算するときに用いる断面二次半径 i は，**断面の最小値**を取る．これは，細長比 λ を大きくして，座屈の許容圧縮応力度 f_c を小さくすることによって，安全側の設計とするためである．

⑤断面二次半径 i が大きくなるほど，細長比 λ が小さくなり，座屈の許容圧縮応力度 f_c は大きくなる．

☞**必ず覚える！選択肢例**

圧縮材の許容圧縮応力度は，鋼材及び部材の座屈長さが同じ場合，座屈軸回りの断面二次半径が小さいほど大きくなる．

⇨解答例：許容圧縮応力度は，鋼材および部材の座屈長さが同じである場合，断面二次半径が小さくなれば細長比が大きくなり，細長比が大きくなれば，図 10·3 より，許容圧縮応力度は小さくなる．よって，誤った記述である．

⑥圧縮力を負担する構造耐力上主要な部分である柱の有効細長比は，**200 以下**とする．

⑦座屈長さ l_k は，図 10·4 から求める．

⑧架構に筋かいなどが組み込まれている節点が移動しない骨組の場合，柱の座屈長さ l_k は，階高 h 以下となる．$l_k \leqq h$ となる（図 10·5(a) 参照）．

⑨節点の水平移動があるラーメン構造では，柱の座屈長さ l_k は，階高 h より長くなる．$l_k > h$ となる（図 10·5(b) 参照）．この場合，柱材の座屈長さは，梁の剛性を高めても節点間距離より小さくすることはできない．

移動条件	移動拘束			移動自由		
支持条件	両端ピン	一端固定 他端ピン	両端固定	両端固定	一端固定 他端ピン	一端自由 他端固定
座屈形状						
座屈長さ	$l_k=1.0l$	$l_k=0.7l$	$l_k=0.5l$	$l_k=1.0l$	$l_k=2.0l$	$l_k=2.0l$

図10・4　座屈長さ l_k（中心圧縮材の場合）

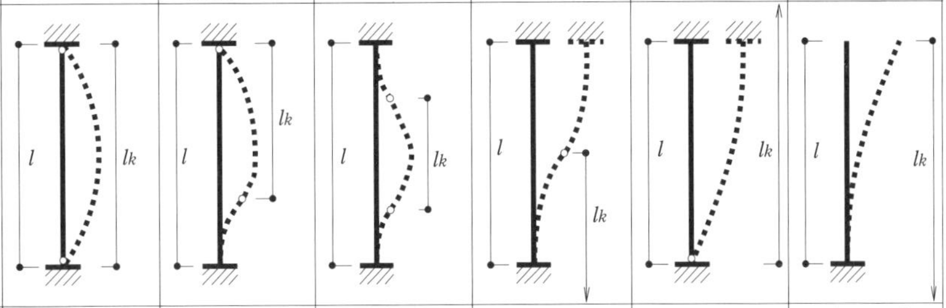

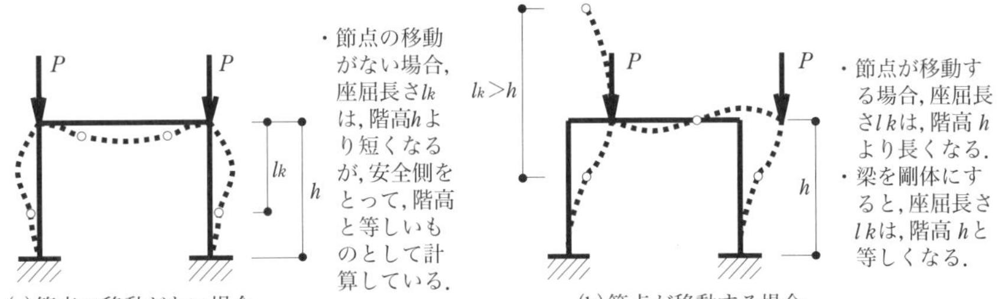

(a) 節点の移動がない場合
・節点の移動がない場合，座屈長さ l_k は，階高 h より短くなるが，安全側をとって，階高と等しいものとして計算している．

(b) 節点が移動する場合
・節点が移動する場合，座屈長さ l_k は，階高 h より長くなる．
・梁を剛体にすると，座屈長さ l_k は，階高 h と等しくなる．

図10・5　ラーメン柱の座屈長さ

☞ **必ず覚える！選択肢例**
　床スラブが鉄筋コンクリート構造の建築物において，ラーメンの両方向に筋かいを設けて節点の水平移動を拘束したので，柱材の座屈長さを階高とした．
　⇨解答例：節点の水平移動を拘束されている柱材の座屈長さは，図10・5(a)より，階高 h より短くなるが，安全側をとって階高 h として計算している．すなわち，座屈長さを長くして有効細長比を計算し，座屈の許容応力度を求めると，その値は小さく算出される．したがって，安全側の計算といえる．よって，正しい記述である．

☞ **必ず覚える！選択肢例**
　ラーメン構造の柱材の座屈長さは，節点の水平移動が拘束されていない場合，一般に，その柱材の節点間距離より短くなる．
　⇨解答例：節点の水平移動が拘束されていないラーメン構造の柱材の座屈長さは，図10・5(b)より，その柱材の節点間距離より長くなる．よって，誤った記述である．

⑩水平力を受ける鉄骨純ラーメン構造において，その塑性変形能力は，柱に作用している軸力が大きいほど小さくなる．

6 梁(曲げ材)の設計

(1)曲げ材の算定

①曲げモーメントに対する設計は，曲げモーメントMを断面係数Zで除して，次式で算定する．

☞必ず覚える！公式 55

曲げ応力度$\sigma_b = \dfrac{M}{Z} \leqq$ 許容曲げ応力度f_b (N/mm²) (10・9)

☞必ず覚える！選択肢例

ラーメン構造の梁において，曲げ剛性に余裕があるので，断面のせいを小さくするために，SN400B 材を用いる代わりに，SN490B 材を用いた．

⇨解答例：曲げ剛性に余裕があることは，たわみに対して余裕があることである．断面のせいを小さくすると，断面性能すなわち断面係数が小さくなるので，強度を大きくする必要がある．SN490B 材は，SN400B 材より強度が大きいので，変更するには有効である．よって，正しい記述である．

出題例 49 図のような等分布荷重を受ける H 形鋼の梁に生じる最大曲げ応力度の値として，正しいものは，次のうちどれか．

1. 28N/mm²
2. 75N/mm²
3. 112N/mm²
4. 152N/mm²

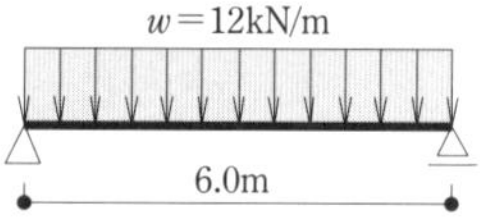

梁材H―300×150×7×11
断面係数Z＝481cm³

解答例

梁の最大曲げモーメント$M = \dfrac{wl^2}{8} = \dfrac{12 \times 6^2}{8} = 54\text{kN・m} = 54 \times 10^6\text{N・mm}$

断面係数$Z = 481\text{cm}^3 = 481 \times 10^3\text{mm}^3$

梁の最大曲げ応力度$\sigma_c = \dfrac{M}{Z} = \dfrac{54 \times 10^6}{481 \times 10^3} = 112\text{N/mm}^2$

よって，3. が正解である．

②せん断力に対する設計は，せん断力Qをウェブの断面積A_wで除して算定する．

☞必ず覚える！公式 56

せん断応力度$\tau = \dfrac{Q}{A_w} \leqq$ 許容せん断応力度f_s (N/mm²) (10・10)

(2) 許容曲げ応力度

①梁が強軸回りに曲げモーメントを受けると，急に構面外方向にはらみ出す横座屈現象を起こすことがある．

②この横座屈現象を防止するためには，適当な間隔に横補剛材（小梁など）を入れる．すなわち，梁の端部が塑性状態に達するまで，梁に横座屈が生じないように横補剛材を入れるのである．

☞必ず覚える！選択肢例

箱形断面材が曲げを受ける場合，一般に，横座屈が生ずる可能性が大きい．

⇨解答例：箱形断面材や円形断面材のように，断面の主軸に強軸・弱軸の別がない場合は，横座屈のおそれがないと考えて設計している．よって，誤った記述である．

③このような横座屈現象が生じないようにするために，圧縮側の許容曲げ応力度が定められている．

④ H 形断面の梁の許容曲げ応力度は，鋼材の基準強度・断面寸法・曲げモーメントの分布・圧縮フランジの支点間距離が決まれば算定することができる．

☞必ず覚える！選択肢例

H 形断面梁の許容曲げ応力度は，その断面寸法を決めれば算定することができる．

⇨解答例：H 形断面の梁の許容曲げ応力度は，その断面寸法を決めるとともに，圧縮フランジの支点間距離および横座屈区間内における曲げモーメントの変化による修正係数，基準強度を用いて算出する．よって，誤った記述である．

⑤ H 形断面を有する梁が強軸まわりに曲げを受ける場合，その座屈の許容応力度は，曲げモーメントの分布状態によって変わることがある．

⑥溶接組立て箱型断面部材，弱軸回りに曲げを受ける対称断面部材，円形鋼管・角形鋼管では，横座屈現象が生じないので，幅厚比・径厚比の制限に従う場合には，許容曲げ応力度は，鋼材の許容引張応力度と同じ値とすることができる（図 10･6 参照）．

⑦正方形断面を有する角形鋼管を用いて柱を設計する場合，横座屈を生じるおそれがないので，許容曲げ応力度を許容引張応力度と同じ値とすることができる．

⑧幅厚比の規定値を超えた部材の断面については，規定値を超える部分を無効とみなして断面積，断面係数を計算し，応力度の検討を行う．細長比については，全断面積を用いて計算する．

⑨ H 形断面の梁の設計において，フランジの局

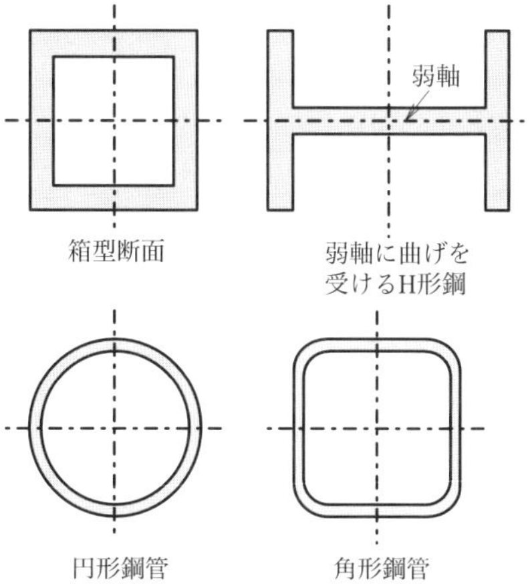

図 10･6　横座屈しないもの

部座屈を生じにくくするため，フランジの幅厚比を小さくする．

⑩せいの高いＩ形の断面を有する梁に設ける中間**スチフナー**は，ウェブのせん断座屈に対する耐力を高める効果がある．

☞必ず覚える！選択肢例

せいの高いＨ形断面を有する梁において，ウェブのせん断座屈を防ぐために，横補剛材を設けた．

⇨解答例：せいの高いＨ形断面梁のウェブのせん断座屈を防ぐためには，スチフナーを用いる．なお，横補剛材は曲げによる面外座屈を防ぐために用いる部材である．よって，誤った記述である．

(3)たわみの制限

①梁のたわみの制限は，通常の場合，スパンの**1/300以下**，片持梁の場合は，**1/250以下**とする．

②小梁を設計する場合でも，そのたわみを，スパンの**1/300以下**になるように部材断面を決定する．

③走行速度が１分間に90m程度の一般用電動クレーンの走行梁のたわみを，スパンの**1/1,000以下**として設計する．

④天井走行クレーンを有する建築物を設計する場合，クレーンに加わる地震力の算定において，クレーンの重量としては，特別な場合を除き，**吊り荷の重量を無視**して算定することができる．

☞必ず覚える！選択肢例

梁を設計するに当たり，そのたわみをスパン（支点間の距離）の1/200以下になるように，部材断面を決定する．

⇨解答例：梁の設計では，両端支持の梁の場合はスパンの1/300以下とし，片持梁の場合はスパンの1/250以下となるように，部材断面を決定しなければならない．いずれも，1/200ではたわみが大きすぎる．よって，誤った記述である．

(4)保有耐力接合

①梁の端部が塑性状態に達するまで，梁に横座屈が生じないようにするため，梁に横補剛材を入れる．このように，十分に塑性変形が生じるまで，横座屈が起きないように設けた横補剛を**保有耐力横補剛**という．

②Ｈ形鋼の梁の横座屈を抑制するための方法として，圧縮側のフランジの横変位を拘束できるように横補剛材を取り付けたり，この梁に直交する小梁の本数を増やしたりする方法がある．

③横補剛材を均等な間隔で設置する場合，400級の鋼材より490級の鋼材の方が間隔を狭くして設置する．すなわち，**鋼材の強度が大きいほど箇所数は多くなる．**

☞**必ず覚える！選択肢例**

H 形断面の梁の変形能力の確保において，梁の長さ及び部材断面が同じであれば，等間隔に設置した横補剛の必要箇所数は，SM490 の場合の箇所数のほうが，SS400 の場合の箇所数以上となる．
⇨解答例：梁に横座屈が生じる場合は，強軸回りの曲げモーメントが大きい場合である．強度の大きい SM490 級の方が，大きな曲げモーメントによって横にはらみ出す力が大きくなるので，横補剛材の必要箇所数が SS400 の場合よりも多くなる．よって，正しい記述である．

7 柱の設計

①柱材のように，圧縮軸方向力と曲げモーメントを同時に受ける材は，式（10･11）で算定する．また，最大圧縮応力度は，式（10･12）より計算する．

☞**必ず覚える！公式 57**

$$\frac{\sigma_c}{f_c}+\frac{{}_c\sigma_b}{f_b}\leqq 1 \text{ または } \frac{{}_t\sigma_b-\sigma_c}{f_t}\leqq 1 \qquad (10\cdot 11)$$

$$\text{最大圧縮応力度}\ \sigma_c=-\frac{N_c}{A}-\frac{M}{Z} \qquad (10\cdot 12)$$

$\sigma_c=-\dfrac{N_c}{A}$：圧縮応力度（N/mm²）

${}_c\sigma_b$･${}_t\sigma_b$：曲げモーメントによる圧縮縁・引張縁の曲げ応力度（N/mm²）

f_c：許容圧縮応力度（N/mm²），f_b：許容曲げ応力度（N/mm²）

f_t：許容引張応力度（N/mm²）

②冷間形成角形鋼管の柱を設計する場合は，鋼板を曲げ加工するため角の部分が塑性化しているので，柱の耐力を低減するか，地震力を割増して設計を行う．

③耐震計算ルート 1 により設計した剛節架構の柱に，厚さ 6mm 以上の一般構造用角形鋼管（STKR 材）を用いた場合，柱の設計において地震時応力を割増す必要がある．

出題例 50 図－1のような荷重を受ける鉄骨構造による門形ラーメンにおいて，曲げモーメントおよび柱脚の反力が図－2のように求められている．曲げと軸方向力との組合せにより，柱の断面 A － A に生じる圧縮応力度の最大値に最も近いものは，次のうちどれか．ただし，条件は，イ～ニのとおりとする．

条件

イ．断面 A － A は，梁のフランジの下端であり，柱脚からの高さ 2.50m の位置にあるものとする．

ロ．柱は，断面積 $6.0\times 10^3 \mathrm{mm}^2$，断面係数 $5.0\times 10^5 \mathrm{mm}^3$ とする．

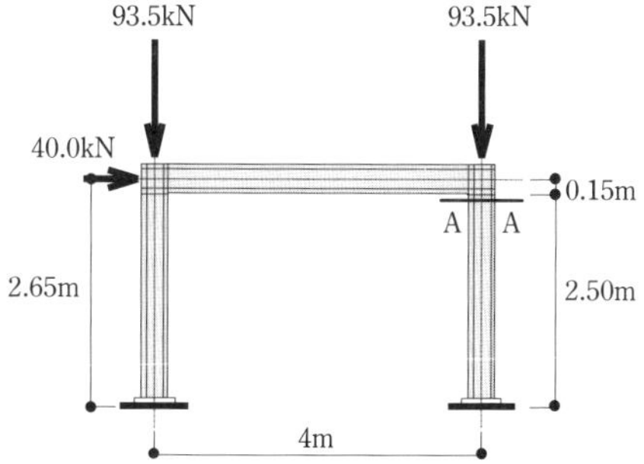

図－1

ハ．柱脚は，ベースプレート位置において，ピン支承とする．
ニ．柱および梁の質量の影響は，無視するものとする．
1. 80N/mm²
2. 100N/mm²
3. 116N/mm²
4. 120N/mm²

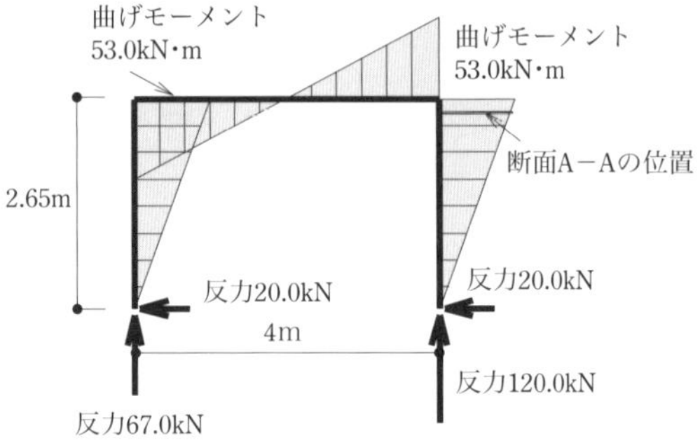

図－2

解答例

軸方向力 N = 120kN = 120 × 10^3N

断面積 A = 6.0 × 10^3mm²

断面A-A位置の曲げモーメント M = 20.0kN × 2.50m = 50.0kN･m = 50.0 × 10^6N･mm

断面係数 Z = 5.0 × 10^5mm³

したがって，断面A－Aに生じる最大圧縮応力度は，式（10･12）を活用して，

$$最大圧縮応力度 \sigma_c = \frac{N_c}{A} + \frac{M}{Z} = \frac{120\times10^3}{6.0\times10^3} + \frac{50.0\times10^6}{5.0\times10^5} = 20.0 + 100 = 120\text{N/mm}^2$$

よって，4. が正解である．

8 耐震設計

①一つの建築物において，張り間方向およびけた行方向のそれぞれに異なる耐震計算ルートを用いて耐震計算を行うことができる．

②「耐震設計ルート1」を適用する場合，地震力の算定においては，標準せん断力係数 C_0 を **0.3 以上**とする．

③「耐震設計ルート1」の計算において，筋かい材がある場合は，筋かい端部および接合部が破断しないことを確かめる必要がある．

④「耐震設計ルート2」で設計を行う場合で，偏心率を満足することができないときは，耐震設計ルート3に変更し，保有水平耐力及び必要保有水平耐力を算定して耐力の確認を行う．

⑤「耐震設計ルート2」を適用する場合，柱部材を構成する板要素の**幅厚比を小さく**して，圧縮応力を受ける部分に局部座屈を生じることなく，より大きな塑性変形能力が得られるような設計とする．

⑥「耐震設計ルート3」の計算においては，層間変形角の確認を行う必要があり，**保有水平耐力≧必要保有水平耐力**を確認する．

☞**必ず覚える！選択肢例**

「耐震設計ルート 2」を適用する場合，柱部材を構成する板要素の幅厚比を大きくして，圧縮応力を受ける部分に局部座屈を生じることがなく，より大きな塑性変形能力が得られるように設計する．

⇨解答例：柱部材を構成する板要素の幅厚比を大きくすると，圧縮応力を受ける部分に局部座屈が生じやすくなる．したがって，部材を構成する板要素の幅厚比を**小さく**して，より大きな塑性変形能力が得られるように設計する．よって，誤った記述である．

☞**必ず覚える！選択肢例**

高さ 13m，軒の高さ 9m，スパン 6m，地上 3 階建，延べ面積 500m^2 の鉄骨造の建築物を「耐震計算ルート 1」で設計する場合，標準せん断力係数を 0.2 として計算した．

⇨解答例：高さ 13m，軒の高さ 9m，スパン 6m，地上 3 階建，延べ面積 500m^2 と比較的構造規模が小さい鉄骨造の建築物を「耐震ルート 1」で設計する場合，標準せん断力係数は 0.3 以上として計算する（表 5･3 参照）．よって，誤った記述である．

9 柱脚の設計

(1) 露出型柱脚

①露出型柱脚とする場合，柱脚に生じる軸力及びせん断力に加えて，曲げモーメントも考慮して，アンカーボルト，ベースプレート及び基礎コンクリート部分の設計を行う．

②露出型柱脚とする場合，柱脚の形状により固定度を評価し，反曲点高比を定めて柱脚の曲げモーメントを求め，アンカーボルトおよびベースプレートを設計する．

③ベースプレートおよびアンカーボルトからなる露出型柱脚は，軸方向力およびせん断力とともに，回転量の拘束に伴う曲げモーメントに対しても設計する．

④露出型柱脚においては，伸び能力のあるアンカーボルトとして，ねじ部の有効断面積が軸部と同等以上である転造ねじアンカーボルトを用いる．

⑤露出型柱脚を用いる場合，柱脚の降伏せん断耐力は，「ベースプレート下面とコンクリートとの間に生じる摩擦耐力」，と「アンカーボルトの降伏せん断耐力」のいずれか**大きい方の値**とする．

⑥引張力が作用する露出型柱脚のアンカーボルトを，引張力とせん断力の組合せを考慮して設計する．

☞**必ず覚える！選択肢例**

柱脚をピンと仮定する場合，柱脚に生じるせん断力の一部をベースプレート下面と基礎コンクリ--ト上面との間の摩擦力に負担させることができる．

⇨解答例：柱脚をピンと仮定する場合に引張力が作用すると，ピンには曲げモーメントが生じないので，ベースプレート下面と基礎コンクリート上面との間の摩擦力は考えられない．したがって，せん断力は，ベースプレート下面に歯型の類を設けて抵抗させるか，アンカーボルトに負担させるなどしなければならない．よって，誤った記述である．

(2) 根巻型柱脚

①根巻型柱脚を用いる場合，根巻き高さを柱幅（柱の見付け幅のうち大きいほう）の**2.5倍以上**とする．

②根巻型柱脚とする場合，根巻きの上端部に大きな力が集中して作用するので，根巻き頂部のせん断補強筋を密に配置する．

(3) 埋込型柱脚

埋込型柱脚とする場合，鉄骨柱のコンクリートへの埋込み深さは，所定の構造計算を行わない場合，柱の断面せいの**2倍以上**とする．

☞**必ず覚える！選択肢例**

埋込型柱脚とする場合，柱脚に作用する応力を，基礎コンクリートに埋込んだ柱と周辺のコンクリートとの付着により下部構造へ伝達させた．

⇨解答例：埋込形式の固定柱脚に作用する曲げモーメントやせん断力を下部構造へ伝達させるのは，コンクリートに埋め込まれた部分の上部と下部との支圧力および埋込み部分に用いた補強筋である．ただし，せん断力をアンカーボルトに負担させる場合は摩擦力を加算してはならない．よって，誤った記述である．

10 筋かい

(1) 筋かいの保有耐力接合

①引張力を負担する筋かい材の設計において，筋かい材が塑性変形することにより地震のエネルギーを吸収できるように，接合部の破断強度を軸部の降伏強度より十分に大きくして設計する．

②筋かいの端部及び接合部の破断しないことを確認するには，次式で行う．

☞**必ず覚える！公式 58**

接合部の破断耐力 $A_j \cdot \sigma_u \geqq \alpha \cdot$ 筋かいの降伏耐力 $A_g \cdot F$ （10・13）

A_j：接合部の有効断面積，σ_u：接合部の破断応力度

A_g：筋かいの全断面積，F：筋かい材の基準強度

$\alpha = 1.2$，安全率（ステンレス鋼では 1.5 とする．）

☞**必ず覚える！選択肢例**

筋かい接合部を保有耐力接合とするために，筋かい接合部の破断耐力を筋かいの軸部の降伏耐力と同一になるようにした．

⇨解答例：軸方向力を受ける筋かいの接合部を保有耐力接合とする場合は，筋かい軸部の降伏耐力よりも，端部・接合部の破断耐力を大きく設計するようにしなければならない．よって，誤った記述である．

(2) 筋かいの水平力分担率 β

①筋かいを「耐震設計ルート 2」で設計する場合，筋かいの水平力分担率 β に応じて表 10・6 のように割増する．

このとき，筋かいの水平力分担率は，$\beta=\dfrac{筋かいが分担する水平力}{その階に生ずる水平力}$で計算する．

表 10·6　水平力分担率 β による割増係数

$\beta \leqq \frac{5}{7}$ の場合	$\beta > \frac{5}{7}$ の場合
$1+0.7\beta$	1.5

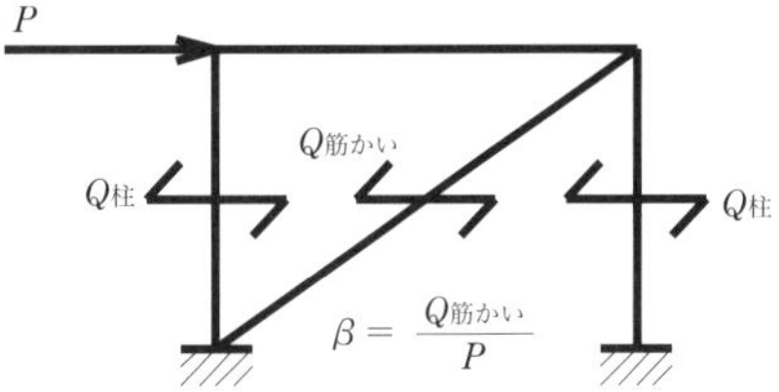

図 10·7　筋かい水平力分担率

②高さ 15m の鉄骨造の建築物を「耐震設計ルート 2」で設計する場合，筋かいの水平力分担率を 100%とすると，地震時の応力を **1.5 倍以上**として設計することにより，安全側の設計となる．

☞**必ず覚える！選択肢例**

ラーメンと筋かいを併用する 1 層の混合構造において，「耐震計算ルート 2」を適用する場合，筋かいの水平力分担率が 5/7 以下であったので，筋かいの地震時応力を低減した．

⇨解答例：ラーメンと筋かいを併用する 1 層の混合構造において，「耐震計算ルート 2」を適用する場合，筋かいの水平力分担率 β（筋かいの分担する水平力／その階に生じる水平力）が 5/7 以下であれば，筋かいの地震時応力（水平力）を β に応じて割増する．すなわち，筋かいの水平力分担率 β が 5/7 以下の場合は（$1+0.7\beta$）倍に，5/7 を超える場合は 1.5 倍に水平力を割増する．よって，誤った記述である．

(3) 筋かいの有効断面積

①山形鋼を用いた筋かい材の有効断面積の計算において，筋かい材の断面積からファスナー孔による欠損部分及び突出脚の無効部分の断面積を差し引いて設計する．

②山形鋼を用いた筋かい材を材軸方向に配置された一列の高力ボルトによりガセットプレートに接合する場合，筋かい材の有効断面積は，高力ボルトの本数が多いほど，大きくすることができる．

☞**必ず覚える！選択肢例**

保有耐力接合において，筋かいに山形鋼を用いた場合，筋かいの端部をガセットプレートに接合する一列の高力ボルトの本数を 2 本から 4 本に変更すると，筋かい材の軸部有効断面積が大きくなる．

⇨解答例：ガセットプレートの片側に山形鋼を接合した場合，筋かい材の軸部有効断面積は，全断面積から孔断面積を差し引いた有効断面積からさらに突出脚の 1/2 の断面積を差し引いて，断面の検討を行ってもよいが，一列に打つボルト本数により突出脚の無効長さによる有効断面積を算出する方法が用いられている．このとき，一列のボルトが 2 本の場合は突出脚の無効断面積が $0.7h$ となり，4 本の場合は $0.33h$ となるので，山形鋼筋かいの軸部有効断面積は，ボルトを 4 本打ったほうが大きくなる．なお，3 本の場合は $0.5h$ となる．よって，正しい記述である．

③地震時のエネルギー吸収能力の高い筋かいとして，偏心 K 形筋かいを用いることもある．

④筋かい材とガセットプレートとの取合部をすみ肉溶接として，筋かいの軸方向力をせ

ん断力により伝達させる.

⑤筋かいと角形鋼管柱との接合部において，筋かいの軸方向力による柱の鋼管壁（柱を構成する鋼板）の面外方向への変形を拘束するために，柱に**ダイアフラム**を設けて設計する.

11 接合部

(1)梁の継手

梁の継手部では，通常，曲げモーメントをフランジ継手が負担し，せん断力をウェブ継手が負担する.

(2)柱の継手

①柱の継手部分において，圧縮力が大きく，断面内に引張応力が生ずるおそれのない場合，柱の接合部の断面を密着するように加工して，その部分の圧縮力及び曲げモーメントのそれぞれの1/4を接触面において直接伝達するものとする.

②柱の現場継手の位置は，継手に作用する応力をできるだけ小さくするために，階高の**中央付近**とすることが望ましい.

③柱の継手部を許容応力度設計する場合，継手部に作用する存在応力を十分に伝えられるものとし，部材の許容耐力の50%を超える耐力を確保する.

(3)柱・梁仕口部

①角形鋼管を柱とする柱・梁仕口部の接合形式には，通しダイアフラム形式，内ダイアフラム形式，外ダイアフラム形式がある.

②「角形鋼管の柱」と「H形鋼の梁」とを用いた柱・梁接合部の場合，梁ウェブ接合部の曲げ耐力を，梁ウェブが取り付けられる柱フランジの面外変形の影響を考慮して算定する.

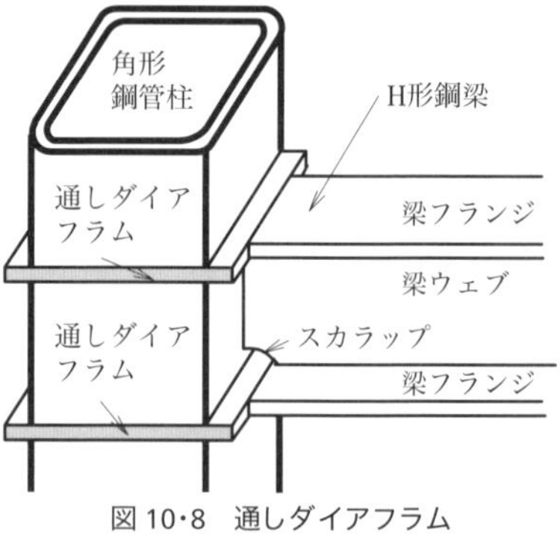

図10·8 通しダイアフラム

(4)柱・梁接合部

①柱に箱形断面材を用いる場合，剛接合の柱・梁接合部において局部破壊が生じないように，内ダイアフラムを設ける.

②工場や体育館等の軽量な建築物の柱継手・柱脚の断面算定においては，暴風時の応力の組合せとして，積載荷重を除外した場合についても検討する.

③柱梁接合部のH形断面梁端部フランジの溶接接合において，変形性能の向上を期待して，梁ウェブ部にスカラップを設けないノンスカラップ工法を用いることもある.

④ H 形断面材によって構成された剛接合の柱・梁接合部における柱と梁で囲まれた部分（接合部パネル）には，地震時などの水平力によって，大きなせん断応力度が生ずる．

(5) トラス部材の接合部

地震力を受けないトラス部材の接合部の設計において，存在応力に対して安全であり，かつ，接合部の耐力が部材の許容耐力の 1/2 を上回るようにする．

(6) 保有耐力接合

①保有水平耐力時に，鉄骨造の梁の継手部に塑性化が想定される場合，必要に応じた塑性変形を生じるまで継手部が破断しないような設計とする．このような設計を**保有耐力接合**という．

②柱・梁の仕口や継手を保有耐力接合とするには，接合部の破断耐力を保有水平耐力時の応力に安全率を乗じた値以上としなければならない．このときの安全率を表 10･7 に示す．

表 10･7　保有耐力接合の安全率の値

部位	作用する応力	SN400・SS400 など	SN490・SS490 など
仕口部	曲げ	1.3	1.2
継手部	曲げ・せん断	1.3	1.2

③ SS400 級の部材を用いた柱・梁接合部の梁仕口において，その最大曲げ強度は，梁の全塑性モーメントの **1.3 倍以上**となるように設計する．

④柱梁仕口部の保有耐力接合において，SN490B を用いる場合，仕口部の最大曲げ強度は，梁の全塑性モーメントの **1.2 倍以上**となるように設計する．

出題例 51　鉄骨造に関する次の記述のうち，最も不適当なものはどれか．

1. 引張力を受ける箱型断面の上柱と下柱を工事現場で接合する場合，工場で取り付けた裏当て金を用いて，突合せ溶接とする．
2. 高張力鋼を使用して梁を設計する場合，長期の設計応力から断面を決定する際に，鉛直たわみが大きくならないようにする．
3. 柱･梁に使用する材料を SN400B から SN490B に変更したので，幅厚比の制限値を大きくした．
4. 鋼材に含まれる炭素量が増加すると，鋼材の強度・硬度は増加するが，靭性・溶接性は低下する

解答例

1. 引張力を受ける箱型断面の上柱と下柱を工事現場で接合する場合，工場で下柱に取り付けた裏当て金を用いて，突合せ溶接（完全溶込み溶接）とする．完全溶込み溶接は，母材と同等以上の耐力を有する．
2. 高張力鋼を使用して梁を設計する場合でも，鉛直たわみは普通鋼材と変わらない．したがって，たわみが大きくならないように，梁せいを大きくするなどの対策が必要である．
3. 幅厚比の制限は，$\frac{b}{t} \leqq \alpha \cdot \sqrt{\frac{235}{F}}$ などから計算する（表10･5参照）．この式でF値が分母にあるので，SN400B（$F = 235\text{N/mm}^2$）からSN490B（$F = 325\text{N/mm}^2$）に変更するとF値が大きくなり，幅厚比の制限値は小さく厳しくなる．
4. 鋼材の炭素量が増えると，引張強さ，降伏点，硬さは増大するが，伸び，靱性，溶接性は低下する．

よって，3.が正解である．

出題例 52 鉄骨造に関する次の記述のうち，最も不適当なものはどれか．

1. 山形鋼を用いた引張筋かいの接合部に高力ボルトを使用する場合，全断面を有効として設計することはできない．
2. 天井走行クレーンを有する建築物を設計する場合，クレーンに加わる地震力の算定において，クレーンの重量としては，特別な場合を除き，吊り荷の重量を無視して算定することができる．
3. 柱･梁接合部に設ける通しダイアフラムと箱型断面柱との接合は，完全溶込み溶接とした．
4. 溶接線と直角方向に引張力が作用する場合及び溶接線を軸とする曲げが作用する場合，それらの部分をいずれも部分溶込み溶接として設計した．

解答例

1. 山形鋼を用いた引張筋かいの接合部に高力ボルトを使用する場合，筋かい材の断面積からファスナー孔による欠損部分および突出脚の無効部分の断面積を差し引いて設計する．
2. 天井走行クレーンに加わる地震力の算定においては，クレーンに加わる地震力は，走行レールの上端に作用するものとするので，クレーンの重量としては，特別な場合を除き，吊り荷の重量を無視して算定することができる．
3. 柱･梁接合部に設ける通しダイアフラムと箱型断面柱との接合は，大きな応力が生じるので，母材と同等以上の耐力を有する完全溶込み溶接とする．

4. 部分溶込み溶接は，箱形断面の部材を組み立てる場合などに用いる溶接で，溶接線と直角方向に引張力が作用する場合，溶接線を軸とする曲げが作用する場合，および繰り返し荷重をうける箇所には使用してはならない.

よって，4. が正解である.

出題例 53 鉄骨造に関する次の記述のうち，最も不適当なものはどれか.

1. 梁と柱の接合部において，梁の曲げモーメントはフランジの溶接により，梁のせん断力はウェブの高力ボルト接合により，柱に伝達する設計とした.
2. 通しダイアフラム形式の柱と梁の仕口において，ダイアフラムと梁フランジとの突合せ溶接のくい違いを避けるために，ダイアフラムの板厚を梁フランジの板厚に比べて厚くした.
3. 溶接継目ののど断面の長期応力に対する許容応力度は，異種鋼材の溶接の場合，接合される母材の許容応力度のうち，大きいほうの値とした.
4. 鋼材の引張強さは，一般に，250 ～ 300℃ 付近で最大となり，これを超えると温度の上昇とともに低下する.

解答例

1. 梁と柱の接合部では，梁の曲げモーメントは柱とフランジの完全溶込み溶接により，梁のせん断力は柱とウェブの高力ボルト接合により，柱に伝達する設計とするのが一般的である.
2. 通しダイアフラムと梁フランジとの突合せ溶接では，梁フランジを通しダイアフラムの厚さの中で収め，そのくい違いやずれを避けるため，ダイアフラムの板厚を梁フランジの板厚に比べて厚くする.
3. 溶接継目ののど断面に対する許容応力度は，母材の許容応力度のうち，小さい方の値とする.
4. 鋼材の引張強さは，一般に，250 ～ 300℃ 付近で最大となり，これを超えて約 500℃で 1/2，約 600℃ で 1/3，1000℃ で 0 に温度の上昇とともに低下する.

よって，3. が正解である.

【著者略歴】

植村典人（うえむら　ふみと）

1966 年名古屋工業大学建築学科卒業．元修成建設専門学校嘱託教員．『一級建築士試験 構造力学のツボ』『一級建築士試験 建築構造のツボ 特訓ドリル』（学芸出版社），『初めての建築構造力学』『初めての建築構造設計』『スタンダード一級建築士』『一級建築士試験出題キーワード別問題集』（共著，学芸出版社）ほか著書多数．

一級建築士試験 構造設計のツボ

2009 年 2 月 25 日　第 1 版第 1 刷発行
2024 年 5 月 30 日　第 1 版第 6 刷発行

著　者………植村典人
発行者………井口夏実
発行所………株式会社 学芸出版社
京都市下京区木津屋橋通西洞院東入
電話 075 − 343 − 0811　〒 600 − 8216
http: //www. gakugei-pub. jp/
E-mail info@gakugei-pub.jp
装　幀………古都デザイン
印　刷………イチダ写真製版
製　本………新生製本

Printed in Japan　ISBN978 − 4 − 7615 − 1251 − 4